Führungspersönlichkeiten und ihre Erfolgsgeheimnisse

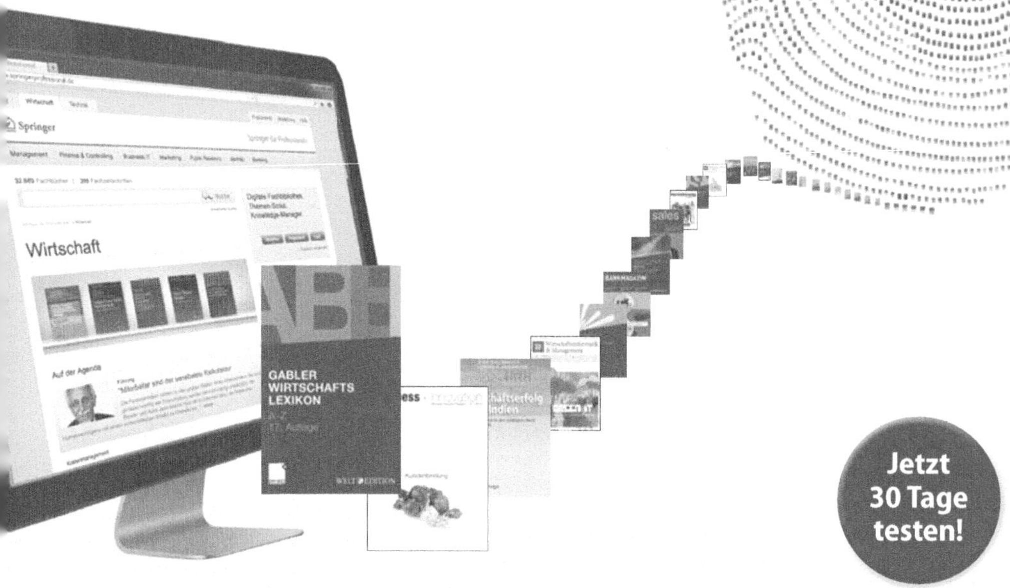

Bernhard Kaschek • Ilona Schumacher

Führungspersön-
lichkeiten und ihre
Erfolgsgeheimnisse

Management und Leadership
im 21. Jahrhundert

Bernhard Kaschek
Thetis-Akademie
Hohenfels
Deutschland

Ilona Schumacher
Hamburg
Deutschland

ISBN 978-3-658-04433-6   ISBN 978-3-658-04434-3 (eBook)
DOI 10.1007/978-3-658-04434-3

Die Deutsche Nationalbibliothek verzeichnet diese Publikation in der Deutschen Nationalbibliografie; detaillierte bibliografische Daten sind im Internet über http://dnb.d-nb.de abrufbar.

Springer Gabler

Lektorat: Juliane Wagner, Eva-Maria Fürst

Gedruckt auf säurefreiem und chlorfrei gebleichtem Papier

Springer Fachmedien Wiesbaden ist Teil der Fachverlagsgruppe Springer Science+Business Media
(www.springer.com)

Vorwort

Wir freuen uns sehr, dass Sie sich für dieses Buch interessieren! Denn ‚Führung' ist eines der spannendsten Themen unserer Zeit, und der Ruf nach ‚guter Führung' in Unternehmen, Organisationen und in der Politik, in allen gesellschaftlichen Bereichen, ist nicht nur Ausdruck eines Wunsches nach Orientierung, sondern auch einem veränderten Verständnis davon geschuldet, was von Führungskräften in unserer Gesellschaft insgesamt erwartet wird – und was nicht.

Manch Kluges ist auch schon zum Thema ‚Führung' geschrieben und gesagt worden. Daher könnte man sich fragen, warum nun ein weiteres Buch geschrieben werden musste.

Darauf gibt es mehrere Antworten. Ein Grund dafür ist, dass das meiste Kluge, das bereits zum Thema gesagt wurde, noch lange nicht bei den meisten Akteuren als Handlungsrealität angekommen ist. Es wird zwar viel Verbalrealität um bestimmte Themen erzeugt, viel theoretischer Diskurs unter Fachleuten, aber viel zu wenig Umsetzung in konkreten Unternehmens- bzw. Organisationskontexten.

Vielfach scheint es uns sogar, dass dieses Thema noch eines für den ‚Elfenbeinturm' der Führungs- und Systemtheoretiker ist. Dieses Buch will das ändern und den Diskurs in die Unternehmen bringen. Und es will die Umsetzungsmöglichkeiten für den einzelnen Manager vergrößern. Wenn uns das gelingt, dann soll uns das freuen!

Eine weitere Antwort auf die Frage: Warum denn noch ein Buch über Führung?, die liegt natürlich in der beruflichen Erfahrung der beiden Autoren begründet. Wir arbeiten seit vielen Jahren in Unternehmen, NGOs und anderen Organisationen als Berater, Coaches und Trainer. Dabei geht es immer auch um Führung.

Kaum ein anderes Thema beschäftigt Unternehmen/NGOs derzeit so sehr, wie dieses. Denn obwohl viel Kluges schon dazu gesagt wurde, sind viele Aspekte einer guten Führungskultur noch offen oder aus unserer Sicht bislang fehlerhaft orientiert, adaptiert und kommen aus diesem Grunde nicht wirklich an.

Außerdem scheint Führung für viele Menschen eine eher philosophische Disziplin, denn eine exakte Wissenschaft und anwendungsorientierte Aufgabe zu sein.
Insofern ist es uns wichtig, den Diskurs darüber auch dahin gehend zu beeinflussen, dass daraus mehr Mut zum Tun und Lernen an sich selbst entspringt. Das
eigene Tun anzuschauen und zu entwickeln erscheint uns wichtiger als das permanente Schauen auf irgendwelche Theorien dazu. Wohlverstanden, die Theorie-
bildung hat ihren Wert. Aber jede Theorie muss übersetzt und überprüft werden im
Tun. Informationen als solche erzeugen keine Kraft für Veränderung und bewegen
nichts. Führung hat aber viel mit Kraft und Bewegung zu tun. Und diese kommt
nur aus eigener Motiviertheit. Und diese Motiviertheit kann nur im eigenen Tun
und Schritt für Schritt genährt werden.

Grund genug also, sich weiter mit dem Thema ‚Führung' zu befassen –und vielleicht auf eine neue Weise, die Sie, lieber Leser, liebe Leserin, besonders anspricht.

Wir haben dafür eine völlig neue Form der Präsentation einzelner Themenfelder
gewählt, denn wir erwarten uns für unsere Leser daraus den größten Nutzen. Diese
Form besteht darin, dass Sie zunächst immer ein Interview mit einer erfahrenen
Führungskraft lesen können. In diesem Interview lernen Sie also einen Menschen
kennen und erfahren, wie dieser Mensch über Führung und Management denkt,
was diesem Menschen besonders wichtig dabei ist, welche seine Zugänge sind,
welche besonderen Herausforderungen er dabei sieht und welche Erfahrungen diese Person mit Ihnen teilen kann.

Nach jedem Interview folgt dann ein sogenannter ‚Lern- und Selbstcoaching-
teil'. In diesem Teil wird eines der Themen, die im vorangegangenen Interview
zur Sprache kamen, auf allgemeingültige Weise vertieft, es werden verschiedene
Blickwinkel erörtert, die zur Selbstreflexion dienen, es werden Methoden angeboten, die zur Selbsterkundung einladen.

Bei der Auswahl der Themen war es uns wichtig, dass wir uns einerseits für
Themen von breitem Interesse entscheiden, andererseits für Themen, deren Rele-
vanz im managerialen Alltag mit Führungsaufgaben in besonderem Maße gegeben
ist.

Eine Auswahl bedeutet natürlich auch, dass manches nicht zur Sprache kommt.
Das ist dann aber eher dem Platz geschuldet und dem daraus sich ergebenden
Zwang zur Priorisierung als der Idee, ein Thema sei nicht besonders wichtig. Möglicherweise begegnen Sie diesem Thema dann in einem Folgeband zu diesem Buch
oder schlagen uns Ihrerseits ein Thema vor. Wir würden uns sehr darüber freuen!

Die Absicht dieses Buches besteht nun darin, die Prinzipien herausragender
Führung in schwierigen Zeiten sichtbar, nachvollziehbar und für möglichst viele
Menschen anwendbar zu machen.

Da heute immer mehr Menschen auch Führungsverantwortung haben, einfach, weil sich die Managementstrukturen in dieser Hinsicht verändert haben, ist dieses Thema auch für immer mehr Menschen von großem Belang. Aber während sachlich-fachliche Themen leichter geschult werden können und es genug gute Vorbilder und vor allem Lernmöglichkeiten dafür gibt, sind richtiges Management und gute Führung eine Aufgabe, die zwar für viele ansteht, aber oftmals mehr Fragen als Antworten bereithält. Und da dieses Thema sehr viel mit der Person und der Persönlichkeit zu tun hat, ist es für den Einzelnen ein Thema, das sich immer wieder neu gestaltet und definiert werden will. Führung braucht in diesem Sinne eine gute Basis geklärter Grundlagen und ist gleichzeitig immer auch ‚Work in Progress'.

Wir wünschen Ihnen, dass einige Ihrer Fragen in diesem Buch beantwortet werden können und dass Ihr Weg zu einer differenzierten, reflektierten, authentischen, vielseitig kompetenten, umsetzungsstarken und respektierten Führungskraft dadurch ein wenig leichter wird.

im Juni 2015   Bernhard Kaschek
                                                        Ilona Schumacher

Inhaltsverzeichnis

Einleitung: Neun Aspekte von Führung

1

Inhaltsverzeichnis

Zusammenfassung

In diesem Kapitel lernen Sie neun bedenkenswerte Aspekte von Fuhrung kennen. Dass das Thema ‚Führung' seit Jahren so stark diskutiert wird, macht eines deutlich: Das Thema ist aktueller denn je und womöglich gibt es auch keine abschließenden Antworten dazu. Aber es gibt Antworten aus der jeweiligen Zeit und dem jeweiligen Kontext heraus. Sie machen deutlich, dass sich die Vorstellungen zum Begriff ‚Führung' nicht nur sehr gewandelt haben; sie sind auch sehr vielfältig und deutlich von Werthaltungen und kulturellen Rahmenbedingungen abhängig. So wird die Führungskraft von einigen Vordenkern nur noch in der Rolle eines ‚Moderators' gesehen, der das Geschehen mehr begleitet als selbst prägt. Andere betonen nach wie vor die Aufgabe der Führungskraft, für Orientierung und Prägung des Arbeitsumfeldes zu sorgen. Wo liegt die Wahrheit? Vielleicht erhalten Sie hier neue Anregungen zu eigenen Antworten.

© Springer Fachmedien Wiesbaden 2015
B. Kaschek, I. Schumacher, *Führungspersönlichkeiten und ihre Erfolgsgeheimnisse,*
DOI 10.1007/978-3-658-04434-3_1

Die folgenden neun Aspekte von Führung in ihrem Kontext und in der heutigen Zeit machen eines deutlich: Das Thema ist aktueller denn je. Denn die Vorstellungen zum Begriff ‚Führung' haben sich nicht nur sehr gewandelt, sie sind auch sehr vielfältig und deutlich von Werthaltungen und kulturellen Rahmenbedingungen abhängig. So wird die Führungskraft von einigen Vordenkern nur noch in der Rolle eines ‚Moderators' gesehen, der das Geschehen mehr begleitet als selbst prägt. Andere betonen nach wie vor die Aufgabe der Führungskraft, für Orientierung und Prägung des Arbeitsumfeldes zu sorgen. Wo liegt die Wahrheit?

Auch diese Vielgestaltigkeit der Zugangsweisen zum Thema führt dazu, dass Führung – und was dazugehört – in vielen Unternehmen ein Dauerbrenner ist. Und dies zu Recht, da die Frage, was denn nun ‚gute Führung' bedeutet, nicht immer wirklich leicht zu beantworten ist. Man ist sich zwar relativ schnell darüber einig, welche Prinzipien dazugehören und was schlechte Führung ist, aber der Versuch zur Umsetzung guter Führung in der täglichen Arbeit zeigt doch häufig, dass zwischen diesen Prinzipien und dem, wie sie interpretiert und auf welchem Niveau sie angewandt werden, ein großer Unterschied besteht. Der Druck, der im mittleren und oberen Management herrscht, ist groß – und vielfach führt er auch dazu, dass das, was alle für gut und richtig halten, sich im sogenannten ‚Tagesgeschäft' kaum mehr wiederfindet: zum Beispiel gute Führung.

Grund genug, die folgenden neun Aspekte von Führung einmal anzuschauen.

1.1 Leadership in einer komplexen Welt

Es wird immer deutlicher, dass der Zusammenbruch der UdSSR im Jahre 1989, der 11. September 2001, die weltweite Finanz- und Wirtschaftskrise seit 2008 wie auch die aktuellen politischen, ökologischen, wirtschaftlichen und kulturellen Turbulenzen markante Symptome für einen epochalen Transformationsprozess sind, der in unserer Zeit stattfindet. Der Prozess in eine sich global komplett vernetzende Welt.

Globalität findet heute tatsächlich statt und ist unsere Realität; die Abhängigkeiten aller Menschen vom globalen Geschehen sind so groß wie nie. Dies betrifft nahezu alle Bereiche unseres Lebens, und in besonderem Maße betrifft es die Welt der Arbeit für solch ein hoch industrialisiertes Land wie Deutschland.

Manche sprechen vom größten und tief greifendsten Transformationsprozess in der menschlichen Geschichte seit der Renaissance. Er ist durch einen Zustand von Risiko, Unsicherheit und nicht linearer Dynamik gekennzeichnet. Was früher im Management üblich war, dass man nämlich langfristige Planungen mit einer hohen Eintrittswahrscheinlichkeit durchführen konnte, geht heute nicht mehr. Das ist die schlechte Nachricht, denn es verlangt allen Akteuren viel an Geduld, Kraft und neuen Kompetenzen ab – und sei es auch nur dafür, das Tagesgeschäft gut auszuführen.

Diejenigen, die besondere Verantwortung in diesem Geschehen tragen, nämlich die Eigentümer der Produktionsfaktoren, die Shareholder, die Manager der obersten, oberen und mittleren Ebene haben eine Zukunft zu gestalten, die in ihrer Gegenwart, also jetzt, vor allem durch Unsicherheit, eine hohe Dynamik und durch Hyperkomplexität geprägt ist.

Gleichzeitig haben wir in den vergangenen Jahrzehnten beobachtet, dass das Management immer kleinerer Einheiten bedeutungsvoll wird. Wir brauchen also immer mehr Führungskräfte. Woher sollen diese Führungskräfte kommen?

Die Idee, dass man dazu geboren sein müsse, eine wenigstens akzeptable Führungskraft zu sein, gar nicht zu reden von einer exzellenten Führungspersönlichkeit, können wir vor allem aufgrund der eben beschriebenen Situation vergessen. So viele gute Führungskräfte wie unsere Gesellschaft braucht, um ihre Wirtschaft, ihre Politik, ihre Verbände, ihre NGOs, ihre sozialen Einrichtungen zu betreiben, gibt es nicht mit dem Genfaktor. Führungsqualitäten müssen also herangebildet werden. Und zwar solche, die zu unserer heutigen Zeit und ihrem Menschenbild passen.

Solche Zeiten höchster Instabilität und Turbulenz sind oft auch Phasen höchster Sensibilität für einen nachhaltigen Wandel und Paradigmenwechsel. Darin liegt sozusagen die Chance von Führung.

1.2 Leadership und Management

Bei Leadership geht es, kurz gesagt, immer um Menschenführung. Daher gehören alle Disziplinen zu diesem Thema, die etwas mit Menschen zu tun haben: Kommunikation, Philosophie, Soziologie, Psychologie, Organisationslehre, Systemik etc. Diese Hilfswissenschaften erschließen, zusammengenommen, in welchem Feld man sich bewegt, wenn man es mit Führung, mit den beiden Teilbereichen Selbst- und Fremdführung zu tun hat.

Management befasst sich, ebenso kurz gesagt, damit, wie bestimmte Aufgaben nach den Leitkriterien von Effektivität und Effizienz erledigt werden können. Auch hierzu gehören verschiedene Hilfsdisziplinen, wie sie z. B. die Funktionsbereiche der Unternehmen widerspiegeln.

Beide Aufgabenbereiche spielen ineinander und sollten von leitenden Managern gleichermaßen beherrscht werden.

1.3   Frauen in der Führung

Die alten, patriarchalen Modelle von Führung sind Geschichte. Wie werden die neuen Modelle aussehen? Gegenwärtig, so scheint es, sind wir in einer Übergangszeit, vieles formt sich neu. Und neben den vielen neuen Ideen, die es zweifellos gibt, hängt unsere Gesellschaft noch sehr an vielen alten Überzeugungen fest. Z. B. der, dass Führungsaufgaben eigentlich Männersache sind. Die Diskussion um die sogenannte ‚Frauenquote' belegt das sehr deutlich. Eigentlich geht es doch um etwas, das für eine Gesellschaft, die wie die unsere verfasst ist, selbstverständlich sein sollte. Nämlich, dass es für alle, die geeignet sind, möglich sein muss, in Positionen zu kommen, die ein hohes Maß an Verantwortung bedeuten. Es geht um Teilhabe an dieser Gesellschaft und damit auch an Unternehmen, wie sie unserem auch in der Verfassung zugrunde gelegten Welt- und Menschenbild entspricht.

Dass wir diese Debatte überhaupt haben, zeigt, wo wir heute wirklich mit dem Thema ‚Frauen in Führungspositionen' stehen. Sie wird inhaltlich oft falsch und unlogisch geführt. Warum? Um an dem alten Modell festzuhalten. Warum ist die Diskussion falsch? Schon deshalb, weil wir ja de facto eine Männerquote haben und so tun, als liege diese Männerquote darin begründet, dass Männer besser qualifiziert sind. Die Quote liegt im Idealfall der alten Schule bei nahezu 100 % – und ein paar Alibifrauen. Warum Männerquote? Weil es ja tatsächlich nicht so ist, dass alle diese Männer deswegen hohe Managementfunktionen einnehmen, weil sie besonders gut dafür qualifiziert wären. Sehr häufig ist ja das genaue Gegenteil der Fall, und sie sind nur deswegen in diese Positionen gekommen, weil das bestehende System es genauso ermöglichte. Also haben wir de facto eine Männerquote; sie beruht auf einer kulturellen Entscheidung dafür und nicht auf Qualifikation. Oder haben die Gremien und Institutionen, die hochrangige Managementpositionen zu besetzen hatten, in den vergangenen 30 Jahren ohne Ergebnis, aber akribisch und allerorten nach geeigneten Frauen dafür gesucht? Und: Wurde es aufgrund unserer Familienpolitik möglich gemacht, dass Kinderbekommen und Kinderhaben eine Angelegenheit des Paares ist und nicht allein der Frau? Wurde es ermöglicht, dass Frauen oder Männer in der ersten Zeit wirklich zu Hause bleiben und sich um ihre Kinder kümmern können, ohne dass ein extrem hoher Druck, auch auf den Ehepartner, der weiterhin verdienen ging, ausgeübt wurde?

Gegenwärtig eine hohe Managementposition einzunehmen, hängt manchmal davon ab, in welcher Familie man geboren wurde; selten vom Fleiß oder Können. Unsere Unternehmen und Organisationen honorieren verschiedene Qualitäten bei Aufstiegskandidaten. Dass einer gut angepasst ist an das System, ist sicherlich auch eine davon. Die Frage ist, ob diese Qualität echte Führungskräfte wirklich auszeichnet.

1.4 Führung und Unangepasstheit

Echte Führungsqualität ist oft unbequem, anstrengend. Herausragende Führungs-
kräfte sind nämlich nicht angepasst und stromlinienförmig. Sie sind in ständiger
Bewegung, reflektieren sich und andere, lassen sich reflektieren, hören zu und sa-
gen nicht zu allem Ja und Amen. Sie beherrschen die Fähigkeit, Nein zu sagen.
Nicht als Selbstzweck, nicht um abzuwiegeln, sondern immer dann, wenn es ihre
Integrität der Sache gegenüber oder den Menschen gegenüber verlangt.

In vielen Unternehmen wüsste man sofort, auf welcher Etage der Macht man
gelandet ist, wenn man auch nur fünf Minuten Zeit hätte, die Menschen auf den
Korridoren, bei Meetings und in ihren Büros zu beobachten. Je angepasster, je
homogener das Verhalten, in Kleidung, im Denken, in der Wortwahl, im ganzen
Habitus, desto sicherer könnte man sich sein, jetzt gerade auf der Geschäftslei-
tungs- oder Vorstandsetage zu sein.

Die Frage stellt sich: Können Unternehmen mit solcherart angepassten Menschen an ihrer Spitze künftig wirklich erfolgreich sein? Wir beobachten einen deut-
lichen Wandel in den Herausforderungen, mit denen große deutsche Unternehmen
zu tun haben. Eine neue Generation von Führungskräften wird die Fehler der alten
erben, denn der Wandel kommt schnell, während manches Denken über Mitarbeiter und Führung sich de facto noch in den sechziger Jahren tummelt.

1.5 Führungsstile und Führungsklarheit

Man redet derzeit noch viel zu viel über Führungsstile, uber den autokratischen/
patriarchalen, den charismatischen, den bürokratischen, den autoritären, kooperativen oder den Laisser-faire-Führungsstil. Und man versucht einem Menschen,
der in seiner äußeren Wirkung eher schlicht ist, sogar Charisma beizubringen, weil
man meint, eine Führungskraft brauche das unbedingt. Glauben Sie wirklich, dass
man jemandem beibringen könne, charismatisch zu sein? Und glauben Sie wirklich, dass man Charisma brauche, um eine herausragende Führungskraft zu sein?
Ich kenne viele hervorragende Führungskräfte, die man eher als ‚graue Mäuse‘
bezeichnen würde, die aber eine hohe Anerkennung im Unternehmen genießen
und vielfach eine herausragende Führungsarbeit machen – gerade in Krisenzeiten.

Um eine gute Arbeit als Führungskraft zu leisten, sind ganz andere Qualitäten
notwendig. Z. B. ein gewisses Reflexionsniveau der eigenen Aufgabe und Person.
Es braucht beispielsweise ein ganzheitliches Denken, ein systemisches Denken
und einen Einblick in das, was Komplexität ist und bewirkt. Die ökonomischen
und politischen Eliten haben diese Elemente interessanterweise bereits aufgenommen. So etwa steht im „Executive Summary" des World Economic Forum Annual

Meeting 2009 in Davos: „(…) Komplexität und Wechselwirkung sind nicht nur charakteristisch für die Globalisierung, sondern auch die Grundlage einer systemischen Krise. Daher müssen zukünftige Lösungsansätze in einer holistischen und interdisziplinären Weise entwickelt werden, um (…) einen Rückfall zu vermeiden. (…) Ziel ist es, einen holistischen und systemischen Ansatz zu suchen zur Verbesserung des Zustandes der Welt (…).“

Und für das Annual Meeting 2010 mit der Zielstellung „Improve the State of the World: Rethink, Redesign, Rebuild – The Transformation Continues" findet sich ein Jahr später der Satz: „Die Finanzkrise von 2008 und die ‚Große Rezession' von 2009 führen zu schwierigen Fragen über die Zukunft der globalen Wirtschaft. Jedoch erlauben uns diese Fragen wichtige Einblicke in ökonomische Wirkzusammenhänge, Führungsdefizite und systemische Risiken, die der Globalisierung innewohnen. Diese Enthüllungen fordern uns auf, Geschäftsmodelle, finanzielle Innovationen und Risiko-Management neu zu überdenken."

Eine gute Führungskraft sollte diese Dinge in irgendeiner Form reflektieren. Sie haben direkt etwas mit der eigenen Aufgabe und wie sie erledigt wird zu tun.

1.6 Führung und die Kunst, gefährliche Fragen zu stellen

Führungskräfte sind auch deshalb Führungskräfte, weil sie manchmal Pionierqualitäten mitbringen müssen. Das heißt, sie müssen sich trauen, in unbekanntes Gelände vorzustoßen, stehen vielleicht unter ‚Beschuss', haben nur minimale Vorräte (= Ressourcen) dabei und können nicht unbedingt auf die Unterstützung ihrer Leute rechnen. Das macht Führungskräfte auch aus. In der zivilisierten Welt gehört zu Führung auch die Kunst, gefährliche Fragen zu stellen.

Jeder Mensch kann viele Arten von Fragen stellen. Zum größten Teil wurde aber unsere Art, Fragen zu stellen, zivilisiert und in die höfliche Form gebracht – und deswegen auch entkräftet. Das funktioniert, solange es um nichts geht, solange man bei einer Tasse Kaffee zusammensitzt und Belanglosigkeiten austauscht, solange keine echte Führung verlangt wird, sondern ein Status quo verwaltet wird.

Gefährliche Fragen sind solche, deren Antworten außerhalb der bestimmenden Kultur einer Organisation liegen. Dahin zu gehen, wo die Antwort auf eine gefährliche Frage liegt, erweitert die Kultur der Organisation, und diese Erweiterung wird von den meisten Menschen als etwas Unangenehmes erfahren.

Solche Fragen zu stellen, setzt natürlich voraus, dass Sie im Besitz Ihrer Authentizität, also auch geistig unabhängig sind. Eine wichtige Voraussetzung für echte Führungskräfte. Manche werden sich danach sehnen, so zu sein wie Sie, einige werden Sie dafür ablehnen.

Pionierqualitäten zu haben, ist da, wo echte Führung notwendig ist, eine Grund-voraussetzung. Da, wo ein Unternehmen einen Verwalter als Manager braucht, braucht es auch diese Qualität nicht. Unangenehm wird das für alle Beteiligten nur dann, wenn der ‚Verwalter' es plötzlich mit krisenhaften Situationen zu tun bekommt.

1.7 Brauchen wir überhaupt Führungskräfte?

Mit ‚Führung' haben wir so unsere Erfahrungen gemacht in Deutschland. Auch deshalb bevorzugen viele das Wort ‚Leadership'. Löst man sich von diesem belas-teten historischen Kontext, so bleiben dennoch die Fragen: Wer soll uns führen? In welchen Situationen? Wozu? Und: Wie soll das geschehen? Aufgrund welcher Prinzipien?

Berechtigte Fragen. Die Managementliteratur überschüttet Führungskräfte und die, die es werden wollen, geradezu mit Büchern und Artikeln zum Thema. Am Ende versteht man gar nicht mehr, was wirklich wichtig ist. Daher ist es manchmal gut, wieder einfache Fragen zu stellen. Z. B. die: Wann brauchen wir überhaupt Führung?

Wenn Manager mich fragen, was ich ihnen für ihren managerialen Alltag raten würde, dann sage ich (fast) immer: „Machen Sie sich überflüssig!" Zuerst einmal stößt das natürlich auf Erstaunen. „Meine Aufgabe ist doch wichtig, ich werde gebraucht … ohne mich läuft hier nichts …" Der Tenor der Erwiderungen auf ‚Machen Sie sich überflüssig!', ist immer derselbe.

Tatsächlich ist es jedoch so, dass es geradezu die Hauptaufgabe des Managers ist, z. B. seine Abteilung so zu organisieren, strukturieren, besetzen, dass der ‚La-den' im Normalbetrieb einfach läuft – auch ohne den obersten Manager. Müsste er im Normalbetrieb viel Steuerungs- und Führungsaufwand leisten, wäre das ge-radezu ein Zeichen dafür, dass noch einiges zu tun ist, um auch nur die normalen Management- und Leistungsprozesse zielführend zu gestalten. Bis das geschehen ist, muss natürlich viel gearbeitet werden und es braucht Führung. Wenn der Nor-malbetrieb aber hergestellt ist, das heißt ein möglichst störungsarmer Betrieb, dann braucht es eigentlich keine Führung mehr.

Sich überflüssig machen heißt also: Ich sorge dafür, dass ich im Normalbe-trieb gar nicht wirklich führen muss, dass mein Managementaufwand gering ist. Im Normalbetrieb ist die Hauptaufgabe des Managers also sicherlich nicht die, zu führen. Er hat zwar die Verantwortung dafür, dass alles gut läuft, er kontrolliert daher, macht sein Monitoring, führt vielleicht Entwicklungsgespräche, betreut das ein oder andere Projekt selbst mit. Aber in dieser Zeit sollten eher strategische

Entwicklungsaufgaben sein Thema sein. Der Steuerungs- bzw. Führungsaufwand muss deutlich nach unten gehen. Ein Manager, der sich nur noch mit Führung beschäftigt, ist vergleichbar einem Kapitän, der selbst dauernd am Ruder steht. Gute Kapitäne haben aber auch dafür ihre Leute, auch bei Windstärke 8. Sie müssen das große Ganze im Auge behalten und alles so aufeinander abstimmen, dass die Krise gemeistert werden kann. Krisensituationen verlangen nach solch spürbarer Führung.

Hier könnte man sich natürlich fragen: Was ist denn überhaupt eine Krisensituation? Nun, eine, in der tatsächliche Bedrohungen bestehen bzw. sich ankündigen. Es ist keine Krise, wenn ein Unternehmen oder eine Abteilung dauernd mit einer ‚fibrillierenden' Energie unterwegs ist und um das normale Tagesgeschäft herum alles mit derselben hohen Wichtigkeit und Dringlichkeit behandelt wird. Das ist einfach nur schlechtes Management und verlangt nach einer geführten Veränderung der Führung. Es handelt sich also im besten Falle um eine Führungskrise.

So gesehen plädieren wir auch für eine Beruhigung zum Thema ‚Führung', denn in der ganzen Diskussion darum wird gerne vergessen, dass Führung eben nur in bestimmten Situationen, sicherlich aber nicht im Normalbetrieb, wirklich notwendig ist. Natürlich ist es aufgrund der vielfach schwierigen Rahmenbedingungen erforderlich, dass Führungskräfte aufmerksam dieses Umfeld beobachten und – wo notwendig – Korrekturen vornehmen. Das heißt aber auch nicht, dass sie dauernd führen.

Im Normalbetrieb kommt es vor allem auf eine gute Kontrolle und weitere, strategisch ausgerichtete Verbesserung durch den Manager an. Es wird aber häufig so darüber gesprochen, als sei Führung ein Dauerzustand, und man vergisst darüber, dass auch hier die vierte Dimension ihre Geltung hat. Führung sollte im Normalbetrieb unauffällig und kaum sichtbar sein. Leider sieht die Realität jedoch in vielen Unternehmen anders aus: Manager greifen in andere Bereiche hinein, ohne das vorher abzusprechen: Sie betreiben Mikromanagement etc.; sie machen alles zur Chefsache und lassen es dann liegen etc. Das macht den Normalbetrieb nur anstrengend für alle.

Führungskräfte sollten sich diesbezüglich immer wieder einmal reflektieren und prüfen: Läuft hier alles auch ohne mich? Wenn nein, was muss ich noch tun, um einmal vier Wochen in Urlaub gehen zu können? Das ist doch eine wirklich lohnenswerte Frage. Und wenn Sie meinen, das ginge nicht, dann könnten Sie sich ja ein Ziel stecken: Ich werde alles in meinem Bereich so aufbauen, dass ich nächstes Jahr vier Wochen lang beruhigt in Urlaub gehen kann.

1.8 Führungskompetenz: Angeboren oder entwickelbar?

Unterhält man sich über Führungsqualitäten, dann wird regelmäßig und recht schnell über die Frage diskutiert, ob man denn nicht zur Führungskraft geboren sein müsse, ob man nicht so etwas wie ein Naturtalent dafür brauche. Üblicherweise wird von vielen infrage gestellt, dass man das, was zu guter Führung notwendig ist, erlernen kann.

Diese Frage wird allerdings auch meist von Leuten gestellt, die es niemals ernsthaft versucht haben und es tendenziell auch nicht versuchen wollen. Insofern hat das Statement, dazu müsse man geboren sein, natürlich etwas sehr Hypothetisches. Aufgrund zahlreicher Erfahrungen in Seminaren und Trainings können wir jedoch diese Auffassung nicht teilen. Sicher ist, was wohl für alle Bereiche gilt, dass es mehr oder weniger begabte Menschen gibt, denen der ein oder andere Teil ihrer Führungsaufgabe leichter fällt als anderen. Das gilt aber auch für das Erlernen eines Musikinstrumentes, für das Geräteturnen, für die Skiabfahrt und eben für die Führung von Menschen. Mit entsprechendem Fleiß und entsprechender Fokussierung, mit den entsprechenden Instrumenten, kann fast jeder eine gute Führungskraft werden. Eine Führungskraft, die Menschen auch durch Krisen bringt. Und dann gibt es auch noch – wie gesagt – die spezielle Begabung beim ein oder anderen. Sich selbst für einen Spezialbegabten zu halten, sich niemals konstruktiv und auf Entwicklung ausgerichtet in dieser Aufgabe zu reflektieren, wäre bei den meisten Führungskräften allerdings eine ziemliche Überschätzung. Mit schädlichem Verhalten für sie und ihr Umfeld verbunden.

Dies ist keine Managerschelte, sondern nur ein Plädoyer dafür, die Führungsaufgabe ernst zu nehmen und sich aus einem reflektierten Bewusstseinsstand heraus dieses wichtigen Themas anzunehmen. Es ist auch ein Plädoyer, nicht bei den ersten Fehlversuchen aufzugeben oder so zu tun, als wäre nichts passiert bzw. als sei es der Fehler der anderen. Es ist eine Einladung, bei sich selbst zu sehen, wo die Entwicklungspotenziale liegen.

Um eine wirklich gute Führungskraft zu sein, darf man eben kein Weggucker sein, auch nicht bei den eigenen Themen. Es gehört ein gewisses Maß an strukturierter Selbsterfahrung dazu, um diese Aufgabe auf wirklich hohem Niveau zu machen. Und es braucht natürlich noch viele andere Dinge, wie Sie in den einzelnen Interviews und den anschließenden Selbstcoaching- und Lernteilen sehen und hoffentlich mit Genuss und Gewinn lesen werden.

1.9   Die Führungskraft als Superman/Superwoman

Wenn man die Curricula mancher Universitäten oder Seminaranbieter zum Thema ‚Führung' liest, kann man sich kaum des Eindrucks erwehren, als ginge es
um nichts weniger als darum, Superman oder Superwoman heranzubilden. Dabei
werden oft die grundsätzlichen Dinge außer Acht gelassen, und man tut so, als
sei nun das Erlernen einer ganz bestimmten Kommunikationsmethode oder eine
psychologisch-analytische Methode der ‚Stein der Weisen'. Und solche Methoden
gibt es wie Sand am Meer. Aber es gibt keine einzige psychologische Methode
und keine Managementmethode, die für sich genommen besser wäre als andere,
die sicherer zum Ziel führte, bessere Ergebnisse erzeugte als andere. Insofern ist
wohl auch die Frage berechtigt: Was gehört wirklich in den Kanon echter Führung
und was nicht? Um welche grundsätzlichen Dinge geht es und um welche zusätz-
lichen kann es gehen? Denn wollte man all das auf hohem Niveau wirklich können,
was in den üblichen Curricula steht, dann hätten die Führungskräfte keine Zeit
mehr für etwas anderes. Denken Sie nur an den Anspruch, die Führungskraft solle
der ‚Coach' ihrer Mitarbeiter sein. Eine gute Coachingausbildung geht über Jahre und beinhaltet viele Elemente der Selbsterfahrung, Reflexion und Supervision
sowie die gekonnte Durchführung vieler Coachings. Welche Führungskraft könnte
– neben ihren sonstigen Aufgaben, die sie zu erfüllen hat – auch noch ein wirklich
gutes Coaching leisten? Und genauso verhält es sich mit vielen anderen Themen,
die da durch die Wunschlisten der HR-Abteilungen, Systemtheoretiker und nicht
zuletzt durch die Unternehmen selbst geistern.

Zu den grundsätzlichen Aspekten der Führung, um die es gehen könnte, wie
z. B. den der Authentizität als Mensch, der Geklärtheit, die beinhaltet, dass ich als
Führungskraft meine eigenen Fähigkeiten und Grenzen gut kenne, dass mir auch
meine Schattenseiten bekannt sind etc., kommt auch die Frage nach denjenigen
Problemen zu kurz, die wirklich über gute Führung gelöst werden können. Dort
wird vieles vermischt. So haben es Führungskräfte bei sich selbst und bei ihren
Mitarbeitern immer wieder mit gravierenden Problemen zu tun, die eigentlich in
der Recruitingphase hätten angesprochen und gelöst werden müssen. Nachher erwartet man von den Führungskräften, dass sie irgendwie mit den Problemen klar-
kommen.

Oder denken Sie an einen Merger, wo zwei Unternehmen zusammengeführt
werden. Ein Grund, warum die in der Praxis so gerne scheitern, ist, dass die Führungskräfte nach der Einigung der Top-Ebenen über das Geschäft alleine gelassen
werden mit den Problemen, die sich immer als Folge solch einer Veränderung ein-
stellen. Dies sind häufig extreme Situationen, die in ihren Auswirkungen komplett
unterschätzt bzw. falsch eingeschätzt werden. Üblicherweise kommen Führungs-

kräfte nicht damit klar, weil es einfach außerhalb ihrer bisherigen Erfahrung liegt. Es wäre sinnvoll, solche Phasen über längere Zeit, mindestens ein bis zwei Jahre, durch erfahrene Berater begleiten zu lassen. Ich erinnere mich an einen Merge, wo über den Zeitraum von bereits 17 Jahren drei Unternehmen in einer Business Division zusammengeführt worden waren. Aber auch nach 17 Jahren gab es noch drei verschiedene Kulturen, drei verschiedene Cliquen ... Der Geschäftsführer dieser Division wusste dies zwar, kannte auch die Konsequenzen, es war ihm jedoch, nach seinen eigenen Worten, ‚egal'. Das kann sich ein Unternehmen eigentlich nicht leisten, denn die Reibungsverluste sind viel zu groß. Die Führungskräfte werden allerdings i. d. R. auch mit solchen Themen alleine gelassen. Sie sehen das Problem, haben aber keine adäquaten Mittel, es zu lösen. Und stellen Sie sich vor, Sie sollten die Leute jetzt auch noch begeistern. Denn das verlangen viele Curricula ja auch von Führungskräften.

Wollen Sie also ein Superman oder eine Superwoman sein oder lieber das Grundsätzliche gut bis sehr gut beherrschen und sich bei anderen Themen einfach Hilfe holen? Dann wären Sie ja schon super!

Teil I
Sich selbst kennen

Motivation

2

Andreas Achner, zum Zeitpunkt des Interviews
Vorstand bei der PPI AG

Inhaltsverzeichnis

Zusammenfassung

In diesem Kapitel erfahren Sie etwas darüber, wie Sie sich und andere motivieren können und erhalten Ideen dazu, was Sie selbst antreibt.

Führungskraft, Manager, Leader, es existieren viele Begriffe, um die herausgehobene Tätigkeit innerhalb einer Organisation im Bereich der disziplinarischen Führung zu benennen.

Es gibt in der Wirtschaftswelt unzählige Menschen in Führungspositionen und die Außensicht auf diese Menschen ist relativ klar definiert. Das sind die „Bosse", die sind „oben" und entscheiden über das Wohl und Wehe der Mitarbeiter. Dafür werden sie in der Regel gut bezahlt und haben Macht und Ansehen.

Ist das Bild der Außenwelt aber richtig und präzise? Warum wollen manche Menschen in die Führung, während andere sehr zufrieden in der untergeordneten Rolle ihre Leistung erbringen? Was motiviert Menschen dazu, in die doch häufig sehr undankbare und immer auch sehr herausfordernde Position einer Führungskraft zu wechseln?

© Springer Fachmedien Wiesbaden 2015
B. Kaschek, I. Schumacher, *Führungspersönlichkeiten und ihre Erfolgsgeheimnisse,*
DOI 10.1007/978-3-658-04434-3_2

2.1 Vita

Andreas Achner, Jahrgang 1959, ist seit 2007 Vorstandsmitglied bei der PPI AG, einem auf Finanzdienstleister spezialisierten Beratungsunternehmen mit mehr als 300 Mitarbeitern mit Sitz in Hamburg. Herr Achner ist Diplom-Ingenieur für Schiffbau und wechselte nach seinem Studium in die Software- und Beratungsbranche. Nach Tätigkeiten als Softwareingenieur und Technologieberater wechselte er 1989 zum Hamburger Beratungsunternehmen Mummert & Partner, für das er 17 Jahre als Projektleiter, Partner und Vorstandsmitglied tätig war. Herr Achner ist verheiratet und hat fünf Kinder. Neben Familie und Beruf hat er eine weitere große Leidenschaft – dass Hochsee-Regattasegeln.

2.2 Interview

I. Schumacher:
Welche ist die zentrale Frage Ihrer Tätigkeit als Führungskraft?
A. Achner:
In einem ausschließlich auf der Qualität von Menschen beruhenden Geschäft wie dem Dienstleistungsgeschäft, insbesondere der Beratung, ist die herausragende Aufgabe, Menschen zu finden, zu binden und zu entwickeln, die dann dieses Geschäft tragen.
I. Schumacher:
Wenn Sie das jetzt so beantworten, sind Sie dafür ausgebildet worden?
A. Achner:
Nein. Mein Credo an der Stelle ist, Unternehmensberatung kann man nirgendwo lernen. Das kann man nicht an einer Universität und nicht über formale Ausbildungen lernen, sondern, das ist ein Lehrberuf wie Goldschmied oder Ähnliches.

Da gibt es Lehrlinge, Gesellen und Meister – und genau diese Schritte habe ich in der Vergangenheit durchlaufen. Aber ich habe niemals irgendwelche formalen Ausbildungen in Richtung Führungskraft mitgemacht.

I. Schumacher:

Was bedeutet für Sie Erfolg?

A. Achner:

Das ist eine sehr gute Frage. Erfolg hat ja immer ganz viele Dimensionen. Zuerst einmal bin ich Vorstand dieses Unternehmens, das heißt, Erfolg ist das Erreichen betriebswirtschaftlicher Ziele, denn ohne die Erreichung dieser Ziele sind all die anderen Erfolgskriterien relativ müßig, da das Unternehmen dann schlicht nicht mehr existieren kann. Darüber hinaus mache ich Erfolg ganz stark fest an der Begeisterung und Freude, mit der die Menschen in diesem Unternehmen arbeiten, an der Qualität der Zusammenarbeit mit den Menschen und an den gemeinsamen Erfolgserlebnissen, die ich mit meinen Top-Mitarbeitern in Kundensituationen habe. So, da gibt es natürlich jede Menge weiche Kriterien, an denen man das festmachen kann. Also, dass die Leute immer halbwegs nett zu mir sind und dass ich in den Gehaltsgesprächen nicht gegen Wände laufe und Ähnliches. Aber es gibt natürlich eine Folge von Hard Facts, das eine ist die Fluktuationsrate. Ich habe einen extrem hohen Anspruch bei meinen Top-Leuten, dass die Fluktuationsrate idealerweise bei null liegt. Das macht sich natürlich dann auch an Dingen fest wie diesen regelmäßigen „Great-Place-to-Work"-Befragungen und Ähnlichem. Wir haben durchaus auch harte Benchmarks, an denen wir dieses Thema messen können.

I. Schumacher:

Was, meinen Sie, hat Sie erfolgreich gemacht? Was waren zentrale Erlebnisse, Gedanken und Beobachtungen?

A. Achner:

Ich weiß nicht, wie es in anderen Unternehmen und vor allem in anderen Berufen ist. Im Beratungsgeschäft entsteht der Erfolg ja, solange man operativer Berater ist, ausschließlich beim Kunden. Das bedeutet, eine Karriere im Beratungsunternehmen ist ganz stark getrieben durch Erfolge, die man beim Kunden hat. Wenn man mal unterstellt, dass es viele Menschen gibt, die beim Kunden hervorragende Arbeit leisten in einem Beratungshaus, dann kommt ein zweiter Faktor dazu, das ist diese Glückskomponente in einer solchen Karriere. Dass man zum richtigen Zeitpunkt im richtigen Kundenprojekt ist. Das heißt Projekte, die dann auch ein Stück im Kernfokus der Geschäftsleitung stehen. Bei mir hat es ein paar Schlüsselereignisse gegeben. Ganz entscheidend waren die zwei Jahre, die ich als Berater in einem Projekt tätig war, das nicht nur inhaltlich unheimlich interessant war und mich unter verschiedenen Aspekten sehr gefordert hat. Es war auch so, dass der damalige IT-Vorstand des Unternehmens die Zusammenarbeit mit mir sehr geschätzt

hat und mir Positionen übertragen hat, die auf persönliche Assistenz für ihn hinaus-
liefen. Der hat mich überall da reingesteckt, wo es brannte. Das war das eine. Das
war sozusagen die inhaltlich gute Arbeit. Dieser Mann, dieser IT-Vorstand, war ein
persönlicher Freund unseres damaligen Senior Partners. Jedes Mal, wenn der dort
im Unternehmen aufkreuzte, dann musste er sich 'ne halbe Stunde anhören, was
für ein toller Mensch ich bin. Das war so ein erster Schub, dass man in meinem
Unternehmen gesagt hat, okay, aus dem wird was. Das hat dann dazu geführt,
dass man mir ausgesprochen früh Verantwortung für kleine Teams, die damit verbundene Auslastung und den damit verbundenen geschäftlichen Erfolg übertragen
hat. Ich habe dann mehrfach nachgewiesen, dass ich in Kundensituationen in der
Lage bin, zusätzliches Geschäft für das Unternehmen zu generieren. Weitere Leute
beim Kunden zu positionieren, damit das Geschäft aufzubauen, meinen Bereich
und letztendlich damit auch den wirtschaftlichen Erfolg zu vergrößern.

I. Schumacher:
**Wie sah Ihr Lebenskonzept zu Beginn Ihrer Berufstätigkeit aus? Hat es
sich verändert und wenn ja, in welcher Weise?**

A. Achner:
Ja, total. Zum einen bin ich ja von meiner formalen Ausbildung unglaublich
weit von dem entfernt, was ich jetzt mache. Ich bin Diplom-Ingenieur für Schiffbau. Das legt nahe, dass ich in keiner Weise vorhatte, Unternehmensberater für
Finanzdienstleister zu werden. Ich wollte ursprünglich die akademische Laufbahn
einschlagen nach dem Studium. Ich hatte mich sehr stark auf theoretische Strö-
mungsmechanik und ähnliche Dinge gestürzt und wollte eigentlich promovieren
und eine Hochschullaufbahn einschlagen. Dann habe ich im ersten Jahr meiner
Promotion gemerkt, das muss man auch mal so ganz hart formulieren, dass mir
der „intuitive" Zugang zu den Naturgesetzen fehlte. Das heißt, ich wäre so ein
netter Durchschnittsforscher geworden, aber zu einem Top-Lehrstuhl hätte das mit
Sicherheit nicht gereicht. Ich wollte nicht auf einer Werft arbeiten, die Schiffbau-
branche war damals schon durchaus krisengeschüttelt. Damals hatte ich viel pro-
grammiert im Laufe meines Studiums, es war die Ära der ersten erschwinglichen
Hochleistungsmikrorechner, man konnte sich plötzlich so ein Ding kaufen. Die
Faszination für dieses im extrem schnellen Wandel begriffene Business IT war
dann einfach größer als die für Schiffe. Ich habe dann als Softwareentwickler komplett die Branche gewechselt. Habe dann zwei bis drei Jahre bei einem technisch-
wissenschaftlichen Softwarehaus gearbeitet. Bin dann damals schon über einen
Personalberater mit dem Hamburger Unternehmen Mummert & Partner, einer ganz
traditionsreichen Unternehmensberatung, zusammengekommen. Ich habe also den
Schritt in die kommerzielle Datenverarbeitung gemacht. Mummert war schwer-
punktmäßig bei Banken und Versicherungen tätig. Da bin ich aber eher als Tech-
nologieexperte eingestiegen und bin dann über Projekte, überwiegend in Versiche-

rungen, auch in das Branchen-Know-how Versicherung reingewachsen. Eine klassische Karriere habe ich eigentlich zu keinem Zeitpunkt angestrebt, weil ich eher inhaltlich getrieben bin. Das Bild, das ich von mir selbst hatte, war zu jeder Zeit eher das, in dem, was ich gerade tue, der herausragende Experte zu werden. Also der beste Schiffbauingenieur auf diesem Planeten oder später ein herausragender Programmierer, da waren meine Vorbilder solche Leute wie die Linux-Entwickler. Eine formale Managementkarriere hat mich eigentlich zu keinem Zeitpunkt interessiert. Außer zu dem Zeitpunkt, als es dann spruchreif wurde, als ich schon etablierter Bereichsleiter war und durchaus am Horizont auftauchte, dass ich eine realistische Chance hätte, den Sprung in den Vorstand zu machen.

I. Schumacher:
Und dann wollten Sie auch der Welt bester Vorstand werden?
A. Achner:
Mag sein. Damals war ich erfolgreicher Bereichsleiter, ich hatte aus anfänglich fünf bis sieben Leuten eine Truppe von fast 40 Personen gemacht, die erfolgreich in der Versicherungswirtschaft Projektarbeiten machten. Das war auch wirtschaftlich ein erfolgreicher Bereich. Dann war abzusehen, dass es im Vorstand einen Generationswechsel geben würde. Da war ich dann schon extrem daran interessiert, Mitglied des neuen Vorstands zu werden. Für die circa zwei Jahre habe ich dann auch mal sehr intensiv an einer Managementkarriere gearbeitet.

I. Schumacher:
Was sagen Sie zu sich selbst, wenn Sie in einer schwierigen Situation sind?
Die innere Stimme, der innere Ratgeber, was sagt der?
A. Achner:
Das ist eine schwierige Frage. Die innere Stimme sagt mir, es gibt immer einen Ausweg. Ganz egal, wie verfahren eine Situation aktuell aussieht. Zu keinem Zeitpunkt macht es Sinn, sich einzugestehen, dass eine Situation wirklich ausweglos und hoffnungslos ist, sondern man muss sofort und schnellstmöglich daran arbeiten herauszufinden, welche Dinge man jetzt tun kann, um dieses Projekt, diese Situation aus dieser Ecke herauszubringen, in der sie sich gerade befindet, und nach vorne zu entwickeln. Eine kleine Anekdote dazu. Ich war in einem Krisenprojekt und bin in eine Sitzung gerufen worden. Da sind wir sprichwörtlich drei Stunden lang mit faulen Eiern beworfen worden. Die Situation war so, dass das Ding mit 80-prozentiger Wahrscheinlichkeit gegen die Wand gefahren worden wäre. Ich habe mir gesagt, hier hilft nur radikal der Weg nach vorne. Ich bin dann aufgestanden und habe dem Kunden in aller Deutlichkeit gesagt: Ich bin hier, die Angelegenheit wird jetzt auf Vorstandsebene geregelt und Sie können sicher davon ausgehen, dass das Thema zu Ihrer Zufriedenheit bearbeitet wird. Im Auto zum Flughafen habe ich die ersten Telefonate geführt, um zu klären, was man jetzt müsste, um die Sache in Ordnung zu bringen. Also immer den Weg nach vorne

suchen und sich sofort um Dinge kümmern, die für Besserung und Erleichterung sorgen. Mehr kann ich dazu nicht sagen.

I. Schumacher:
Welche würden Sie als Ihre drei größten Stärken bezeichnen?

A. Achner:
Wie schon erwähnt, das ist ein sehr menschengetriebenes Geschäft. Ich habe offenbar eine Fähigkeit, Menschen für mich einzunehmen, sodass sie Spaß daran haben, hoch motiviert und auch längerfristig mit mir zusammenzuarbeiten. Es ist mir immer gelungen, tolle Seniorberater, Bereichsleiter, Spezialisten zu rekrutieren, an mich zu binden und mit ihnen gemeinsam erfolgreich zu sein. Eine zweite Stärke, ich bin sicherlich kein schlechter Akquisiteur und Verkäufer. Das geht wahrscheinlich Hand in Hand. Auch auf Kundenseite bin ich nicht derjenige, der mit (McKinsey-artiger) Brillanz, Perfektion und Präzision, auch nicht mit absolut herausragendem Fach-Know-how, die Menschen überzeugt, sondern ich glaube, ich bin in der Lage, dem Kunden ein Gefühl zu vermitteln, dass er bei mir in guten Händen ist und wir die Dinge hier vernünftig managen werden. Eine dritte Stärke würde ich in der Tatsache sehen, dass ich in der Lage bin, mich extrem schnell in Dinge einzuarbeiten. Ich habe eine unglaubliche Lust, immer wieder neue Sachen zu lernen. Im Beruf und außerhalb des Berufes. Das ist eine meiner ganz großen Leidenschaften. Mich immer wieder in neue Dinge einzuarbeiten und es da auch auf ein gewisses Niveau zu bringen. Ich denke, diese drei Faktoren sind die wesentlichen.

I. Schumacher:
Im Laufe Ihres beruflichen Werdegangs sind Sie auch auf Schwierigkeiten und Hindernisse gestoßen. Wie sahen diese Hindernisse aus? Gab es da eventuell ein Muster?

A. Achner:
Ich selbst kann da kein Muster erkennen. Ich kann mich offensichtlich gut auf Situationen und Umfelder einlassen. Die Kultur meines Umfeldes lesen, interpretieren und mich kulturkonform verhalten. Was meine ich damit? Ich habe meine Karriere in einem Unternehmen gemacht, das auf Partner- und Geschäftsleitungsebene extrem wettbewerbsorientiert aufgestellt war. Das heißt, der Feind saß im Kern nicht nur beim Wettbewerber, sondern auch schon im Nachbarbüro. Man musste aus einer sehr interessanten Mischung heraus brutal die eigenen Interessen vertreten, gleichzeitig aber nach außen als der gute Teamplayer dastehen, seine Pfründe verteidigen. Jetzt bin ich hier Vorstand eines Unternehmens, das eine ausgesprochen, geradezu sanfte, auf Kooperation und enge Zusammenarbeit abgestimmte Kultur hat. Alleingänge werden hier eher sanktioniert, weil das nicht zur Kultur des Hauses passt. Ich denke, das ist mir relativ gut gelungen. Das kann man sicherlich als ein Muster bei mir erkennen. Ein anderes Muster ist natürlich das

Thema „Beziehungen". Wichtige und gute persönliche Beziehungen aufzubauen, ohne das geht es nicht. Positiv bei den Leuten aufzufallen, die in Schlüsselpositionen in der Geschäftsleitung sitzen, das ist in frühen Stadien der Karriere wichtig. Als „Hoffnungsträger" wahrgenommen zu werden. Das auch wieder so zu machen, dass es zur Kultur eines Unternehmens passt. Was in einem Unternehmen als gesunder Profilierungsdrang gesehen wird, wird in einem anderen Unternehmen als unerträgliche Angeberei und Selbstprofilierung gewertet. Ich denke, es ist wichtig, dass man in der Lage ist, sich kulturkonform zu verhalten.

I. Schumacher:
Was treibt Sie bei der Erfüllung Ihrer Aufgaben als Führungskraft an?

A. Achner:
Im Kern ist es das Stichwort „Ingenieur" und später die Leidenschaft für Softwareentwicklung, insgesamt inhaltlich getriebene Themen. Es ist die Lust, anspruchsvolle inhaltliche Probleme zu lösen. Wenn man das in einem Beratungshaus erfolgreich macht, dann kommt der wirtschaftliche Erfolg quasi von allein. Die Lust, Menschen um mich zu haben, die ein harmonisches Team bilden, die untereinander gut zusammenarbeiten, was uns die Möglichkeit gibt, unser Know-how auch als Team am Markt zu präsentieren und den Kunden davon zu überzeugen, dass er hier mit einer großen Bandbreite von Persönlichkeiten und Skills konfrontiert wird. Mein wesentlicher Treiber ist die Lösung inhaltlicher Fragestellungen. Ich war zu keiner Zeit geldgetrieben. Ich freue mich sehr, dass ich ein vernünftiges Einkommen habe. Ich will auch nicht verhehlen, dass man sich dann vom Lebensstil auch an diese Einkommenshöhe gewöhnt. Aber das war nie mein Treiber. Ich bin auch in überschaubarem Maße statusgetrieben. Ja, Status, das bringt mich zu einem zweiten, ganz wesentlichen Treiber, das ist das, was mich dann letztlich doch in eine Managementkarriere gebracht hat. Meine ausgesprochene Lust, Dinge eigenständig zu entscheiden. Mein eigenes Ding zu machen und unternehmerisch zu agieren. Was sich dann letztendlich nur ab einer gewissen Führungsebene realisieren lässt. Was ich über alle Maßen schätze, was dazu geführt hat, dass ich nie eine Konzernkarriere angestrebt habe, ist, dass ich eigenständig unternehmerisch entscheiden kann. Ich muss mich nicht in einem komplexen internationalen Konzerngeflecht ständig rückversichern, abstimmen und sonst irgendwas machen.

I. Schumacher:
Welche Gefühle und Stimmungen prägen momentan Ihren Arbeitsalltag –
und können Sie diese in irgendeiner Form nutzen?

A. Achner:
Ich lasse mal private Ups and Downs beiseite. Diese Dinge bleiben natürlich auch nicht, zumindest wenn man Familienmensch ist, ohne Spuren. Wobei ich immer staune, wie gut man das dann tatsächlich im beruflichen Alltag ausblenden kann, wenn da private Katastrophen, von denen ich leider im Laufe meiner Karriere

nicht verschont geblieben bin, geschehen sind. Ich habe hier in einer komplet-
ten Aufbausituation begonnen. Ich habe diesen Bereich hier von null aufgebaut.
Die ersten Jahre waren von ausgesprochen kleinteiliger, zwar interessanter, aber
mühsamer Aufbauarbeit geprägt. Im dritten Jahr hat es einen erheblichen Rück-
schlag gegeben. Seitdem ist mein Bereich eine Erfolgsgeschichte. Sodass ich im
Moment aufpassen muss, nicht größenwahnsinnig zu werden, und mir bewusst
machen muss, dass 20- bis 30-prozentige Wachstumsraten in gesättigten Märkten
ein Gottesgeschenk sind. Sicher hat das auch mit eigener Leistung zu tun. Man
darf aber auf gar keinen Fall den Fehler begehen, solche Dinge für alle Zeiten für
gesichert zu halten. Das Zweite ist, das Wachstum dieses Hauses ist in den vergangenen zwei bis drei Jahren faktisch ausschließlich durch meinen Bereich getrieben
worden. Zur Zeit muss ich aufpassen, das nicht allzu sehr nach vorne zu stellen,
und ich muss auch darauf achten, keine für meine Vorstandskollegen vielleicht de-
mütigende Position einzunehmen, wieder das Stichwort kulturkonformes Handeln.
Nicht alles besser zu wissen. Last but not least will ich nicht verhehlen, bin ich in
einem Zyklus, in dem ich mir aktive Gedanken mache, wie lange ich diese Aufgabe
überhaupt noch wahrnehmen möchte. Ob ich nicht die operative Verantwortung an
einen jüngeren Menschen abgeben und in eine ganz neue Lebensphase eintreten
sollte. Was auch immer daraus kommen mag.

I. Schumacher:
**Kann es sein, dass man über die Tätigkeit, den Job, auch persönliche
Schicksalsschläge kompensiert?**

A. Achner:
Das glaube ich nicht. Es ist eher andersherum. Wenn man sehr intensiv arbeitet,
dann schafft man es, für begrenzte Zeit, diese anderen Situationen auszublenden,
weil man extrem fokussiert ist. Aber diese umgekehrte Geschichte, eher nein. Ich
habe insbesondere durch den Tod von meinem Sohn David meine Work-Life-Balance so umgestellt, dass ich wieder mehr Life hatte und weniger Work. Also eher
das gegenteilige Muster.

I. Schumacher:
**Sie haben daraus für sich auf jeden Fall etwas gezogen? Sie haben Ihr Ver-
halten verändert?**

A. Achner:
Ich denke, ja. Ja! Es war ja im Kern der Tod von David. Das war gerade so die
Zeit, in der ich unglaublich ehrgeizig diese formale Vorstandsrolle ausgefüllt habe.
Das war während meiner ersten beiden Amtsjahre. Damals war ich sehr stark auf
dem Karrieretrip. Wenn das nicht passiert wäre, wären vielleicht auch Sachen ge-
kommen, dass ich gesagt hätte, ich will noch mal eine Position bei einer größeren
Organisation übernehmen. Im Widerspruch zu all dem, was ich vorhin über meine

persönlichen Leidenschaften und Interessen gesagt habe. Das war so diese „Managerphase". Das hat sich schlagartig geändert durch diese private Situation.

I. Schumacher:

Aufgrund welcher Ergebnisse betrachten Sie Ihre Tätigkeit als erfolgreich?

A. Achner:

Es gibt ganz klar einen formalen Punkt, das sind die betriebswirtschaftlichen Ergebnisse. Das heißt Umsatz und Ertrag. Dann gibt es den wesentlichen weichen Faktor, das ist alles, was sich rund um die Zufriedenheit und Begeisterung der Kollegen und Mitarbeiter rankt. Die eben in einem Haus, wie dem unseren, unsere einzigen Produktionsmittel sind. Was man über weiche Faktoren messen kann, aber wo es natürlich auch harte Faktoren gibt, die für mich ganz wichtig sind, auch als Steuerungsparameter, also Mitarbeiterfluktuation, formale Umfragen nach Mitarbeiterzufriedenheit und ähnliche Dinge.

I. Schumacher:

Viele sagen, wir befänden uns derzeit in einem Kulturwandel in Bezug auf Führung und Management. Ist das auch aus Ihrer Sicht so? Und wenn ja, was aus der alten Kultur sollte behalten werden und was sollten wir ändern?

A. Achner:

Ich denke, solch ein Kulturwandel ist permanent vorhanden. Ich kann natürlich nur die Jahre, die ich selbst im Berufsleben stehe, heranführen. Aber ich denke, auch schon die 68er-Revolution hat da sicherlich zu bestimmten Fragestellungen einen bestimmten Wandel ausgelöst. Jetzt im Moment ist der Wandel sicherlich sehr stark auch durch bestimmte technologische Fragestellungen, wie Internet und mobile Technologien, getrieben. Also, das ist immer so eine Wechselwirkung aus gesellschaftlichen und technologischen Treibern, gerade in rein wissensgetriebenen Unternehmen wie dem unseren, und ich kann nur für solche Unternehmen sprechen. Ich musste nie ein Handelsunternehmen managen, wo man zu 90 % Menschen führt, die haben keinen befriedigenden Job. Am Fließband zu stehen oder an der Kasse zu sitzen, das ist nun mal nicht inhaltlich befriedigend. Da muss man sicherlich anders führen. Ich hatte immer das Privileg, im Beratungsgeschäft ausschließlich mit gut ausgebildeten, gut motivierten und sicherlich auch überdurchschnittlich bezahlten Menschen zu tun zu haben. Aber auch dort gibt es einen starken Wandel, das habe ich in den vergangenen 15 Jahren deutlich wahrgenommen. Das eine ist ganz klar die Work-Life-Balance. Die meisten Menschen sind nicht mehr bereit, ihr gesamtes Leben bedingungslos den Anforderungen des Arbeitgebers und des Berufes unterzuordnen. Das heißt bei uns, Fragestellungen wie permanente Reisetätigkeit werden immer kritischer hinterfragt, und es wird immer schwieriger, Menschen zu finden, die sich zumindest für eine gewisse Zeit darauf einlassen. Das ist etwas, das kann man nicht mehr mit Befehl und Gehorsam lösen, an diesen Stellen muss man individuell auf die Menschen eingehen. Der Umgang miteinander wird informeller, Dresscodes sind nicht mehr so streng. An einigen Stellen gibt es natürlich Dinge, da hofft man doch, dass gewisse klassische Elemente uns erhalten bleiben. Das sind für mich die deutschen, preußischen Tugenden, also pünktlich in Besprechungen erscheinen, dass man mit Vertrauen auch vertrauensvoll umgeht – Stichwort: Vertrauensarbeitszeiten und Ähnliches -, wir haben praktisch überhaupt keine Möglichkeit, die Menschen zu kontrollieren. Das sind Dinge, da würde ich mir doch sehr wünschen, dass sie erhalten blieben.

I. Schumacher:
Was bewirkt Ihrer Erfahrung nach bei Menschen eine Verhaltensänderung?

A. Achner:
Ich glaube, das ist extrem schwierig. Menschen sind wie sie sind. Ich denke, im Großen und Ganzen fährt man auch am besten, wenn man es den Menschen ermöglicht, authentisch zu agieren. Menschen sind unterschiedlich. Ich persönlich habe immer dann die beste Leistung gebracht, wenn ich mich so verhalten konnte, wie ich bin. Wenn ich nicht in ein anderes Raster gepresst worden bin. Das kostet immer Kraft, den Mustern eines solchen Rasters zu entsprechen. Ich mache mir sehr wenig Gedanken über Verhaltensänderung von Menschen, sondern ich bemühe mich extrem stark, das Umfeld, die Organisation, die Kundensituation, die Projekte, die Verantwortung so zu schneiden und flexibel zu gestalten, dass sie möglichst gut mit der jeweiligen Persönlichkeit harmonieren. Da es nun mal unterschiedliche Persönlichkeiten gibt, muss ich sehr viel Zeit damit verbringen, die daraus entstehenden Differenzen zwischen Menschen zu moderieren und zu managen. Diese Differenzen lassen sich nicht komplett vermeiden. Mein Spruch dazu ist: Es ist leichter, PowerPoint-Folien an Menschen anzupassen als Menschen an PowerPoint-Folien. Damit will ich sagen, ich lege wenig Wert auf Formalorganisation, formale Stellenbeschreibungen und Ähnliches, sondern in dem Kontinuum aus thematischer Exzellenz, aus vertrieblicher Exzellenz und aus Managementkompetenz, in denen die Menschen hier erfolgreich sind, muss man gucken, dass man jeden an die richtige Stelle bringt.

I. Schumacher:
Angenommen, Sie hätten eine Viertelstunde weltweite Sendezeit und würden in jeder Sprache verstanden. Was würden Sie jungen Menschen, jungen Führungskräften mit auf den Weg geben?

A. Achner:
Ja, ich fange mit dem an, womit ich eben aufgehört habe. Sucht euch ein Umfeld, in dem ihr authentisch sein könnt. Immer dann, wenn man das Gefühl hat, man wird verbogen und in ein Schema gepresst, dann liegt es wahrscheinlich

daran, dass das Unternehmen oder die Aufgabenstellung nicht zu einem passt. Das Zweite ist, und das ist eigentlich im Widerspruch dazu, man muss sich dann die richtige Kultur suchen. Man muss die Möglichkeit bekommen, kulturkonform zu agieren, ohne sich dabei komplett zu verbiegen. Wenn man merkt, dass das nicht gelingt, dann ist man auch an der falschen Stelle. Man muss intensiv kommunizieren, man muss versuchen, im positiven Sinne ein Netzwerk aufzubauen. Das hat für mich nichts mit „Old-Boy-Network" und diesen Dingen zu tun, sondern man benötigt eine positive Wahrnehmung von außen, um in einem Unternehmen weiterzukommen. Platt gesagt, wenn einen alle blöd finden, macht man mit Sicherheit keine Karriere. Ich glaube, es hilft immer, wenn man von inhaltlichem Interesse an Fragestellungen getrieben ist und nicht von der aktuellen formalen Position. Das ist meine feste Überzeugung, wenn man inhaltlich exzellente Arbeit leistet plus Netzwerke aufbaut plus positiv wahrgenommen wird, dann ist die formale Karriere eine logische Folge daraus.

2.3 Worum es hier geht

Das Bild, das ich von mir selbst hatte, war zu jeder Zeit eher das, in dem, was ich gerade tue, der herausragende Experte zu werden. Andreas Achner

Karrieren verlaufen unterschiedlich und nicht immer geradlinig. Der ursprüngliche „Plan", wie das eigene Berufsleben verlaufen soll, lässt sich häufig nicht aufrechterhalten. Es braucht Flexibilität und Zuversicht, um bereits eingeschlagene Wege zu verlassen und sich auf neue Pfade zu begeben.

Etwas erreichen wollen. In dem, was man tut, der „Beste" sein wollen. Ehrgeizig sein, dem eigenen Anspruch genügen, alle diese Dinge gehören in den Bereich der Motive. Motive und Eigenschaften eines Menschen definieren seine Persönlichkeit und beide sind verantwortlich für den „Erfolg" eines Menschen. Es gibt weit mehr Motive als die genannten. Motive teilen sich in zwei Gruppen auf. Es gibt primäre Motive wie Hunger und Durst, diese sind universell bei jedem Menschen in der gleichen Art und Weise angelegt. Es gibt aber auch die sogenannten sekundären Motive, wie z. B. das Hilfemotiv, das Machtmotiv, das Leistungsmotiv und Ähnliches. Die sekundären Motive sind nicht bei jedem Menschen gleich stark ausgeprägt, sie sind individuell unterschiedlich. Jeder Mensch verfügt über eine ganz eigene Motivzusammensetzung. Dies gehört zur Individualität eines Menschen und kennzeichnet seine Persönlichkeit. Motive sind unsere Antreiber in Richtung unseres angestrebten Zieles, sie bringen uns in Bewegung.

Genau das ist die Übersetzung von Motivation

in movitum ire (lat.) – in das einsteigen, was (den Menschen) bewegt.
Der Psychologe Prof. Dietrich Dörner liefert in seinem Buch „Bauplan für eine
Seele" folgende Definition für den Begriff Motivation:

Motiv = Bedürfnis + Ziel.

Motivation ist demnach der abstrakte Begriff für das, was sich im Menschen ab-
spielt, bevor er eine zielgerichtete Handlung ausführt, bzw. die Motivation ist die
Voraussetzung für das Handeln des Menschen. Ohne Motivation gäbe es keine auf
ein Ziel führende Aktion.

Um den abstrakten Begriff der „Motivation" näher zu erläutern, muss man sich
zunächst mit dem Thema der „Motive" beschäftigen. Motive sind die inneren subjektiven Beweggründe eines Menschen, die ihn antreiben. Die Motive stehen für
das „Warum" eines Menschen, für seine Ziele und das, was ihn bewegt. Im primären Motivationssystem ist der erhoffte Lustgewinn unmittelbar mit dem äußeren
Reiz verknüpft, und dieses selbst bringt den Lustgewinn, nicht aber die eigene Aktivität. Im sekundären Motivationssystem ist die Person in der Lage, sich selbst den
erreichten Effekt zuzuschreiben. Dieses Erkennen des eigenen Anteils am Erfolg
oder auch am Misserfolg ist das Ergebnis eines Lernprozesses und führt zu ver-
stärktem Bemühen im Ringen um den Erfolg. Es hängt von der jeweiligen Persönlichkeitsstruktur ab, ob ein Mensch durch Misserfolg zu verstärkter Anstrengung
angeregt wird oder ob er resigniert und frustriert ist. Erfolg hingegen kann berau-
schend wirken, und die Person will mehr davon oder sie ruht sich auf den erzielten
Erfolgen aus – und es kommt zur Stagnation.

2.4   Was hat das mit mir zu tun?

Jeder Mensch trägt also zwei unterschiedliche Motivationssysteme in sich, das primäre und das sekundäre. Das primäre System repräsentiert all das, was in Maslows
Bedürfnispyramide (siehe Abb. 2.1) auf den unteren Ebenen abgebildet wird. Das
sekundäre System bildet die Spitze der Pyramide ab. Während die primären Motive instinktiv von jedem Einzelnen gelebt werden, sollten die sekundären Motive
durchaus Objekt der persönlichen Reflexion sein. Diese sekundären Motive, die
individuell unterschiedlich ausgeprägt vorliegen, beschreiben neben unseren Eigenschaften unsere Persönlichkeitsstruktur. Es ist also spannend und wichtig, sich
mit diesem Anteil seiner eigenen Persönlichkeit auseinanderzusetzen.

Abb. 2.1 Bedürfnispyramide nach Maslow. (Eigene Darstellung)

Die Motivlage einer Führungskraft kann von entscheidender Bedeutung für ein Unternehmen und seinen Erfolg sein. Ist die Führungskraft eine Person, die durch Erfolg angespornt wird, oder wird sie davon bestimmt, keinen Misserfolg zu haben? In der Sportpsychologie gibt es ein Denkmodell zu diesem Thema. Es geht darum herauszufinden, ob ein Mensch unbedingt gewinnen will oder ob er auf keinen Fall verlieren will. Dies ist insofern relevant, als im ersten Fall Fehler passieren werden. Ein Mensch, der unbedingt Erfolg haben will, wird mit voller Kraft auf sein Ziel zugehen. Er ist mit Leidenschaft und Dynamik unterwegs, leider passiert dies häufig auch mit hohem Tempo, und die Zeit zur sorgfältigen Analyse bleibt manchmal auf der Strecke. Diese Menschen handeln oft aus dem „Bauch" und der Erfolg gibt ihnen häufig recht. Allerdings werden bei diesem Vorgehen auch Fehler gemacht. Diese Fehler müssen nicht tragisch sein. Wenn man sich darauf einlässt, dass diese Art von Strategie bedeutet, dass der Weg zum Ziel nicht ohne Umwege verlaufen wird, dann funktioniert es wunderbar. Ein Unternehmen, das auf solche Führungskräfte und diese Art von Zielerreichung setzt, muss zwangsläufig eine passende Fehlerkultur implementieren. Die Sicht auf Fehler muss dann sein: Fehler passieren – und aus den Fehlern lernen wir und werden immer besser. Der Fehler ist dann sowohl ein kalkuliertes Risiko als auch ein Instrument zur Weiterentwicklung.

Die Führungskraft, die auf keinen Fall verlieren will, ist davon getrieben, keine Fehler zu machen. Sie steht also in direktem Gegensatz zu der vorher beschriebenen. Wenn man keinen Fehler machen will, dann ist die sorgfältige Abwägung der Situation und der darin enthaltenen Risiken unabdingbar. Bevor man etwas tut, werden alle möglichen Szenarien gedanklich durchgespielt. Man versucht, nichts dem Zufall zu überlassen. Mit dieser Strategie will man das Risiko des Fehlschlages minimieren. Es ist der Versuch der größtmöglichen Kontrolle. Spontaneität und Flexibilität sind bei diesem Vorgehen nicht stark ausgeprägt. Die Sicherheit steht im Vordergrund. Entsprechend ist auch das Tempo entschleunigt, da Analyse Zeit beansprucht.

Ein Problem entsteht, wenn die Führungskraft zwischen den beiden Polen steht, sich nicht entscheiden kann für den einen oder den anderen Weg. In diesen Fällen blockiert man sich selbst. Leider besteht in unserer Kultur die Neigung, nach genau diesem Prinzip zu handeln. Keine Extreme, sondern den goldenen Mittelweg suchen. Das kann dann zu einem Verhalten à la „Wasch mich, aber mach mich nicht nass" führen.

Beide Wege führen also zum Ziel – und es gibt kein Besser oder Schlechter, kein Richtig oder Falsch. Es kommt darauf an, welcher Stil entspricht der Führungskraft. Dann muss es eine Passung mit den Mitarbeitern geben. Wenn die Mitarbeiter Menschen sind, die stark auf Sicherheit setzen, dann wird es eine Führungskraft, die auf Sieg spielt, schwer haben. Auch die Organisation und die Organisationskultur spielen eine Rolle. Junge Unternehmen und Branchen, wie z. B. Google, haben eine ausgeprägte „Trial-and-Error"-Kultur. Es ist erwünscht, Neues zu probieren und damit eventuell auch zu scheitern. Im deutschen Banken- und Versicherungswesen finden wir eher die Sicherheitskultur vor, was natürlich mit der Art der Aufgabe, dem Betätigungsfeld zu tun hat. Kultur ist immer auch abhängig vom Wesen der Aufgabe eines Unternehmens.

Die Motivlage einer Führungskraft ist von Bedeutung, aber auch ihre Eigenschaften als Person. Eigenschaften einer Person sind über das gesamte Leben relativ stabil und gültig, das heißt, in seinen Eigenschaften ist der Mensch definiert und nicht stark veränderbar.

Die Führungsforschung beschäftigt sich mit den unterschiedlichsten Ansätzen zur Erklärung von Führungserfolg. Einer dieser Ansätze ist der Eigenschaftstheoretische Ansatz. Paul Costa und Robert McCrae haben 1992 das Modell der sogenannten „Big Five" entwickelt. Diese Big Five setzen sich aus folgenden Elementen zusammen:

- Extraversion
- Verträglichkeit
- Gewissenhaftigkeit
- Neurotizismus
- Offenheit für Erfahrungen

Das Fünf-Faktoren-Modell, wie die Big Five auch genannt werden, gilt als das bewährteste Modell zur Beschreibung der menschlichen Persönlichkeitsstruktur. Für das Thema Führungserfolg sind alle bis auf den Faktor Neurotizismus positiv zu bewerten. Neurotizismus beschreibt die Neigung einer Person zu Ängstlichkeit und Empfindlichkeit und kann damit als eher unvorteilhafte Eigenschaft einer Führungskraft angesehen werden.

Unter Extraversion versteht man eine nach außen gerichtete Persönlichkeit. Extravertierte Menschen sind eher gesellig, impulsiv und abenteuerlustig. Sie können zu Dominanz neigen und gehen eher Risiken ein. Der Faktor Verträglichkeit bezeichnet den Hang einer Person zu Altruismus. Eine Person mit einem hohen Maß an Verträglichkeit wird anderen mit Mitgefühl und Wohlwollen begegnen, wohingegen eine Person mit niedrigen Verträglichkeitswerten eher zu Egozentrik tendiert. Gewissenhaftigkeit gibt an, ob eine Person ein hohes Maß an Zielstrebigkeit, Disziplin und Genauigkeit besitzt. Mit Offenheit wird das Interesse einer Person an neuen Erfahrungen beschrieben. All diese Faktoren sind als positiv für den Führungserfolg zu bewerten.

Weitere wichtige Einflussgrößen für Führungserfolg sind die Korrelate Intelligenz, Selbstvertrauen, emotionale Reife, internale Kontrollüberzeugungen und eine hohe Stresstoleranz.

Sie sind Führungskraft und überlegen jetzt, welches Ihre Eigenschaftsanteile sind und wie Ihre Motivlage aussieht? Wie können Sie dies für sich selbst erarbeiten?

2.5 Coachingfrage zum Thema „Motivationssteigerung"

Wollen Sie unbedingt gewinnen oder auf keinen Fall verlieren? Welche Motivstruktur besitzen Sie? Welche Eigenschaften besitzen Sie?

Dies sind spannende Fragen – und Sie sind durchaus in der Lage, sich selbst die Antwort darauf zu geben.

2.6 Coachingtool zur Motivationssteigerung: Gedankenangebote zur Selbstreflexion

Was ist Ihr erster Impuls, wenn Sie die Frage hören? Wenn in einem Raum zwei Tafeln aufgestellt wären mit jeweils einer der beiden Aussagen: „Unbedingt gewinnen!" oder „Auf keinen Fall verlieren!", zu welcher Tafel würden Sie sich stellen? Welche ist die Aussage, zu der Sie sich spontan hingezogen fühlen?

Wenn Sie eine klare Position beziehen können, dann schauen Sie weiter auf Ihr eigenes Verhalten. Überlegen Sie, welche Ihre instinktiven Verhaltensmuster in bestimmten Situationen sind.

Wie verhalten Sie sich z. B. auf Veranstaltungen, bei denen Sie kaum jemanden kennen? Gehen Sie auf fremde Personen zu und versuchen in ein Gespräch zu kommen oder suchen Sie die vertrauten Personen im Raum auf? Im ersten Fall sind Sie ein eher extrovertierter Mensch, der gerne neue Menschen kennenlernt. Sie sind wahrscheinlich ein guter Netzwerker. Ihre Eigenschaft ist dann eine hohe Extraversion und sie verfügen über ein hohes Anschlussmotiv. Im zweiten Fall sind Sie durch eine hohe Bindungsfähigkeit geprägt. Sie sind gut darin, Beziehungen einzugehen und zu pflegen.

Wie bereiten Sie sich auf eine Präsentation vor? Planen Sie Ihren Vortrag präzise vor, haben Sie perfekte PowerPoint-Folien und üben Sie Ihren Vortrag vorher? Dann sind Sie jemand, der Perfektion anstrebt. Sie wollen die beste Leistung abliefern, zu der Sie fähig sind. Sie können aber auch jemand sein, der die Spontaneität liebt und der die Ungewissheit als Herausforderung sieht. Dann werden Sie Ihren Vortrag sicherlich auch vorbereiten, aber Sie werden sich auf Ihr Talent verlassen, mit dem Hier und Jetzt im Raum zu spielen, und sich auf die Situation und die Interaktion mit den Zuhörern einlassen. Das Motiv hinter solchem Verhalten ist ein hohes Selbstbewusstsein.

Was ist Ihre erste Reaktion, wenn sich ein Problem auftut? Konzentrieren Sie sich auf das Problem und analysieren es? Fokussieren Sie sich relativ schnell auf mögliche Lösungsansätze? Beziehen Sie die beteiligten Personen mit ein, um gemeinschaftlich eine Lösung zu finden?

Wenn Sie sich Fragen dieser Art beantworten, werden Sie mit der Zeit herausfinden, was Sie antreibt, welche Ihre Motive sind. Gewöhnen Sie sich an, Ihre Lebenssituationen zu reflektieren, schreiben Sie sich die Situationen auf, und gehen Sie in sich, um herauszufinden, welches Ihr jeweiliges Handlungsmotiv war. Mit der Zeit werden Sie Ihr persönliches Motivmuster erkennen.

Wissen, was man kann

3

Sabine Leutheusser-Schnarrenberger,
zum Zeitpunkt des Interviews MdB,
Bundesministerin der Justiz

Inhaltsverzeichnis

Zusammenfassung

In diesem Kapitel geht es um die Glaubwürdigkeit und die Authentizität von Führungspersonen. Wie gelingt es, ganz man selbst zu sein und gleichzeitig situationsangemessen zu handeln?

In der Wirtschaft und der Politik ist das Thema der Glaubwürdigkeit von ganz besonderer Bedeutung. Die Krisen der vergangenen Jahre haben die Menschen misstrauisch werden lassen. Die Erfahrung hat ihnen gezeigt, dass nichts so bleiben muss wie es ist. Die rasanten Veränderungen innerhalb großer Konzerne, wo es innerhalb weniger Monate von der angekündigten Expansion zu Mitarbeiterabbau wechseln kann, machen Angst. In der Politik wird in Wahlversprechen immer weniger Vertrauen gesetzt, und das Wahlergebnis hängt immer stärker von den Personen ab, die man mit den Wahlprogrammen verbindet, als von den Programmen selbst.

© Springer Fachmedien Wiesbaden 2015
B. Kaschek, I. Schumacher, *Führungspersönlichkeiten und ihre Erfolgsgeheimnisse*,
DOI 10.1007/978-3-658-04434-3_3

3.1 Vita

Sabine Leutheusser-Schnarrenberger wurde am 26.07.1951 in Minden/Westfalen geboren. Sie hat Rechtswissenschaften in Göttingen und Bielefeld studiert. Von 1979 bis 1990 war sie beim Deutschen Patentamt in München tätig, zuletzt Leitende Regierungsdirektorin. Seit dem 02.12.1990 ist sie Mitglied des deutschen Bundestages. Vom 18.05.1992 bis zum 17.01.1996 war sie Bundesministerin der Justiz. Am 17.01.1996 ist sie von diesem Amt aufgrund des Mitgliederentscheids der FDP zum sogenannten Großen Lauschangriff zurückgetreten und war dann von Juli 1997 bis Ende 2009 als Rechtsanwältin in München tätig. Vom 28.10.2009 bis zum 17.12.2013 war sie erneut Bundesministerin der Justiz.

Frau Leutheusser-Schnarrenberger ist seit 1978 Mitglied der FDP. Sie ist unter anderem stellvertretende Vorsitzende der FDP-Bundestagsfraktion sowie stellvertretende Bundesvorsitzende und langjährige Landesvorsitzende der FDP Bayern.

Das Interview mit Frau Leutheusser-Schnarrenberger fand im März 2013, im Jahr der Bundestagswahl, statt.

3.2 Interview

I. Schumacher:
Was ist die zentrale Frage Ihrer Tätigkeit als Ministerin?
S. Leutheusser-Schnarrenberger:
Zentrale Frage bei meiner Tätigkeit als Ministerin ist, ob ich hier mit meinen Gestaltungsmöglichkeiten eine Arbeit leisten kann, die unmittelbar meine Kunden, sprich die Bürgerinnen und Bürger, berührt, anspricht und einen Mehrwert für sie bildet. Ich möchte etwas schaffen, das für die Menschen eine Hilfestellung sein kann bei ihrer Lebensgestaltung. Das heißt, meine zentrale Frage dreht sich um die Wirkung nach außen, was verändere ich mit dem, was ich tue. Damit das gut funktionieren kann, muss alles gut organisiert sein.

I. Schumacher:
Was bedeutet für Sie Erfolg?
S. Leutheusser-Schnarrenberger:
Erfolg bedeutet für mich einmal meine Grundüberzeugungen und Prinzipien, die ich meiner Arbeit als Justizministerin zugrunde lege und denen ich mich verpflichtet fühle, dass ich diese auch durch mein Wirken, durch politische Vorhaben, durch Gesetzesvorschläge, durch öffentliche Kommunikation entsprechend vermitteln kann. Erfolg bedeutet für mich, wenn Menschen mich als authentische Persönlichkeit wahrnehmen, die in ihrer konzeptionellen Arbeit auch berechenbar ist. Das heißt nicht: heute so, morgen so, übermorgen anders, sondern ganz klar berechenbar in den Inhalten. Denn das, was mich prägt in meiner Arbeit als Justizministerin, ist das Wissen, dass die Inhalte meiner Arbeit in ganz sensiblen Gesellschaftsbereichen und damit auch Lebensbereichen des einzelnen Menschen eine Auswirkung haben. Menschen etwas zu verbieten oder ihnen Hilfestellung zu geben, da braucht man eine wirkliche Verlässlichkeit im Handeln. Das ist für mich Erfolg, wenn ich mit dem, was ich an Gesetzesarbeit leiste, natürlich mit hoher Fachkompetenz in meinem Ministerium, wenn ich genau damit in der Bewertung stehe.
I. Schumacher:
Was, glauben Sie, hat Sie erfolgreich gemacht und was waren die zentralen Erlebnisse, Gedanken und Beobachtungen?
S. Leutheusser-Schnarrenberger:
Erfolgreich hat mich gemacht, dass ich über alle Jahre meines politischen Wirkens als Berufspolitikerin immer im selben Themenspektrum tätig war. Ich bin nie gehüpft, habe nie den Eindruck erweckt, ich könnte heute Ernährung, morgen Finanzen und übermorgen Familie und Gesundheit. Die strikte Orientierung an einem Themenfeld, welches meiner Ausbildung und damit Kompetenz entspricht, sprich der Rechtswissenschaft, der Gesellschaftspolitik, hat mich erfolgreich gemacht. Wichtig war auch, dass es mir immer gelungen ist, und das brauchen ja Berufspolitiker, das, was man in einem Ministerium macht, auch in die Programmatik der Partei einzubetten. Denn nur wenn das auch auf Unterstützung stößt, kann ich am Ende auch Dinge durchsetzen. Mir geht es darum, die gesellschaftliche Entwicklung, die Pluralität und Offenheit in unserer Gesellschaft, die sich gerade in den letzten Jahren entscheidend verändert hat, nicht nur zu begleiten, sondern aktiv mitzugestalten. Von daher denke ich, ist es das, was mich zentral inhaltlich beschäftigt. Ich bin immer auf diesen Bereich konzentriert. Wenn Sie wollen, ist man dann für manche ein Fachidiot. Es ist meine Überzeugung, dass man mit einem gewissen Anspruch an gesellschaftspolitischer Gestaltung in einem, in meinen Augen, entscheidenden Themenfeld nur mit wirklich vertiefter fachlicher Kenntnis und letztendlich auch gutem Handwerk zum Erfolg kommen kann. Ich

glaube auch, dass mich gerade dieses ‚Authentischsein' in den Orientierungen erfolgreich gemacht hat.

I. Schumacher:
Wie sah Ihr Lebenskonzept zu Beginn Ihrer Tätigkeit aus und hat es sich verändert? Wenn ja, in welcher Weise?

S. Leutheusser-Schnarrenberger:
Zielt jetzt Lebenskonzept mehr auf privates Lebenskonzept oder zielt Lebenskonzept auf mein Konzept im Hinblick auf meine immer inhaltlich zeitlich befristete Tätigkeit?

I. Schumacher:
Ich meine dieses tiefer gehende Lebenskonzept, bei dem auch das Private einfließt. Ich denke, dass das, was ich als Mensch bin, mein Tun beeinflusst, und das, was ich tue, beeinflusst mich auch wieder als Mensch.

S. Leutheusser-Schnarrenberger:
Ich wollte immer so unkompliziert wie möglich sein. Also mir eine große Offenheit und eine große Bodenständigkeit bewahren. Verwurzelt bleiben im privaten Umfeld. Nicht abheben und mich nicht entfernen von dem, was die eigentlichen Wurzeln sind. Ich glaube, nur dann kann man nahe am Menschen sein. Nur dann gelingt es, die Empfindungen, die Sensibilitäten, die Bestrebungen aufzugreifen und in ein entsprechend liberal geprägtes Konzept zu gießen. Das gelingt nur, wenn man wirklich diese Grundvorstellung hat, dass man als Ministerin zwar eine herausragende Führungsaufgabe innehat – man hat ja nur einen überschaubaren Kreis an Kollegen, nämlich 16 auf Bundesebene –, dass man aber den eigenen Wurzeln treu bleiben sollte. Nur wenn man tief eingebettet ist in ein privates Umfeld, kann man so eine Aufgabe wahrnehmen. Das habe ich von Anfang an so gesehen und gelebt. In dem Moment, in dem mir jemand gesagt hätte: „Also jetzt verstehen wir aber überhaupt nicht mehr, was Sie oder was du da machst, du hast dich auch in deiner Sprache entfernt von dem, was früher deine Sprache war", dann hätte ich mir gesagt, musst du sofort aufhören. Dann kann man so eine Aufgabe nicht mehr wahrnehmen, dann ist man nicht mehr man selbst. Das hat mich geprägt durch viele Phasen meiner beruflichen Tätigkeit. Immer begleitet von parteilichen Hochs und Tiefs. Ohne Unterstützung in der Partei kann man diese berufliche Tätigkeit als Politikerin nicht ausüben. Als Solistin ist man sehr schnell zum Scheitern verurteilt. Von daher hoffe ich, dass, außer dass ich älter geworden bin, ich mich in Bezug auf meine Spontaneität und meinen unverkrampften Blick nicht verändert habe.

I. Schumacher:
Was sagen Sie zu sich selbst, wenn Sie sich in einer schwierigen Lebensphase befinden?

S. Leutheusser-Schnarrenberger:
Ja. Da kann ich Ihnen ganz klar und kurz sagen: Das meistere ich. Punkt.
I. Schumacher:
Was würden Sie als Ihre drei Hauptstärken bezeichnen?
S. Leutheusser-Schnarrenberger:
Authentizität ist keine Stärke, sondern das lebt man dann dadurch, dass man andere Stärken besitzt. Große Neugierde, absolut positives Denken und was ich als Hartnäckigkeit bezeichnen würde. Nicht Durchsetzungskraft, das ist etwas anderes. Aber dann folgt auch schon eine gewisse Durchsetzungsfähigkeit.
I. Schumacher:
Wenn Sie im Laufe Ihrer beruflichen Tätigkeit auf Schwierigkeiten gestoßen sind oder auf Hindernisse, wie sahen diese aus und gab es da vielleicht ein Muster?
S. Leutheusser-Schnarrenberger:
Also, ich sag jetzt mal, welche Schwierigkeiten ich nicht hatte. Dann kann man auch vielleicht was anderes daraus ableiten. Auf alle Fälle hat es, obwohl ich erste Frau überhaupt in einem klassischen Ressort – Justiz ist neben Finanz, Verteidigung, Außen, Innen ein klassisches Ressort –, also obwohl ich die erste Frau überhaupt war, hat es nie ein Geschlechterproblem gegeben. Schwierigkeiten, Hindernisse eigentlich immer bedingt in der Sache. Es gab große Vorbehalte gegen meinen inhaltlichen Zugang zu diesem sensiblen Thema Rechtsstaat, Freiheitsrechte, das Spannungsfeld mit dem Thema Sicherheit. In der Sache bedingte Schwierigkeiten und Hindernisse, weil es in der Politik immer um die Suche nach dem Konsens und dem Kompromiss geht. Es sind ja gerade diejenigen für den Konsens notwendig, die in der Regel die eigene Gewichtung des Themas nicht teilen. Da gab und gibt es vielleicht manchmal etwas Unverständnis für meine ziemliche klare Haltung, von der ich nur in Nuancen abgehen möchte. Natürlich muss man immer ein bisschen nachgeben, sonst kommt der Kompromiss nicht zustande. Aber eben nicht im Kern, es muss am Ende noch erkennbar und auch vertretbar sein. Wenn Sie wollen, kann man daraus das Muster herleiten, dass immer ein großer Vorbehalt bei dieser Gewichtung des Freiheitaspektes vorhanden war. Aber strukturelle Hindernisse, die sich aus dem Ministerium, also zum Beispiel aus seiner Struktur, seiner Konzeption, seiner Organisation, ergeben, da kann ich nur sagen ‚Nein‘.
I. Schumacher:
Welche sind Ihre Treiber im Beruf und im Privaten?
S. Leutheusser-Schnarrenberger:
Für mich ist das unbedingt ein Familien- und Freundeskreis, auch wenn ich jetzt als Witwe lebe. Ein Familien- und Freundeskreis, der absolut sagt: „Ja, das kann

ja wohl nicht sein, dass du da nicht weiter vorangehst", also von der Seite eine generelle, motivierende, psychologische Unterstützung. Ich habe eine sehr positive Grundeinstellung. Ich bin jemand, der eine gesunde Energie hat. Ich halte viel von der komplexen chinesischen Sichtweise auf die Dinge. Das positive Qi halte ich für richtig, da ist was dran. Ich nehme für mich in Anspruch, dass ich durch meine positive Einstellung auch eine positive Energie habe. Die mich dann auch gerade in Zeiten, in denen es nicht so aussieht, dass man sich hinterher mit einem Erfolg schmücken könne, nicht verzagen lässt. Von daher, Niederlagen gibt es pausenlos in jedem Job, alles andere wäre geschönt und ein einseitiges Bild. Aber sind das nicht letztendlich Momente, die einen zwar ärgern, aber auch dazu führen, sich erneut der Herausforderung zu stellen?

I. Schumacher:
Welche Gefühle und Stimmung prägen momentan Ihren Arbeitstag und können Sie diese für die Arbeit nutzen?

S. Leutheusser-Schnarrenberger:
Wir haben das erste Halbjahr 2013, Wahljahr, da prägt mich schon eine angriffslustige Stimmung. Da gibt es so den durchsichtigen Versuch, Dinge, die ich zu verantworten habe, die sich deutlich absetzen von dem, was andere früher gemacht haben, diese Dinge kleinzureden mit dem Ziel, sich selbst als Konkurrent und Mitbewerber in ein besseres Licht zu setzen. So etwas macht mich eher angriffslustig, als dass ich ständig hinterfrage: Habe ich was falsch gemacht? Ich bin aber auch im Moment in einer Stimmung, in der ich sage: Mensch, ich will jetzt noch diese drei Monate, die wir noch richtig aktiv regieren, die will ich jetzt aber noch richtig nutzen. Ich hab eine klare Vorstellung, was ich noch bis Ende Juni politisch durchsetzen will. Was ich noch durch den Bundesrat bringen will. Ich habe eine klare Vorstellung von dem, was noch geht und was ich daher auch mit aller Macht betreibe. Wenn Sie so wollen, ist dieses Gefühl, ziemlich beschäftigt zu sein, etwas, das im Moment meinen Arbeitsalltag sehr prägt. Das bedingt, dass sehr viele Gespräche geführt werden müssen mit all denen, die in die Entscheidungsfindung eingebunden sein müssen. Das sind, glaube ich, in der Politik ein paar mehr als in einem anderen Führungsjob in einem Unternehmen. Das nutzt mir. Ich habe insofern eine positive Stimmung. So, das sind im Moment meine Gefühle und Stimmungen. Dann gibt es da auch Ereignisse, von denen ich sage, Mensch, das ist Gott sei Dank das letzte Mal in dieser Legislaturperiode. Das gibt es, weil ja Dinge sich jedes Jahr wiederholen, die nenne ich jetzt hier mal nicht …

I. Schumacher:
Aber das, was Sie zuerst gesagt haben, vermitteln Sie extrem stark. Also dieses Zack, Zack, Zack und das Kämpfen, das macht ihnen aber auch Freude, oder?

S. Leutheusser-Schnarrenberger:

Ja, aber kämpfen sieht immer so martialisch aus, ich sag lieber, am Ball bleiben, sich einsetzen.

I. Schumacher:
Was bewegen?

S. Leutheusser-Schnarrenberger:
… auch was bewegen und sehen, wenn etwas festgefahren ist, wie bekommt man noch mal die Kurve. Auch indem man sagt: Mensch, da mach ich das ein bissel anders, aber ich kriege es am Ende doch hin. Heute haben wir, Gott sei Dank, auch im Kabinett eine Sache gehabt, da habe ich ein Jahr lang dran gearbeitet. Das wollte unser Koalitionspartner verhindern. Heute war es im Kabinett und das bekommen wir auch noch bis in den Bundesrat. Dafür bekommen wir eine Mehrheit. So etwas, das muss auch ein bisschen zack, zack gehen. Logisch.

I. Schumacher:
Aufgrund welcher Kriterien und Ergebnisse betrachten Sie Ihre Arbeit als erfolgreich oder nicht?

S. Leutheusser-Schnarrenberger:
Wir haben viele Gesetze gemacht, das ist auch viel Technik. Mein Kriterium für Erfolg ist: In welchem Umfang ist es mir gelungen, eine bestehende Gesetzgebung, besonders im Bereich der inneren Sicherheit, so zu korrigieren, dass sie sich stärker am Wert von Schutz der Privatsphäre, Schutz der privaten Lebensgestaltung, im Fall von Gefahrenabwehr und Strafverfolgung, auch beim Vorgehen gegen Terrorismus ausrichtet? Also sehr wohl Sicherheitsgesetze zu haben, natürlich braucht man die. Strafverfolgung muss auch funktionieren, aber sie auch so auszugestalten, dass wirklich diese Balance zwischen Freiheit und Sicherheit da ist. Daran messe ich meine Arbeit – und das ist mir in mehreren Gesetzen wirklich gelungen. Kronzeugenregelung, diese Woche im Bundestag, mehr Pressefreiheit, Terrorismusbekämpfungsgesetze mit mehr rechtsstaatlicher Kontrolle und mit weniger Eingriffsbefugnissen versehen zu haben, daran messe ich im Kern meine Arbeit. Der zweite Punkt ist, inwieweit es auch einen gesellschaftspolitischen Anspruch gibt; unser Zusammenleben hat sich in den letzten 10 bis 15 Jahren stark verändert. Natürlich spielt die Ehe nach wie vor eine wichtige Rolle, aber Verantwortungsgemeinschaften in welcher Form? Kinder nicht nur in Ehen, wann ist das Kindeswohl gefährdet, Verantwortung auch nach Scheidung und Trennung, leibliche Väter – rechtliche Väter. Durch Gesetze diese Veränderungen der Gesellschaft aufzugreifen und so zu gestalten, dass sich auch eine Wirkung für künftige Zeiten daraus ergibt, das ist für mich ein zweiter Maßstab für den Erfolg meines Tuns. Das sind nicht so die Dinge, die im Blick der Öffentlichkeit stehen. Zum Beispiel Unterhaltsrecht nach Scheidung so zu korrigieren, dass die Frau tatsächlich eine Chance hat, mit ihrem Kind so zu leben, dass es ein vernünftiges Leben ist und sie nicht abstürzt. Das wird nicht immer öffentlich wahrgenommen, aber es spielt am Ende für mich

und für meine Bilanz eine entscheidende Rolle. Etwas für den Einzelnen und seine Lebensumstände getan zu haben.

I. Schumacher:
Befinden wir uns, nach Ihrer Sicht, momentan in einem Kulturwandel in Bezug auf Führung? Und wenn ja, was aus der alten Kultur sollte erhalten bleiben?

S. Leutheusser-Schnarrenberger:
Wir befinden uns schon seit mehreren Jahren in einem Wandel. Dass Fragen von Moral und Ethik auch in Unternehmen, ich würde sagen: überhaupt in Führungsaufgaben, einen selbstverständlichen Stellenwert haben. Dass im Wirtschaftsbereich Fragen nach Compliance, nach Corporate Governance mittlerweile selbstverständlich sind, macht das deutlich. Auch Fragen nach sozialer Verantwortlichkeit, nach Diversity spielen in der Unternehmenskultur zunehmend eine Rolle. All dies entsprechend einfließen zu lassen, das sind Entwicklungen, die heute Unternehmensführung prägen und vor 15 Jahren noch eher etwas beäugt wurden. Das ist übrigens etwas, was durch internationale Konzerne viel stärker nach Deutschland gekommen ist, als dass das von uns selbst entwickelt worden wäre. Erhalten bleiben sollte eine Kultur, die Verantwortung für ein Unternehmen, für die Beschäftigten, für den Erhalt in einem sich total verändernden Wettbewerb übernimmt. Zum Beispiel Familienunternehmenskultur zu erhalten. Nicht nur an die angestellten Manager denken, die natürlich mit einem anderen Ansatz an die Dinge herangehen als ein klassischer Familienunternehmer. Auch im mittelständischen Unternehmen mit mehreren 1000 Beschäftigten, ich denke jetzt mal an Oetker oder andere klassische Familienunternehmen, die eine wichtige Rolle spielen. Das ist gerade in Deutschland ein ganz wichtiger Teil unserer Wirtschaftskultur. Das sollte unbedingt erhalten bleiben. So sehr wir neue Gesellschaftsformen haben, so sehr wir in internationalen Kontexten denken mit Rechnungslegung, mit Führung von Unternehmen, so sehr muss dieses alte Element, das zu unseren Wurzeln gehört, unbedingt im 21. Jahrhundert erhalten bleiben.

I. Schumacher:
Was bewirkt Ihrer Erfahrung nach eine Verhaltensveränderung bei Menschen?

S. Leutheusser-Schnarrenberger:
Das geschieht in vielfältiger Form. Ich glaube, dass Verhaltensänderung durch sehr erdrückende, andere Rahmenbedingung, wie etwa durch Not, zustande kommt. Im Arbeitsleben, wenn sich die Form von Beschäftigung total ändert, wie zum Beispiel durch Leiharbeit, mit Zeitarbeitsformen, mit insgesamt veränderten Beschäftigungsformen. Ein geändertes Arbeitsfeld mit riesigen Herausforderungen, warum haben wir so viele Burn-out-Fälle? Das muss man sehr ernst nehmen. Dann Verhaltensveränderung durch technische Entwicklungen, aufgrund der

globalisierten Welt. Da ist das Internet, neue Kommunikationstechnologien. Ich glaube, was sich daraus an Veränderung für Verhalten ergibt, aber auch insgesamt für die Bedeutung von Themen und Dingen, das können wir heute noch gar nicht überblicken. Auch, was diese veränderte Wahrnehmung des Einzelnen für das Zusammenleben der Gesellschaft bedeuten wird. Führt es zu mehr oder weniger Zusammenhalt? Ich befürchte, dass es zu weniger Zusammenhalt führen wird. Wenn ich nicht mehr mit einem Menschen unmittelbar spreche, sondern durch Technik, dann geht der unmittelbare Dialog und Diskurs verloren und wird durch einen pausenlosen Austausch ersetzt. Natürlich bieten soziale Netzwerke und moderne Kommunikationstechnologien Chancen, aber sie beeinträchtigen auch. All das verändert sehr. Man sieht es ja schon bei jungen Menschen in der Gewichtung, Wahrnehmung, welchen Stellenwert hat was, wie verändert es Sprache? Das führt vielleicht zu einer Vereinfachung von Sprache. Es kann vielleicht zu einer Anspruchslosigkeit in der Sprache führen, kurze Botschaften, nicht mehr eingebettet in eine Herleitung und in eine Begründung, sondern sehr vereinfacht. Da sehe ich, ist eine Veränderung in Gang. Ich glaube, dass dies mehr sein wird als nur die Veränderung des einzelnen Menschen. Ich glaube, es wird insgesamt das Zusammenleben in unserer Gesellschaft entscheidend prägen und verändern. Wir sehen den Prozess jetzt schon, mit unterschiedlichsten Auswirkungen, ich glaube auch in den sozialen Fähigkeiten des Einzelnen, in seiner Kontaktfähigkeit, in seiner dann auch noch direkten Kommunikationsfähigkeit und vielleicht auch im Stellenwert dem einzelnen Menschen gegenüber. Also von daher sind das für mich nicht nur positive Perspektiven.

I. Schumacher:

Angenommen, Sie hätten jetzt 15 min weltweite Sendezeit und würden in allen Sprachen verstanden, was wäre Ihre Kernbotschaft an Menschen in Führung oder verantwortungsvollen Aufgaben?

S. Leutheusser-Schnarrenberger:

Meine Kernbotschaft ist, dass es eine ganz große Chance ist, Verantwortung für sich selbst und besonders auch für andere übernehmen zu können. Diese Chance, die jemand in einer Führungsaufgabe hat oder jemand gerne haben möchte, weil er etwas verändern will, verändern in seinem Umfeld, in einem Unternehmen, in der Politik, in der Gesellschaft, oder aber auch wenn er etwas erhalten will angesichts veränderter Bedingungen, das ist eine einmalige Gelegenheit. Diese Chance, gepaart mit Verantwortung, das ist es, was man in einer sehr klaren Sprache an die Menschen, für die man etwas tun will, vermitteln muss. Weil man den Anspruch erhebt, führen und verändern zu wollen. Heute hat man dazu geradezu grenzenlose Wirkungsmöglichkeiten, diese Dimension der Wirkung hatten junge Menschen früher nicht. Daher sollte man froh sein, im 21. Jahrhundert genau das für sich selbst in Anspruch nehmen zu können.

3.3   Worum es hier geht

Die strikte Orientierung an einem Themenfeld, welches meiner Ausbildung und damit meiner Kompetenz entspricht … hat mich erfolgreich gemacht. Sabine Leutheusser-Schnarrenberger

Wissen, wer man ist, was man ist und was man kann, dieses Wissen macht Menschen stark. Ein starker Mensch hat eine ganz besondere Ausstrahlung. Es sind Menschen, auf die andere schauen und an denen sie sich „festhalten" können. Genau das braucht eine Führungskraft, dieses Gefühl muss sie in den anderen wachrufen, damit diese anderen Menschen bereit sind, ihr zu folgen. Diese Stärke wird als Authentizität wahrgenommen.

Authentizität, authentisch sein, authentisch führen, das sind heute populäre Begriffe, die fast schon inflationär benutzt werden. Fragt man Menschen danach, was das denn ist, diese „Authentizität", dann bekommt man die Antwort: „Wenn man ganz man selbst ist, dann ist man authentisch."

So weit, so schön. Aber wann ist man denn ganz man selbst? Wie fühlt sich das an, wenn man ganz eins mit sich selbst ist? Woran kann man ablesen, dass man ganz man selbst ist? Ist es überhaupt angemessen, immer ganz man selbst zu sein? Woran können andere erkennen, dass jemand authentisch ist?

Es ist spannend, mit Menschen über dieses Thema zu sprechen. Alle wollen und sind nach eigenen Aussagen authentisch, aber wenn man in Coachingsituationen am Thema der eigenen Persönlichkeit und der Weiterentwicklung derselben arbeitet, dann wird schnell deutlich, dass viele Menschen sehr weit weg von sich selbst sind und Angst davor haben, sich dem eigenen Ich anzunähern.

Warum ist das so?

Sich selbst zu begegnen ist für viele Menschen eine angstbesetzte Angelegenheit. Wir sind es nicht mehr gewohnt, in Muße das eigene „Ich" zu erleben. Fast scheint es so, als wäre unser schneller Lebensrhythmus nur dazu ins Leben gerufen worden, um uns möglichst wenig Zeit und Gelegenheit zu geben, uns selbst zu begegnen. Früher war diese Selbstbegegnung etwas ganz Natürliches. Es gab nicht die vielfältigen Möglichkeiten der Unterhaltungsindustrie, um sich zu beschäftigen, vielmehr sich beschäftigen zu lassen. Das Berufsleben war nicht so komplex und fordernd wie heute. Es wurde auch nicht der Anspruch auf Selbstverwirklichung durch den Beruf erhoben. Insgesamt hatten Menschen mehr Zeit. Zeit, die man mit der Familie und Freunden verbrachte. Zeit, um die häuslichen Angelegenheiten zu erledigen. Zeit, um einem Hobby nachzugehen oder sich für ein Thema zu engagieren. Zeit, die auch mal ungeplant und unausgefüllt verlief. Zeit für Muße oder auch Langeweile. Wer kennt heute noch Langeweile? Und wenn so ein Gefühl aufkommt, dann muss es sofort vertrieben werden. Den Müßiggang ertragen wir nicht mehr. Es ist also schwer geworden, sich selbst zu begegnen, einfach, weil wir die Zeit nicht haben, sie nicht haben wollen.

Es gibt aber noch einen Grund.

Sich selbst zu begegnen heißt auch, Dinge an sich wahrzunehmen, die uns nicht gefallen. In einer Zeit, in der alles perfektioniert wird, da kann es schwerfallen sich einzugestehen, dass man nicht perfekt ist. Dass es da „Baustellen" gibt, an denen man arbeiten könnte oder sogar sollte.

Was ist aber nun diese Authentizität, von der heute so viel gesprochen wird?

Der Begriff „Authentizität" stammt aus dem Griechischen und bedeutet „echt, zuverlässig, verbürgt". Gemeint ist ein Original, eine Echtheit. Ursprünglich wurde diese Echtheit durch ein Gegenüber zugebilligt. Das heißt, was echt ist, hängt vom Betrachter ab.

Rousseau wandelte diese Sicht in die heutige Sichtweise der Authentizität. Er kritisierte das Verhalten der Menschen in der Gesellschaft. „Der Wilde lebt in sich selbst; der gesellschaftliche Mensch ist immer außerhalb seiner selbst und weiß nur in der Meinung der anderen zu leben." Rousseau sah dies als Missstand an. Für ihn galt es, das innere Selbst äußerlich zu verwirklichen.

Diese Sichtweise hat sich bis heute erhalten. Als authentisch wird derjenige gesehen, der das innere Wollen und das äußere Handeln in Übereinstimmung bringt.

Die amerikanischen Sozialpsychologen Michael H. Kernis und Brian M. Goldman untersuchten, wann ein Mensch sich selbst als authentisch erlebt, und formulierten vier Bedingungen:

- Bewusstheit über die eigenen Stärken und Schwächen, Gefühle und Absichten sowie über tief verwurzelte Persönlichkeitsaspekte
- Unvoreingenommenheit gegenüber Rückmeldungen auf die eigene Person – ganz gleich, ob diese aus persönlichem Wissen, innerer Erfahrung oder von außen kommen
- Übereinstimmung des Verhaltens mit den eigenen Werten, Vorlieben und Bedürfnissen, unabhängig davon, ob dies anderen gefällt, belohnt oder dadurch Bestrafung vermieden wird
- Offenheit und Wahrhaftigkeit in den eigenen Beziehungen

3.4 Was hat das mit mir zu tun?

Authentizität wird in unserer Gesellschaft ein hoher Wert zugeschrieben. Der Begriff ist zum Modewort avanciert. Verwendet wird er in den verschiedensten Kontexten. Interessanterweise ist „Authentizität" erst in den letzten 20 Jahren zu einem solch relevanten Thema geworden. Es scheint, dass je schnelllebiger und virtueller unsere Zeit wird, wir das „Echte" umso dringender beschwören und herbeisehnen. Es fehlt uns etwas „Wahrhaftiges", etwas, das uns Halt gibt. Wie schön ist es dann, wenn uns ein Mensch begegnet, der uns durch seine Worte und Taten zeigt, dass es möglich ist, echt zu sein. Es ist eine innere Haltung, die ein solcher Mensch ausdrückt. Das, was er sagt, deckt sich mit dem, was er denkt, und dies zeigt sich wiederum in seinen Handlungen. Es ist nicht leicht, so jemand zu sein. Es bedarf einiger Anstrengung und vor allem Mut. Den Mut, zu den eigenen Überzeugungen zu stehen, auch dann, wenn man absehen kann, dass man keine Mehrheit dafür gewinnen wird. Es braucht für eine solche Haltung eine unabdingbare Grundvoraussetzung – man muss Überzeugungen besitzen und sich dieser bewusst sein. Und hier sind wir bei dem eingangs beschriebenen Thema: Man muss sich die Zeit und Ruhe zur Selbstreflexion nehmen. Man muss sich die Mühe machen, sich selbst zu begegnen, mit all seinen Fehlern und Schwächen, aber auch seinen Talenten und Stärken. Erst wenn man diese Arbeit geleistet und sich selbst kennengelernt hat, kann man wahrhaftig authentisch handeln. Ein Mensch, der diese Arbeit nicht zu leisten bereit ist, wird schnell ein Opfer der Beliebigkeit.

Das Ideal der Authentizität, welches wir heute haben, muss jedoch differenzierter betrachtet werden. Ein Mensch, der sich authentisch verhält, kann in hohem Maße unerfreulich für seine Mitmenschen sein. Warum? Es gibt Eigenschaften in jedem Menschen, die nicht angenehm sind, oder aber sie werden im falschen Kontext zur Geltung gebracht. Wenn Sie in Ihrer Funktion als Führungskraft tätig sind und zu Cholerik neigen, dann sind Sie zwar absolut authentisch, wenn Sie dieses Gefühl leben, aber es ist in dem Kontext, der Situation, in der Sie sich befinden, absolut unangemessen. Der Hamburger Psychologie Professor und Kommunikationsexperte Friedemann Schulz von Thun hat dazu das sogenannte Prinzip der Stimmigkeit entwickelt. Wie Abb. 3.1 verdeutlicht, kann man anhand des Vier-Fel-

	Der Situation	
	entsprechend	nicht entsprechend
gemäß	stimmig	daneben
Mir selbst		
nicht gemäß	angepasst	verquer

Abb. 3.1 Prinzip der Stimmigkeit nach Friedemann Schulz von Thun

der-Schemas ermitteln, wie man sich sowohl stimmig mit sich selbst als auch der jeweiligen Situation verhalten kann.

Die eigenen Überzeugungen zu erkennen, zu kennen und sie dann zur Anwendung zu bringen, darum geht es also. Wir sprechen bewusst im Plural. Menschen sind vielschichtig und wir besitzen verschiedene Überzeugungen nebeneinander. Das macht die Sache nicht leichter. Professor Schulz von Thun nennt dies die „Innere Pluralität", wir verfügen über eine innere Vielstimmigkeit, die uns permanent beeinflusst. Es ist wichtig, diese inneren „Stimmen" zu identifizieren und zu lernen, wann wir auf welche Stimme hören sollten.

3.5   Coachingfrage zum Thema „Authentizität"

Wie kann ich es lernen, meine innere Pluralität zu entdecken?

Die Idee der vielen „Ichs" ist nicht neu. Zuletzt erregte der Philosoph Richard David Precht mit seinem Buch „Wer bin ich und wenn ja, wie viele" eine hohe Aufmerksamkeit. Es scheint etwas dran zu sein an der Vielschichtigkeit des Menschen. Jeder kennt das Gefühl von „zwei Seelen wohnen ach in meiner Brust", welches durch Goethes Faust berühmt wurde.

Professor Schulz von Thun hat dazu das Modell des „Inneren Teams" geschaffen. Es bildet die innere Vielschichtigkeit, das Hin- und Hergerissensein zwischen verschiedenen Positionen ab. Wenn wir uns dieser Pluralität bewusst werden und die einzelnen Teammitglieder kennen und benennen können, dann können wir damit beginnen, ein der Situation entsprechendes inneres Team zu bilden. Aus diesem inneren Team entstehen Kraft, Klarheit, Sicherheit und Mut. All die Dinge, die uns dazu verhelfen, zu uns selbst zu stehen.

3.6   Coachingtool zur Ermitung der inneren Pluralität: „Inneres Team"

Wie lernen Sie Ihr persönliches inneres Team kennen?

Auch für diese Übung benötigen Sie Zeit und Ruhe. Außerdem sollten Sie sich mit Filzstiften und Flipchartpapier bewaffnen.

Das Modell des inneren Teams wird visualisiert, indem man eine Figur malt mit einem Kopf, der auf einem großen und runden Rumpf ruht. Dieser Rumpf – Bauch – ist der Wohnort Ihres Teams. Stellen Sie sich nun eine Situation aus Ihrem alltäglichen Leben vor. Eine Begegnung mit einem Kollegen, eine Auseinandersetzung mit Ihrem Partner, ein schwieriges Mitarbeitergespräch. Falls Sie gerade ein Problem mit sich herumtragen, dann reflektieren Sie diese Thematik.

Finden Sie nun heraus, welche innere Stimme zu Ihnen spricht. In einer Kon-
fliktsituation könnte dies z. B. eine zornige Stimme sein, die Sie zuerst hören, eine
Stimme, die vielleicht sagt: „Das ist eine Frechheit! Das lasse ich mir nicht bieten!"
Malen Sie nun ein Strichmännchen in den Bauch Ihrer Figur und benennen
Sie dieses Männchen als den Zornigen, geben Sie ihm eine Sprechblase mit sei-
ner Aussage. Nun horchen Sie weiter in sich hinein und hören Sie, ob es weitere
Stimmen gibt und was diese sagen. Alle diese Stimmen visualisieren Sie als Strich-
männchen, denen Sie den passenden Namen geben und die Sie mit einer typischen
Aussage versehen. Machen Sie weiter, bis Sie keine Stimmen mehr identifizieren
können.

Was Sie nun vor sich sehen, ist Ihr inneres Team für diese spezifische Situation,
die Sie reflektiert haben. Nun können Sie sehen, wie viele „Teammitglieder" in
einer einzigen Ihrer Lebenssituationen in Ihnen aktiv werden. Finden Sie heraus,
welches Teammitglied am „lautesten" ruft. Ist es das Mitglied, das in dieser Situation angemessen ist? Welches Teammitglied wird von den anderen übertrumpft?
Gibt es ein Teammitglied, das überhaupt nicht zu Worte kommt? Wer fehlt vielleicht in diesem Team, könnte aber nützlich sein? Wenn Sie all diese Überlegungen
durchführen und sich über sich selbst Rechenschaft ablegen, kommen Sie zu einer Teamaufstellung, die Ihnen in der jeweiligen Situation am besten weiterhelfen
kann.

Sie können diese Übung erweitern, indem Sie sich hypothetisch mit einer anderen Person und deren innerem Team beschäftigen. Falls Sie z. B. ein schwieriges Mitarbeitergespräch vor sich haben oder ein Krisengespräch mit einem Geschäftspartner, so erstellen Sie zunächst Ihr eigenes Team für diese Situation und
versuchen dann, sich auf den zukünftigen Gesprächspartner einzustellen und sein
inneres Team für diese Situation zu entdecken.

Natürlich sind Sie dabei auf Ihre Hypothesen angewiesen und können nicht
mit Sicherheit sagen, ob Ihr Gegenüber tatsächlich diese „Teamaufstellung" mitbringen wird, aber es ist eine gute und andere Art der Gesprächsvorbereitung. Sie
schulen dabei Ihre Empathiefähigkeit und Selbstreflexion.

Authentizität und Werte

4

Dr. Markus Ernst, zum Zeitpunkt des Interviews
Vorstand Marketing & Vertrieb der Schuler AG

Inhaltsverzeichnis

Zusammenfassung

In diesem Kapitel erfahren Sie, welche Zusammenhänge es zwischen den eigenen Werthaltung und deren Nutzung als tägliche Kraftquelle gibt. Denn schließlich sollen Führungskräfte Orientierung und Sicherheit als Rahmenbedingungen für die vielen anstehenden Managementaufgaben geben. Daher ist es wichtig, dass sie eine hohe Klarheit über sich selbst haben, dass sie selbst Orientierung haben und in ihrem eigenen Koordinatensystem von Persönlichkeit und Werten zu Hause sind. Wie sonst soll Orientierung für andere geschaffen werden, wie soll Klarheit über Aufgaben und Rollen herrschen, wenn eine Führungskraft selbst nicht darüber verfügt?

© Springer Fachmedien Wiesbaden 2015
B. Kaschek, I. Schumacher, *Führungspersönlichkeiten und ihre Erfolgsgeheimnisse*,
DOI 10.1007/978-3-658-04434-3_4

4.1 Vita

Dr. Markus Ernst wurde am 04.02.1969 geboren und studierte technische Betriebswirtschaftslehre an der Universität Stuttgart.

Promoviert hat er an der Universität Hohenheim.

Von 1995 bis 1998 war er Industrieeinkäufer bei der Schuler Pressen GmbH &
Co. KG. Von 1998 bis 2000 fungierte er als Abteilungsleiter Komponentenbeschaf-
fung und Versand bei Schuler Pressen GmbH & Co. KG. und von 2000 bis 2003
als Kaufmännischer Leiter. Zu seinen Ressorts gehörte IT (Informationssysteme),
Controlling, Materialwirtschaft und das Personalwesen.

Von 2003 bis 2007 war er Sprecher der Geschäftsführung bei Schuler Pressen. Neben den kaufmännischen Funktionen, die er innehatte, war er zusätzlich
verantwortlich für die Produktion am Standort Göppingen sowie für Vertrieb und
Konstruktion zweier Business Divisions.

Von 2007 bis 2009/2013 war er Vorstandsmitglied bei der Schuler AG und ist
heute selbstständiger Unternehmensberater.

4.2 Interview

B. Kaschek:

**In den Veröffentlichungen zu Management und Leadership geht es heute
viel um solche Phänomene wie Komplexität und Dynamik, auch um Strategie.
Wenn Sie an Leadership und Management denken, was ist da in diesem Umfeld heute die zentrale Frage für Sie, die beantwortet werden muss?**

Dr. M. Ernst:

Der Kern ist für mich eine authentische Persönlichkeit, das verbinde ich mit
Leadership und Management. Alles andere sind für mich nur Schlagworte. Komplexität und Dynamik, die gab es immer wieder, mal mehr, mal weniger. Letztendlich managen immer Personen, hat man es mit Menschen zu tun.

Das andere zentrale Thema ist: Wie kommen wir an die richtigen Leute? Das
können Sie in der Kirche, in der Politik, der Wirtschaft überall beobachten. Und,
wie mein Vater schon immer zu sagen pflegte, die richtigen guten Leute sind schon
immer rar gewesen, zu jeder Zeit. Und damit verbinde ich die Frage: Wo gibt es
solche Leute, wie kommen wir auf diese Leute, wie kommen diese dann in die
richtige Position? Mir geht es sehr um den Menschen, um die Person. Diese Begrifflichkeiten wie ‚Management‘ etc., die irgendwann einmal erfunden wurden,
das bedeutet alles nichts. Vielleicht hieß einer früher ‚Direktor‘, jetzt heißt er ‚Vorstand‘ oder ‚Geschäftsführer‘, ‚Manager‘. Letztlich sind das nur Titel.

B. Kaschek:
Lassen Sie uns bei diesen Menschen bleiben, von denen Sie sprechen. Wenn
Sie sagen, es müssen die richtigen Menschen sein. Was würden Sie sagen, ge-
hört denn zu dem ‚Richtigsein‘ dazu, welche sind die Qualitäten von Men-
schen, wo Sie dann sagen könnten, ja, das ist ein ‚Richtiger‘.

Dr. M. Ernst:
Zunächst einmal verbinde ich damit Freiwilligkeit. Man kann Menschen nichts
unter Zwang mitgeben, etwas anerziehen, etwas schulen und sonst etwas. Wenn
wir über die richtigen Leute und Führungsaufgaben sprechen, dann muss das diesen freiwilligen Charakter haben. Sie müssen die Aufgabe wollen.

Das Zweite ist natürlich das Umfeld. Wir haben nicht viel Durchlässigkeit in
der Gesellschaft – weder horizontal noch vertikal, um die richtigen Leute an die
richtige Position zu bringen. Ich beobachte heute viele ‚kleine Inzestprozesse‘ in
der Welt. Es geht dann um Beziehungen und Mitläufertum und nicht mehr um
Freiwilligkeit oder Qualifikation. Das sieht man in der Politik, aber auch in der
Wirtschaft. Es gibt in der Wirtschaft viele Netzwerke, Seilschaften. Dadurch entstehen nicht mehr die richtigen Prozesse, die richtigen Themen – und damit entstehen auch nicht die richtigen Leute auf den richtigen Positionen. Es geht dann nur
darum, wer Mitläufer oder wer Duckmäuser ist, um mal hier, mal da zu attraktiven
Positionen zu kommen. Dafür sind die Positionen aber zu wichtig für unsere Gesellschaft, als dass sie so besetzt werden könnten. Egal ob in der Wirtschaft, der
Kirche oder in der Politik.

Wenn wir diese Durchlässigkeit und die Freiwilligkeit haben, dann würde ich
sagen, dass die richtigen Leute die sind, die sich jemand von oben herauspickt.
Leute, die nicht von unten kommen und sagen: ‚Ich bin der Richtige.‘ Sondern
jemand anderes sagt: ‚Du bist der Richtige an dieser Stelle.‘

B. Kaschek:
Erfordert es nicht eine hohe Klarheit von denjenigen Leuten, die auswählen?
Dr. M. Ernst:
Doch, ja. Da kommen wir noch drauf. Deshalb sage ich, es erfordert eine Frei-
heit von diesen Leuten. Wenn sie frei sind, dann sind sie auch klarer und können

sich erlauben, eine Entscheidung außerhalb von einem Denken in Seilschaften oder anderen Zwängen zu treffen. Die Entscheidungen sind viel klarer. Aber wer der Richtige ist, hat auch viel mit einer Gefühlsentscheidung zu tun. Den Lebenslauf legt man daneben. Das ist, wenn wir so wollen, die Pflicht. Wenn ich einen technischen Geschäftsführer suche, dann sollte er natürlich möglichst eine Ausbildung haben, die mit Technik zu tun hat. Vielleicht auch gewisse Erfahrungen, das ist klar. Aber die wirkliche Entscheidung wird in der Kür getroffen. Ein gefühlter, klarer und positiver Gesamteindruck sollte entstehen.

Jetzt kommen wir auf das Thema ‚Mensch' oder ‚Persönlichkeit'. Solche Entscheidungen kann jemand treffen, wenn er in sich ruht und frei ist und eine große Gefühlsklarheit hat. Ich halte auch nichts von irgendwelchen großen Tests, die sich dann mit mathematischen Auswertungen beschäftigen, denn das lenkt eher vom eigentlichen Thema ab. Die ‚richtige Person' findet man nicht mit psychologischen Tests. Ein gewisser fachlicher Background, eine gewisse Lebens- und Berufserfahrung sind natürlich wichtig. Aber vor allem das, was ich am Schluss beschrieben habe. So kommen wir zu den richtigen Leuten.

Und man muss es zum großen Teil dem Zufall überlassen, das meine ich auch mit Freiheit. Nicht aus dem Zwang heraus: ‚Jetzt!' brauche ich jemanden mit der und der Qualifikation. Gerade dann, wenn Sie suchen, weil Sie müssen, also einen Zwang haben, werden oft die falschen Leute genommen. Die besseren Leute habe ich oft bekommen, weil da über einen Kontakt, über Initiative, in welcher Form auch immer, jemand kam. Auf diese Weise sind Sie auch frei in Ihrer Entscheidung, eben weil Sie gerade niemanden unbedingt brauchen oder suchen, und dann bewerten Sie die Person objektiver und ohne Zwänge. Die meisten Fehlentscheidungen werden dann getroffen, wenn man unbedingt jemanden braucht. Und nachher muss man begründen, wieso man ausgerechnet den genommen hat. Dann haben Sie Ihre Checkliste, damit sehen Sie, ob er das alles erfüllt, was Sie brauchen. Rein formal ist somit alles abgeklärt. Aber Sie haben womöglich zu wenig auf die Persönlichkeit geachtet. Wenn aber jemand kommt, den Sie gar nicht gesucht haben, dann nehmen Sie in dieser Situation viel mehr seine Persönlichkeit wahr – und das macht einen großen Unterschied. Das heißt für mich, dass ich immer Augen und Ohren offen halten muss, wenn ich die richtigen Leute finden will. Ich muss dem Zufall eine Chance lassen, dann wach sein, es wahrnehmen, dass da ein ‚Richtiger' ist, und dann zupacken. Aber nicht zupacken müssen, weil ich gerade ein Vakuum habe und in Not bin, dann wird es schwierig.

B. Kaschek:

Wie war das denn bei Ihnen in Ihrer Biografie? Wurden Sie mal von jemandem ausgewählt? Und hatten Sie dann so etwas wie einen Mentor in dieser Person?

Dr. M. Ernst:

Na ja, ich habe jetzt einige Schritte bei Schuler gemacht. Zunächst einmal kann ich sagen, ich habe mich nie auf eine höhere Position aktiv beworben, sondern wurde immer von oben gefragt, ob ich Interesse hätte, diese Aufgabe wahrzunehmen. Und dann musste ich immer relativ kurzfristig eine Entscheidung treffen. Für mich war das immer eine Bauch- und eine Überzeugungsentscheidung. Im Unternehmen kannte ich ja die Rahmenbedingungen ungefähr, wusste, worauf ich mich sachlich und inhaltlich einließ. Deshalb war es mir immer recht so. Wenn Sie lange über solch eine Entscheidung nachdenken müssen, dann wird es immer eine schlechte Entscheidung. Meistens waren es nur ein bis zwei Tage Bedenkzeit und dann musste ich sagen: „Ich mach es oder ich mache es nicht."

Ob ich jetzt Mentoren gehabt habe, weiß ich nicht. Ich würde es nicht so nennen. Ich hatte sicherlich für die ersten zwei Schritte einen Vorstandsvorsitzenden hier aus dem Finanzwesen, der aber relativ rational war und mich bestimmt nicht bloß deswegen ausgewählt hat, weil er mich besonders mochte. Der hat das einfach aus seiner Sicht heraus entschieden. Später hat er mir auch gesagt, warum. Nämlich, weil ich drei Eigenschaften hätte, so sagte er mir. Die erste sei, dass ich eine Sachlage ganz gut analysieren könne. Das könnten aber relativ viele. Dann hat er gesagt, sei ich in der Lage, relativ schnell ein gutes und einfaches Lösungskonzept zu entwickeln. Das könnten schon weniger Menschen. Und drittens, ich könne dieses Lösungskonzept auch gegen Widerstände durchsetzen. Und das könnten nur noch ganz wenige.

B. Kaschek:

Würden Sie sagen, dass diese drei Eigenschaften für gute Führung überhaupt wichtig sind?

Dr. M. Ernst:

Vielleicht ja, wenn man ‚Führung' definieren müsste und eben sagen sollte, welche rationalen Eigenschaften einer bräuchte. Aber Leadership hat ja auch noch mit vielen anderen Dingen zu tun. Natürlich müssen Sie rational alles analysieren können, man muss konzeptionell etwas entwickeln können, man muss ein Stück weit auch etwas gegen Widerstände durchsetzen können.

Dieser Vorstandsvorsitzende, von dem ich eben sprach, hat mich die ersten zwei Stufen mitgenommen. Aber sicherlich auch sehr aus eigenem Interesse, aus Interesse für das Unternehmen, nicht unbedingt, um mich jetzt zu fördern. Den Eindruck hatte ich nicht.

Ich hatte mir auch einmal die Freiheit genommen, einen Schritt bei ihm abzulehnen, einen Karriereschritt, da wurde ich aber gar nicht mehr gefördert und war kurz vor dem Rausschmiss. Ich war in meiner Laufbahn zweimal kurz vor der Kündigung, weil ich einen Karriereschritt, den man mir angeboten hatte, nicht machen wollte. Und im Nachhinein kann ich sagen, war es, aus meiner Sicht zumindest, immer richtig, es unter den jeweiligen Umständen nicht zu machen. Jetzt kommen wir wieder auf das Thema ‚Freiheit' zurück. Derjenige, der gefragt wird, muss sich auch die Freiheit nehmen können zu sagen, dass das vielleicht nicht der richtige Schritt zu diesem Zeitpunkt für ihn ist.

B. Kaschek:

Und wenn Sie an Ihre eigene Managementkarriere denken, gibt es in Ihrer Biografie zentrale Erlebnisse oder Ereignisse, von denen Sie sagen würden, ja, da hab ich zum ersten Mal gesehen, dass ich so was kann? Denn es ist ja nicht einfach, auch nur zwei Leute zu führen, fünf, zehn, hundert, tausend, wenn man ganz vorne steht. Welche Erlebnisse gibt es da zum Thema ‚Führung'?

Dr. M. Ernst:

Am Ende des Studiums habe ich weder etwas von Leadership verstanden noch mich in einem Umfeld bewegt, wo so etwas wichtig gewesen wäre. Ich war in keinem Verein, war kein Vorstand einer Studentenverbindung oder bei irgendeiner Organisation überhaupt Mitglied. Schon gar nicht in einer Führungsposition. Das heißt, ich habe gar nicht gesehen, ob ich die Gabe zur Führungskraft habe oder nicht. Dann kam auf einmal Schuler und man trug mir das an.

Vielleicht gebe ich noch ein Beispiel aus meiner Entwicklung als Führungskraft. Ich konnte früher keinen Vortrag vor fünf Leuten halten, ohne rot zu werden; so etwas war für mich irgendwie schwierig. Ich kam also zu Schuler und wurde dann nach drei Jahren für die Abteilungsleiterposition vorgeschlagen und gefragt, ob ich das machen wollte. Das habe ich dann auch getan. Ich hatte eigentlich nicht gewusst, wie das geht, und war dann selbst überrascht, wie gut es mir gelang. Vielleicht, weil ich mich gerade nicht mit dem Thema befasst hatte. Zum Thema ‚Leadership' kann man natürlich ein Seminar besuchen und bestimmte Weiterbildungen machen. Ich habe es einfach gemacht und es funktionierte. Ich hatte in der Abteilung zwei größere Gruppen unter mir – und die Gruppenleiter waren wirklich alte Haudegen, Maschinenbauer, Mitte 50 beide. Die dachten wahrscheinlich: Was will denn dieser junge Kerl hier? Und trotzdem habe ich es irgendwie geschafft, sehr schnell ihr Vertrauen zu erlangen, und dann sind die mit mir gegangen.

B. Kaschek:

Vielleicht noch einmal eine Frage dazu. Können Sie mir etwas zu Ihrem familiären Umfeld erzählen? Haben Sie Geschwister? Ich frage, weil die Familie ja auch manchmal genannt wird als Kontext, in dem man die ersten Erfahrungen mit Führung gemacht hat.

Dr. M. Ernst:

Ich habe einen jüngeren Bruder. Der ist auch in der Geschäftsführung bei einem 600-Mann-Betrieb, als Vertriebsgeschäftsführer. Mein Vater war stellvertretender

Bürgermeister und hatte schon alle möglichen Ämter – über 30, 40 Jahre weg. Mit 28 Jahren war er schon in einer sehr verantwortungsvollen Position. Ich glaube, wir haben darüber nie groß gesprochen, aber gefühlt habe ich von meinem Vater viel mitbekommen, viel gesehen, viel davon gespürt, was er getan hat, wie er es tat. Es war natürlich ein eher öffentliches Amt, und es gab oft Veranstaltungen zu irgendwelchen Angelegenheiten in Vereinen – da ging ich mit und habe ihn beobachten können. Ich glaube, ich habe intuitiv viel mitgenommen, davon, wie er mit Leuten umgegangen ist. Ohne, dass wir es bewusst reflektiert hätten oder er mir die zehn goldenen Regeln der Führung erklärt hätte. Ich habe es mitgenommen und das habe ich mit mir getragen. Ob es eine genetische Veranlagung ist, kann ich nicht sagen. Ich habe ihn viel beobachtet.

Meine Mutter war Hausfrau, und – was nicht ganz unwichtig ist, denn das hilft mir heute – meine Mutter war auf der Kunsthochschule, sie war also Künstlerin. Sie hat z. B. mit ihren Damenkränzchen Gestecke gemacht und denen gezeigt, wie das geht und so weiter. Wenn Sie so wollen, hat sie dabei ja auch auf eine gewisse Art und Weise geführt. Sie war immer die, die das organisiert hat, den anderen geholfen und gezeigt hat, wie das funktioniert, weil sie geschickter war und die anderen sie gefragt haben: „Zeig mir doch mal, wie das geht."

Also, das kann ich zu meiner Biografie und dem Thema ‚Führung' sagen. Aber das war gar nichts Bewusstes, wir Kinder waren einfach dabei und haben bestimmte Dinge irgendwie mitgenommen.

B. Kaschek:

Wenn Sie jetzt versuchen, es zu rationalisieren, was würden Sie sagen, waren die Dinge, bezogen auf Führung und Management, die Sie so unbewusst und zwischen den Zeilen der Erziehung gelernt haben?

Dr. M. Ernst:

Ich glaube, Führung hat viel mit klaren Wertvorstellungen zu tun. Das haben meine Eltern mir mitgegeben. Wertvorstellungen, die ihm, meinem Vater, vermittelt wurden und die mir von ihm vermittelt wurden. Und ich kann diese heute im Unternehmen bei meiner Aufgabe vermitteln. Mit diesen Wertvorstellungen bin ich einfach verlässlich und ein Stück weit berechenbar. Das spüren die Leute sehr schnell, ob jemand klare Wertvorstellungen hat, und sie spüren auch, ob das Wertvorstellungen sind, die sich primär am Menschen orientieren.

Geld hingegen hat für mich zunächst einmal gar keinen Wert. Geld ist ein Mittel, das gegen Waren getauscht wird, wenn ich das jetzt einmal sehr reduziere.

Ich wurde also mit bestimmten Wertvorstellungen erzogen; die wurden mir einfach mitgegeben. Das habe ich auch so beobachtet und gefühlt, dass meine Eltern klare Vorstellungen hatten, Wertvorstellungen, und dass diese sich immer am Menschen orientiert haben.

Neben den Werten hat Führung aber auch etwas mit Gefühlen zu tun. Auch mal mit Ärger, auch mal mit Traurigkeit, auch mal mit Freude und so weiter. Auch das habe ich mitbekommen. Und daraus entwickelt sich, wenn Sie so wollen, immer eine gewisse Authentizität. So war mein Vater, so war meine Mutter – und so bin ich. Bis heute. Daraus schöpft man eine gewisse Kraft.

B. Kaschek:
Sie haben relativ spät mit echten Führungsaufgaben begonnen, eigentlich erst bei der Schuler AG, wenn ich Sie richtig verstanden habe. Wie alt waren Sie da?

Dr. M. Ernst:
Ich kam mit 25 zur Schuler AG, mit 28 habe ich dann diese Abteilung bekommen.

B. Kaschek:
Mit wie vielen Personen?

Dr. M. Ernst:
Das waren 22 Personen.

B. Kaschek:
Und mit dieser Gruppe, so sagten Sie, haben Sie eine erfolgreiche Arbeit gemacht?

Dr. M. Ernst:
Ja, sowohl in dem Sinne, dass ich als Führungsperson dann relativ schnell ihr Vertrauen gewonnen hatte und bei allen gut bekannt war und respektiert wurde. Und auch inhaltlich bei den Themen, um die es ging. Da kam natürlich vieles auf mich zu. Es war zwar eine kleine Abteilung, aber es ging inhaltlich um ziemlich schwierige Fragestellungen.

B. Kaschek:
Als Sie damals angefangen haben als Führungskraft zu arbeiten, inwiefern haben Sie da über das Thema ‚Führung und Management' überhaupt reflektiert? Ich meine, man kann ja eine Abteilung so oder so führen. Irgendwie muss man es aber letztendlich tun. Inwiefern ging es bei Ihren Gedanken um Sachthemen, die nach vorne gebracht werden sollten, und inwiefern ging es auch um Führung und Management? Z. B. bei der Frage, wie gelingt es mir, gute Beziehungen mit den Menschen zu etablieren? Inwiefern konnten Sie das zu dem damaligen Zeitpunkt reflektieren? Haben Sie es überhaupt reflektiert?

Dr. M. Ernst:
Ich habe es nicht wirklich reflektiert, ich habe es damals einfach gemacht. Vielleicht aus so einem gewissen Urvertrauen heraus. Und ich habe mich bei meiner Arbeit immer sowohl mit der Sache beschäftigt als auch mit den Menschen. Mit der Frage z. B., wer welche Stärken und Schwächen hat. Wo ich wen einsetzen

kann. Aber auch, ob die Gehaltsstrukturen stimmen, also mit allem, was mit solchen Dingen zu tun hatte. Aber wie gesagt, das kam eigentlich von selbst, ich habe mir keine Gedanken dazu gemacht, keine Theorien entwickelt oder angelesen. Reflektieren tun wir ja im Nachhinein; Seminare habe ich auch nicht besucht. Ich kam dann, weil ich ja Abteilungsleiter war, automatisch in einen Managementnachwuchskreis hinein. Da war ich dann zwar dabei, muss aber sagen, dass ich da nicht wirklich aktiv war. Ich habe mehr beobachtet und aus dem, was ich gesehen habe, gelernt. Manche meinen ja, Sie würden sich in Seminaren zur Führungskraft entwickeln. Ich habe den Managementnachwuchskreis aber für mich als Anstoß genommen und viel beobachtet.

B. Kaschek:
Würden Sie sagen, dass echte Führungskräfte gar nicht gemacht werden können? Also über Bildung und Ausbildung, sondern dass so etwas wie eine Grundbegabung einfach da sein muss?

Dr. M. Ernst:
Also, zumindest würde ich sagen, dass eine Führungskraft aus einer gewissen Freiwilligkeit entstehen muss, das gehört unbedingt dazu. Natürlich gehört dann eine Ausbildung auch ein Stück weit dazu. Man kann sich vieles im Leben aneignen. Aber diese Vorstellung, ich bin mit 25 fertig, habe drei Auslandspraktika gemacht und kann jetzt Führung, das ist ziemlich realitätsfern. Deshalb ja, ein Stück weit ist es eine Begabung. Das steht an zentraler Stelle.

Aber auch die Umstände gehören dazu, ob die Begabung bei jemandem herausgefordert wird oder nicht. Ich hatte das Glück, dass die ‚von oben‘ eine Begabung bei mir gesehen haben, zwar aus eigenem Nutzen für sie, für das Unternehmen, aber das ist ja nicht schlimm. Dafür wird man schließlich bezahlt als Manager. Und später dann haben sie mich gefördert.

B. Kaschek:
In Ihrer Arbeit als Führungskraft, was waren denn, wenn Sie einmal zurückschauen auf diese Karriere, die mit 28 begann und bis heute andauert, was waren denn damals für Sie persönliche Herausforderungen in der Arbeit? Und: Haben sich diese Herausforderungen heute im Vergleich zu damals verändert? Gibt es da einen Unterschied, den Sie wahrgenommen haben?

Dr. M. Ernst:
Also, die Herausforderungen, die da vor mir lagen bei den ersten ein, zwei Stationen, waren groß; aber es wurde von Station zu Station auch immer besser. Sie machen natürlich Erfahrungen und verarbeiten diese. Wenn man immer wieder ins kalte Wasser geworfen wird, wird man gut darin, im kalten Wasser zu schwimmen. Und ich wurde immer ins kalte Wasser geworfen, wenn man so will. Ich war am Anfang ja eher fachlich geprägt und interessiert, im Maschinenbau.

Die nächste Stufe nach diesem Abteilungsleiterposten, das war dann der kaufmännische Leiter dieses Standorts. Das waren immerhin 1000 Mitarbeiter. Da habe ich nicht das Gefühl gehabt, dass ich es nicht schaffe. Aber ich hatte mich einzuarbeiten in bestimmte Themen und damit zu kämpfen, dass ich plötzlich oberster Personalchef war, und hatte beispielsweise vom Betriebsrat keine Ahnung oder von der Finanzbuchhaltung. Ich kam ja aus dem Einkauf. Also bin ich morgens früh aufgestanden, um bestimmte Fachliteratur zu lesen, um mich dort ein wenig sicherer zu fühlen. Es war im Nachhinein gesehen natürlich irgendwie unsinnig. Ich hab es dann im Tun gelernt. Aber das Lernen aus Büchern hat mir einfach mehr Sicherheit gegeben. Gerade, um einige Begrifflichkeiten besser zuordnen zu können.

Führungstechnisch lief es eigentlich immer gut und einfach. Ich denke deshalb, weil ich immer authentisch war. Klar, es gab dann die erste Betriebsversammlung, wo ich vor 1000 Leuten zu sprechen hatte. Meine erste Rede habe ich noch aufgeschrieben; das Schreiben fiel mir recht schwer. Schon beim ersten Mal habe ich dann auch nicht viel abgelesen, ich hab sie vielleicht zu 20 % abgelesen, den Rest konnte ich gut auswendig, und diese Rede kam auch sehr gut an. Heute kann ich so etwas auch ohne Manuskript und ohne große Vorbereitung. Das sind solche Entwicklungen.

Ich würde aber sagen, dass das Führungsthema als solches für mich nie das Hauptthema war, wenn es schwierig wurde. Es war nie ein Problem. Hingegen habe ich mich nie wohlgefühlt, wenn ich in eine Besprechung gerufen wurde und dann so eine Fachfrage gestellt wurde, die man einem kaufmännischen Geschäftsführer eben stellt. Und wenn Sie halt erst 31 sind, dann haben Sie nicht auf jede dieser Fachfragen auch eine Fachantwort. Und das ist dann manchmal unangenehm.

Aber mit den Menschen umzugehen, die Leute neu zu motivieren, sie vielleicht auch wieder einzuordnen, das war nie ein großes Problem. Im Gegenteil, damals sind mir die schwierigsten Fälle schon gelungen, obwohl ich viel jünger war als manche andere. Da muss man ja oft intuitiv richtig handeln und das hat mir schon immer gelegen, bis heute.

B. Kaschek:
Sie haben schon öfter den Begriff der Authentizität benutzt. Würden Sie sagen, dass es auf jeden Fall für eine Führungskraft wichtig ist, dass der Mitarbeiter das Gefühl haben kann, es ist immer dieselbe Person, mit der er spricht, eine Person, die keine verborgenen Absichten hat? Ist es wichtig, dass im Kontakt eine gewisse Offenheit, eine gewisse Ehrlichkeit/Berechenbarkeit ist, um eine gute Führungsarbeit machen zu können?

Dr. M. Ernst:
Auf jeden Fall ist das eine wichtige Eigenschaft, und zwar aus zwei Gründen. Einmal für mich als Führungskraft selbst. Denn aus der Authentizität gewinnt man viel Kraft. Wenn ich nur damit beschäftigt bin, den anderen etwas vorzumachen, dann verbraucht das viel Kraft. Mit einem authentischen Verhalten bin ich als Führungskraft also schon einmal stark wahrnehmbar. Und eine Führungskraft muss stark wahrnehmbar sein, sonst funktioniert das nicht.

Auf der Mitarbeiterseite sorgen Vertrauen, Offenheit, Berechenbarkeit dafür, dass sich jedes Problem zumindest einfacher analysieren lässt, dass Lösungskonzepte sich leichter umsetzen lassen. Insofern hat Authentizität also zwei Wirkungsrichtungen.

Und wenn wir in die Zukunft schauen, dann sehen wir eigentlich im 21. Jahrhundert, dass es unabdingbar sein wird, dieses Thema ganz aktiv zu spielen. Denn wenn wir schon davon ausgehen, dass die Dynamik und Komplexität größer werden, ja, die dann auch noch mit schauspielerischer Kunst zu beherrschen, das wird wohl ganz unmöglich sein. Als Führungskraft werden Sie nur überleben, wenn Sie einigermaßen authentisch sind. Das ist jedenfalls meine Ansicht.

Schwierige Situationen haben wir immer schon gehabt, z. B. nach dem Krieg. Da war auch vieles komplex, kompliziert. Und da gab es auch authentische Persönlichkeiten. Ich erinnere nur an Adenauer, der es wagte zu sagen: ‚Was interessiert mich mein Geschwätz von gestern!' Das war authentisch und ehrlich, sonst nichts. Heute erleben Sie das nicht mehr. Heute sind die Leute ganz viel damit beschäftigt, dass sie das, was sie gesagt haben, gut vertuschen oder es relativieren.

Und es ging damals auch nicht anders zu, auch sehr ‚dynamisch' und ‚komplex'. Da war nicht einmal klar, wie die Machtkonstellationen aussehen. Deswegen wehre ich mich auch gegen die Idee, dass heute alles so wahnsinnig schwierig sein soll. Es gab schon immer schwierige Zeiten und es gab auch goldene Zeiten. Wenn man ehrlich ist, dann leben wir doch gar nicht in so schwierigen Zeiten, jedenfalls, wenn wir uns nichts darüber vormachen wollen. Wenn wir uns etwas vormachen wollen, dann ist jede Zeit schwierig, alles ist problematisch.

B. Kaschek:
Was gibt Ihnen als Führungskraft jeden Tag die Stärke, diesen Job machen zu können? Gibt es irgendein Rezept, das Sie dafür haben?

Dr. M. Ernst:
Ein Rezept habe ich keines. Aber ich kann sagen, dass ich daraus Kraft schöpfe, ganz genau zu wissen, woher ich komme. Und dass ich auch schätze, woher ich komme, mein Elternhaus. Das sind für mich wichtige Faktoren, die mit Sicherheit etwas damit zu tun haben.

Und ich glaube auch, dass ich meine Kraft daraus schöpfe, dass ich stabile soziale Beziehungen um mich herum habe. Wenn ich in meinem Garten sitze und

Leute daran vorbeifahren – und der winkt und der winkt und einer sagt Hallo …
Daraus ziehe ich auch meine Kraft. Aus stabilen Beziehungen.

Und ich ziehe meine Kraft auch ein Stück weit aus meinem Vertrauen in meine
Kreativität. Das habe ich in meinem Leben immer wieder gemerkt.

B. Kaschek:

**Kreativität bezogen worauf? Sich auf bestimmte Situationen richtig ein-
zustellen?**

Dr. M. Ernst:

Sich darauf einzulassen und spontan relativ schnell eine kreative Lösung und
gute Idee zu haben. Die ist vielleicht noch nicht ausgegoren, aber der Ansatz ist
gut. Das habe ich immer geschafft. Das eine ist, dass ich in mir ruhen kann, dass
ich weiß, wo ich herkomme, das andere sind die sozialen Beziehungen und dann
auch, meine Begabungen zu kennen und die auch als erfolgreich erlebt zu haben.
Darauf kann ich dann zurückgreifen.

Und zuletzt habe ich auch ein ganz ordentliches Gottvertrauen.

B. Kaschek:

Im wörtlichen Sinne?

Dr. M. Ernst:

Ja, im wörtlichen Sinne. Also, ich habe meinen Glauben manchmal vielleicht
nicht so stark wahrgenommen in meinem Leben, vielleicht nicht wahrnehmen wollen. Aber in den letzten Jahren ist dieses Thema schon ein wichtiger Bestandteil
meines Lebens geworden. Das ist schon sehr angenehm, befreiend und damit auch
stärkend, manche Dinge nicht so wichtig und ernst zu nehmen, sondern zu sagen,
es gibt viel höhere und größere Kräfte auf dieser Welt und die werden mich auch
leiten, in der Situation. Daraus schöpfe ich ziemlich viel Kraft.

B. Kaschek:

**Wenn Sie an den heutigen Arbeitsalltag denken, als Vorstand des Unter-
nehmens Schuler, als Führungskraft, was sind dann Gefühle und Stimmungen, die Sie derzeit prägen?**

Dr. M. Ernst:

Die Situation ist aus meiner Sicht nicht so einfach. Und an mir ist vielleicht interessant zu beobachten, wenn wir über Gefühle sprechen, dass ich eigentlich – trotz
aller Schwierigkeiten, die es immer wieder einmal geben mag – weiterhin positive
Gefühle habe. Grundsätzlich bringe ich der gesamten Situation als Führungskraft
positive Gefühle entgegen. Positive Gefühle derart, dass ich mir in schwierigen
Zeiten sage, es wird sich auch wieder ändern, da muss man jetzt eben durch.

Als Vorstand müssen Sie nach vorne schauen. Das ist ganz wichtig. Ich glaube
daran und sehe auch wieder andere Zeiten kommen, wo dann die positiven Gefühle vielleicht sogar wieder überwiegen werden. Ich denke, dass ich die positive

Einstellung nie verlieren darf – oder sollte. Auch, wenn es manchmal schwierige Situationen gibt, wo man sich vielleicht aus seiner Sicht heraus ungerecht behandelt fühlt, was also eher mit negativen Gefühlen verbunden ist.

Das Zweite ist – für mich persönlich –, ich schätze solch eine Zeit trotzdem, weil sie mir zeigt, dass mein unerschütterliches positives Gefühl nicht so einfach zu zerrütten ist. Im Gegenteil, es wächst sogar in diesen Zeiten. Wissen Sie, wenn nur die Sonne scheint, wird Ihre Fröhlichkeit nicht größer, sie ist dann von vorneherein da. Wenn es aber regnet, dann die Fröhlichkeit nicht zu verlieren, sie doch noch zu spüren und an sie zu glauben, das entwickelt bei Ihnen dann noch mehr positive Gefühle. Und genau das trägt Sie dann auch während der Regenzeit ein Stück. Nicht, dass Sie die Regenzeit nicht wahrnehmen würden; Sie nehmen sie natürlich wahr. Aber das ist so meine Gefühlslage, ganz persönlich, dass das Positive immer überwiegt, ohne aber das Negative einfach auszublenden. Das Positive wächst in mir, und ich glaube, dass es nach dieser Regenzeit noch schöner wird mit der Sonne, die ich dann wahrnehmen und fühlen kann.

B. Kaschek:

Was sind für Sie als Führungskraft eigentlich Erfolgskriterien? Was macht für Sie Erfolg überhaupt aus? In welchen Bereichen zeigt er sich oder wie zeigt er sich? Wenn Sie so auf ein Jahr zurückschauen, was, würden Sie dann sagen, war erfolgreich, was war nicht erfolgreich? Und welche sind Ihre Kriterien dafür?

Dr. M. Ernst:

Na ja, Erfolg, Misserfolg. Der Misserfolg gehört ja auch zum Erfolg. Ich würde immer darauf schauen: Was hat sich entwickelt? Entwicklung, der Begriff gefällt mir immer wieder ganz gut, weil er alles offen lässt, auch Misserfolge, die auch wieder zu Erfolgen führen können. Das sieht man ja meist erst hinterher.

Als Allererstes würde ich da nennen, wenn ich es geschafft habe, Menschen hinter mich zu bringen, zu motivieren; sich auch bei Regen wieder zu motivieren, das wäre das Allererste. Das ist die Grundvoraussetzung. Und dann natürlich auch die betriebswirtschaftlichen und technischen Erfolge.

Ein idealer Erfolg für mich wäre, wenn ich irgendetwas am Markt wieder richtig gewittert hätte, einen guten Riecher hatte, wo die Reise hingeht und wo wir investieren sollten … Meist ist es für mich ein schönes Erlebnis, wenn ich andere Menschen von einer Sache, einer Richtung begeistern kann. Und natürlich zu sehen, dass die Richtung, die ich eingeschlagen habe, sich bestätigt, dass der Markt in einer bestimmten Weise reagiert, das gibt mir ein gutes Gefühl.

Jetzt kommen wir auf etwas, was ich bereits vorhin gesagt habe, zurück: „etwas entwickeln können". Das wäre für mich so eine Formulierung, die ich mit Erfolg verbinde. Erfolg ist für mich sowieso nur eher was in Anführungsstrichen. Kurz-

fristige Erfolge sind für mich keine wirklichen Erfolge. Das sind solche Quick
Wins, wie man heute gerne sagt. Die sind mir aber eigentlich ziemlich egal. Da
gibt es ganz andere Themen: Wenn Sie es schaffen, Menschen mitzunehmen, wenn
Sie eine gute rationale und eine gute intuitive Wahrnehmung haben, das dann verbinden, dann kommt ja der wirtschaftliche Erfolg fast von selbst. Dann stellen sich
auch technische Erfolge ein, und aus technischen Erfolgen werden irgendwann
betriebswirtschaftliche Erfolge.

Dabei stellt sich nur die Frage, ob man den Betrachtungszeitraum lange genug
wählt oder nur kurzfristig darauf schaut. Wenn man nicht lange genug warten kann
und dann eine Sache beurteilt, sagt, es war falsch, obwohl die Sache inhaltlich
und auf längere Sicht gesehen richtig war. Das ist für mich übrigens auch Erfolg,
dass ich es oft geschafft habe, Geduld zu haben. Dazu gehört auch, dass es einem
gelingt, diejenigen, die einen von oben her auf schnelle Erfolge drücken, in die
eigene Geduld einzubinden. Denn das führt auch zum Erfolg. Gut Ding will Weile
haben. So war das schon immer und das ändert sich auch mit keiner Dynamik
dieser Welt. Das können Sie auch in der Natur sehen, der Baum wächst auch nicht
schneller als vor 100 oder 1000 Jahren und der Mensch wächst auch nicht schneller
als vor 1000 Jahren. Und wirkliche Erfolge in Richtung Markt gab es auch schon
vor 50 oder 100 Jahren. Selbst beim Internetvertrieb … Man muss sich Zeit nehmen, dann geht es schneller – und nachhaltiger.

Das gilt auch für den Vertrieb. Wenn Sie da den großen Fehler machen, ein
Produkt mit aller Gewalt in den Markt pushen zu wollen. Das kostet nur viel Geld,
sonst gar nichts. Sie müssen also die Geduld haben, manch anderer würde sagen
die ‚Coolness‘, das Thema in Ruhe durchzuziehen. Sie dürfen sich nicht vom Weg
abbringen lassen. Nun, das wären Ideen, die ich mit dem Thema ‚Erfolg‘ verknüpfen würde.

B. Kaschek:
**Wenn Sie jetzt noch einmal an Führung als solche denken, dann hat man
es ja immer mit Menschen zu tun. Mich interessiert dabei, was denn Ihrer Erfahrung nach Veränderung bei Menschen bewirkt? Wenn Sie also bestimmte
Themen haben, die im Unternehmen jetzt angegangen werden sollen, wie gelingt es Ihnen dann, diejenigen Veränderungen anzustoßen, die für das Unternehmen gerade angestrebt werden? Wie bringen Sie Menschen in die entsprechende Richtung?**

Dr. M. Ernst:
Indem man sich jetzt nicht auf Veränderung als solche konzentriert. Denn Veränderung fängt schon viel früher an. Sie können nur etwas verändern, wenn Sie
nicht auf Veränderungen als das wichtigste Thema vertrauen, sondern auf Verstand
und Herz. Wenn Sie anfangen, eine Veränderung zu machen, und dabei Ihr Herz

und Ihren Verstand vor den Leuten verstecken, dann wird es nie gelingen, denn der ganze Veränderungsprozess als solcher wird unglaubwürdig. Und was heißt schon ‚Veränderung'? Wir kommen wieder auf den Begriff ‚Entwicklung'. Mit einer Veränderung als solcher verändert sich noch keine Qualität, überhaupt keine. Veränderung fängt also viel früher an und entwickelt sich von selbst. Und wenn sich etwas von selbst entwickelt, dann funktioniert es auch. Wenn Sie es nur so titulieren mit diesen neudeutschen Begriffen wie ‚Change Management', dann ist das Thema aus meiner Sicht schon tot.

Die Basis für Entwicklung bauen Sie schon viel früher. Denn Sie entwickeln ja immer etwas, jeden Tag ergibt sich etwas und Sie reagieren darauf. Aber Entwicklung ist nichts Gemachtes, sondern etwas, das einfach wirkt. Sie sehen, da ist etwas, und dann gehen Sie es an.

Veränderung wird im Wesentlichen von außen induziert. Und wenn man davon ausgeht, dass das so ist, dann wird immer gerne überschätzt, was tatsächlich in der eigenen Macht steht. In diesem Sinne wird ‚Veränderung' überschätzt.

Dazu gehören auch andere Modeerscheinungen im Management-Mainstream. Das ist alles eher hinderlich. Veränderung wird von außen induziert, und das lässt mir wiederum die Freiheit zu sagen, wir sind jeden Tag aufmerksam, wir sind jeden Tag wachsam. Und jeden Tag sind wir bereit, irgendetwas weiterzuentwickeln, einen kleinen Schritt. Viele Veränderungen sind übrigens viele kleine Schritte.

Wenn ich im Aufsichtsrat früher solche Sätze hörte wie: *Wo ist denn hier der Big Change?*, da wurde ich immer ganz kribbelig. Denn erst einmal würde das induzieren, dass davor alles falsch gewesen ist. Das kann ja auch nicht sein, sonst hätte es nie einen Erfolg gegeben. Und die sogenannten *Big Changes* hat es fast nie gegeben, wenn man sich das einmal genauer anschaut. Und wenn, dann waren sie in der Geschichte der Menschheit eher blutig und haben sie auf Dauer zurückgeworfen. Es sind eher die leisen, aber effizienten Schritte aus meiner Sicht, die täglichen. Deswegen halte ich nichts von diesem Big, Big, Big. Big ist letztlich immer zu kurz gesprungen. Das Springen bringt uns ja weiter, aber wenn Sie vier Stufen auf einmal überspringen wollen, dann besteht nun einmal die Gefahr, dass Sie danach sechs wieder zurückfallen. Es könnte klüger sein, eine Stufe nach der anderen zu nehmen, ab und zu mal innezuhalten. Deshalb gefällt mir vieles nicht von dem, was da heute zu Management und Veränderung propagiert wird. Es kommt von selbst, wenn man aufmerksam ist. Kleine Kinder lernen auch ihre Schritte zu setzen, selbst zu gehen, durch tägliche Arbeit, wenn man so will. Nicht durch Big Changes. Es gibt zwar Hilfsmittel, aber die Entwicklung kommt von selbst. Und wenn Sie gut sind, dann haben Sie diese Entwicklung auch schon vorbereitet.

B. Kaschek:
Was ist dann aber die Rolle der Führungskraft, wenn Sie sagen …?

Dr. M. Ernst:
Vorbereitung. Dazu gehört, dass Sie Ihre Leute hinter sich haben, dass die Leute an Sie glauben. Und dann sind sie auch offen für neue Entwicklungen. Dann natürlich auch, was ich vorher gesagt habe, dass Sie etwas wittern, dass Sie einen ‚guten Riecher' haben und dass Sie das ein Stück weit auch vermitteln können. Aber das kommt von selbst. Es gibt kein funktionierendes Programm zur Veränderung. Es läuft in der Praxis eher so: Sie waren irgendwo, haben etwas gesehen, z. B. bei einem Kunden. Wenn Sie dann wach sind, dann sagen Sie sich: ‚Mensch, das müssen wir uns mal näher angucken. Was können wir daraus machen?' Das haben übrigens alle alten Kapitäne des Kapitals so gemacht … Da gab es keine Innovationspläne. Heute entwickeln viele einen Plan dazu, was sie in den nächsten drei Jahren alles machen wollen. Aber als Führungskraft müssen Sie das, was Sie sehen und erleben, reinbringen, was Sie wittern, spüren, und das mit Ihrer Mannschaft verbinden – und dann kommt eine Entwicklung zustande.

Bei Bosch gab es früher eine riesige Planungsabteilung. Die haben vor sechs, sieben Jahren aufgehört zu planen. Sie führen heute eher nach Prinzipien, was ich für viel klüger halte. Das ist das, was ich ein wenig anstrebe, ein paar Prinzipien, ein paar Themen, ich will nicht sagen Weisheiten, und so führt man. Entweder es entsteht was oder es entsteht nichts oder es entsteht erst zwei Jahre später. Und das, würde ich sagen, ist eine wichtige Aufgabe der Führungskraft, ihren Instinkt zu schärfen, diese Intuition, etwas zu spüren, kommen zu sehen und eine klare Wahrnehmung zu haben.

Natürlich brauchen Sie auch einen wachen Verstand als Führungskraft, sonst bekommen Sie das alles nicht hin. Sie müssen Ihre Mannschaft immer auch bei Laune halten, motiviert halten, beisammen halten, ganz unabhängig von Ihrer persönlichen Entwicklung.

B. Kaschek:
Ein Begriff, der mir dazu einfällt, der auch immer wieder in der Managementliteratur auftaucht, ist der der ‚Umsetzungskraft'. Sie haben jetzt von intuitiver Kraft, von Wachheit und Authentizität gesprochen. Was würden Sie denn zu diesem Begriff ‚Umsetzungskraft/Umsetzungsfähigkeit' sagen und inwiefern spielt er für Sie eine Rolle?

Dr. M. Ernst:
Der spielt schon eine große Rolle. Die dritte Qualität, die ich vorhin erwähnte, war ja die, gegen Widerstände etwas um- oder durchzusetzen. ‚Umsetzen' gefällt mir aber besser als ‚durchsetzen'; das hat bei mir nichts mit Ellenbogen zu tun. Wenn Sie das schaffen, was ich vorher gesagt habe, dass Sie die Mannschaft hinter sich haben, die richtige Intuition haben und die dann auch authentisch rüberbringen können, dann erreichen Sie die Menschen und sind automatisch schon in der

Umsetzungsphase, ohne dass Sie sich groß Gedanken darüber machen, was Sie jetzt wohl für ein tolles Programm entwickeln und abspulen müssten. Oder auch das mit der Incentivierung ... Was es übrigens 100 Jahre in der Wirtschaft gar nicht gab. Und da wurden die allergrößten Entwicklungen gemacht. Aber bei dem – aus meiner Sicht – falschen angelsächsischen oder amerikanischen Managementmodell wird ja viel Wert auf dieses Thema gelegt. Wo das hinführt, sehen wir ja.

Umsetzungskraft hat viel mit konkretem Machen, mit Intuition, mit Leidenschaft und mit Authentizität und so weiter zu tun. Damit erzeugen Sie die Umsetzungskraft und auch die Umsetzungsgeschwindigkeit. Die kriegen Sie dann automatisch. Das kommt vor allem dann, wenn Sie selbst von einer Lösung, von einer Richtung überzeugt sind. Da brauchen Sie nicht lange drüber nachdenken. Wenn Sie natürlich von etwas nicht überzeugt sind, es sich nur angelesen haben oder machen, weil es Mainstream ist, dann machen Sie sich nur große Gedanken und PowerPoint- Präsentationen. Sie versuchen dann 1000 Leute, fast schon wie in einem diktatorischen Modell, zu überzeugen, dass das die neue, wahre Philosophie sei. Damit kriegen Sie aber keine nachhaltige Umsetzungskraft. Sie kriegen nur Mitläufer. Und Mitläufer haben keine Kraft.

B. Kaschek:

Und wie würden Sie dann mit folgender schwierigen Situation umgehen? Angenommen, Sie bekämen als leitender Manager eine Aufgabe gestellt, die Sie selbst innerlich gar nicht mittragen könnten – aus irgendwelchen Gründen. Sie wären gewissermaßen aus Raison, aus Unternehmensraison, aus Chorgeist, aus Verpflichtung zum Unternehmen in so eine Zwickmühle geraten. Wie würden Sie sich da verhalten? Waren Sie schon mal in solchen Situationen? Und wenn ja, wie haben Sie sie gemeistert? Wie geht man damit um?

Dr. M. Ernst:

Also, wenn ich gesagt habe, dass ich mich für recht authentisch halte, dann ist das eine ehrliche Aussage. Das heißt, dass ich nie einen Auftrag angenommen oder umgesetzt habe, der völlig meiner eigenen Empfindung, meiner Einschätzung oder meinen Interessen als Geschäftsführer oder Vorstand widersprach. Das geht nicht, nicht in einer so verantwortungsvollen Position. Dass es Grauzonen gibt ... selbstverständlich, die gibt es in jeder Lebenssituation.

Der zentrale Punkt bei diesem Thema ist für mich folgender. Wenn Sie eine gute Führungskraft sind, dann sind Sie auch in der Lage, Ihrem Chef die richtigen Aufgaben vorzuschlagen. Dann sind Sie der Spiritus Rector Ihres Geschäftsfeldes, Ihrer Aufgaben. Wenn Sie nur etwas von oben bekommen, das Sie dann verarbeiten, dann ist doch die Gefahr groß, dass Sie nur Aufgaben zur Erledigung bekommen. Aber das hat dann gar nichts mehr mit Führung zu tun. Sie erledigen nur noch etwas. Als Führungskraft haben Sie dann auch ein Stück weit versagt, aus meiner Sicht. Zumindest in dieser Rolle. Denn ich werde als Führungskraft ja dafür bezahlt, dass ich die inhaltlichen Themen selbst analysiere, daraus Aufgaben entwickle und selbst Lösungskonzepte vorlege. Und dann ist die Gefahr, die Sie gerade angesprochen haben, dass Sie von oben etwas aufoktroyiert bekommen, relativ gering. Dann kann ich nämlich meinen Vorgesetzten davon überzeugen, dass meine Richtung die beste ist. Dann können wir noch über die Grauzonen ein wenig sprechen und dann kann ich aber daran gehen, die Aufgabe umsetzen. Das ist ein großer Unterschied. Ob ich nämlich nur einer bin, der versucht, an seiner Position zu kleben und der ein Mitläufer ist, nur weil oben einer was sagt. Und natürlich hatte ich solche Situationen schon als Geschäftsführer, wo für mich klar war, dass ich nicht das tun werde, was der Vorstand sagte, das gab es auch. Damit muss man umgehen lernen und das ist bestimmt nicht einfach. Der klügere Weg ist also: Ich definiere die Ausgestaltung meines Aufgabenbereiches und damit auch meine einzelnen Aufgaben. Denn wenn ich das anderen überlasse, führt das zu solchen Problemen und ist für mich schon ein Stück weit persönliches Versagen. Als Führungskraft können Sie das meiner Ansicht nach nicht so machen.

B. Kaschek:
Noch eine Frage zum Abschluss, Dr. Ernst. Angenommen, Sie hätten nun 15 min freie Sendezeit und würden in allen Ländern und allen Sprachen auf der Welt verstanden werden, was würden Sie den Führungskräften in den Unternehmen sagen wollen? Welche wäre Ihre Message?

Da würde ich sagen: Nehmt die Menschen wahr. Punkt eins. Das wäre der Hauptpunkt. Menschen wahrnehmen heißt, ordentliche Werte, menschliche Werte nicht nur zu propagieren, sondern sie zu leben. Das gilt für mich auf der ganzen Welt.

Und dann würde ich auf meine schwäbische Herkunft zurückgehen und sagen: Seid fleißig. Ob Sie Reis ernten, ob Sie Weizen ernten oder irgendwas anderes, Bananen, immer ist die Ernte über alles andere gestellt. Durch den Fleiß. Denn ohne Fleiß kein Preis.

Und dann noch: Bleibt neugierig und kreativ. Das ist der richtige Motor, um wirtschaftlich erfolgreich zu sein. Das ist uns Schwaben vielleicht ein Stück weit in die Wiege gelegt worden. Wir haben weder geostrategisch eine gute Position, wie etwa die Hamburger, die dadurch eine gute Handelsposition hatten. Noch haben wir Bodenschätze wie im Ruhrgebiet. Hier war alles eher karg und arm. Das heißt, die Kreativität musste kommen, gepaart mit Fleiß. Denn auf der Alb wächst der Weizen eben nicht so gut wie in irgendeiner Ebene in Norddeutschland.

Und das Letzte ist, bei allem Tun auch gute Werte zu haben. Das war mir immer wichtig, der Glaube an ethische Werte, die alles auch verlässlich machten. Denn wenn Sie eine Unternehmenskultur haben, wo die Werte durch die Menschen, die sie leben, direkt implementiert sind, dann müssen Sie sich nicht viel mit Prozessbeschleunigung befassen. Dann ist klar, wie der Laden funktioniert. Wenn Sie eine Unternehmenskultur haben, die Kreativität und Neugier fördert, sind Sie immer weit vorne mit dabei. Und wenn Sie dann noch recht fleißig sind, dann wird es ein wirtschaftlicher Erfolg, und das ist überall auf der Welt so, immer dasselbe, immer diese drei Themen. Das würde ich den Leuten sagen.

4.3 Worum es hier geht

Für viele Manager ist die Frage nach der eigenen Identität und worauf diese sich letztlich gründet sehr bedeutungsvoll. Gerade, wenn es um das Thema ‚Führung' geht und die eigene Person so stark involviert ist.

Der manageriale Alltag ist durch viele Faktoren geprägt, die Kraft kosten. Physische Kraft, wenn Sie daran denken, dass Sie oft reisen müssen, vielleicht auch in Weltgegenden mit einem ganz anderen Klima, ganz anderem Essen. In vielen Kontexten müssen Sie zwischen Ihrer Muttersprache und einer Fremdsprache hin- und herspringen. Auch das kostet viel Kraft. Nach solch einem Meeting ist man leicht sehr müde.

Und dann die Aufgaben, die man bewältigen muss, im Tagesgeschäft oder in Projekten, die Führung der Mitarbeiter.

Vielleicht werden Sie sagen, ja, aber all das macht mir auch Spaß. Das ist sicherlich so und auch kein Gegensatz. Vieles, was uns Freude macht, ist gleichzeitig auch anstrengend.

Nun stellt sich die Frage, wo es in einem so fordernden Umfeld eventuell geeignete Tankstellen gibt, an denen wir wieder auftanken können, oder wo es in uns selbst solche Tankstellen für die Rekreation gibt.

Aus eigener Erfahrung und der vieler anderer Manager weiß ich, wie verführerisch es sein kann, einen Ausgleich für die harte tägliche Arbeit zu wählen, der demselben Muster entspricht, das auch dort gilt. Nämlich auf Leistung ausgerichtet ist.

4.4 Was hat das mit mir zu tun?

Hier ein paar erste Überlegungen und Aufgaben, die wir Ihnen empfehlen

1. Überlegen Sie sich, vielleicht zusammen mit einer vertrauten Person, wie Ihre Leistungs- und wie Ihre Rekreationsmuster heute aussehen. Muster sind immer wiederkehrende Grundstrukturen von Verhaltensweisen. Wie oben erwähnt, könnte solch ein Muster sein: ‚Ich muss immer etwas leisten und vorweisen

können.' Dem Begriff ‚Muster' wohnt auch inne, dass dies oft unbewusst ablaufende mentale Routinen und Einstellungen sind.

2. Überlegen Sie dann: Welche Gelegenheiten und Rahmen suchen Sie für Ihre Rekreation auf? Wenn Sie einen anstrengenden Zehnstunden- oder Achtstundentag haben und dann ins Fitnessstudio oder zum Marathontraining gehen, dann sind dies potenziell auch Gelegenheiten, wo Sie wieder in ein Leistungsmuster verfallen könnten. Schon der Weg dorthin durch den Feierabendverkehr ist eine weitere Hatz. Selbstverständlich kann Sport ein guter körperlicher Ausgleich für die viele sitzende und geistige Tätigkeit sein. Der Körper braucht jedoch keine Höchstanforderung, nicht einmal eine hohe, um gesund zu bleiben.

Gedankenangebote
Gedankenangebot 1: Ein wirklicher Ausgleich, der zur Rekreation Ihres Körper-Geist-Systems führt, ist dann gegeben, wenn tatsächlich ausgleichende Maßnahmen für das gesamte System stattfinden. Natürlich ist Sport das Gegenteil von Sitzen. Dennoch kann hier nicht zwangsläufig von einem ‚Ausgleich' gesprochen werden.

Gedankenangebot 2: Leistungsdenken hat viele positive Effekte, es bringt uns letztlich in allem weiter. Aber es hat auch eine ‚dunkle' Seite, denn es kann zu einer permanenten und unbewussten Überforderung führen, die dann in Erschöpfung endet, vielleicht sogar in Burn-out und anderen Krankheiten.

Gedankenangebot 3: Müdigkeit und Erschöpfung sind zwei sehr unterschiedliche Zustände. Wenn Sie nur müde sind, wird Ihre substanzielle Energie nicht angegriffen. Sind Sie hingegen erschöpft, so finden in Ihrem Körper-Geist-System ganz massive Eingriffe in den Energiehaushalt statt, die letztlich dazu führen, dass irgendwann eine echte Erholung gar nicht mehr möglich ist. Ihr System ist permanent in einem Überforderungs- und Alarmzustand.

Ziehen Sie einmal Bilanz Viele Faktoren tragen dazu bei, dass wir gestärkt oder geschwächt werden, je nachdem; der ganze Lebenswandel spielt dabei eine Rolle: Nehmen Sie Alkohol oder andere Drogen zu sich? Rauchen Sie? Ernähren Sie sich viel mit Convenience oder Fast Food? Bewegen Sie sich wenig? Schlafen Sie unregelmäßig und schlecht? Gibt es keine oder nur wenige Routineabläufe in Ihrem Alltag? Haben Sie gute Beziehungen mit möglichst vielen Menschen, mit Ihren Eltern, Kindern, ein intaktes soziales Gefüge? Schreiben Sie doch einmal ein kleines Beziehungs-, Ernährungs- oder Bewegungstagebuch. Blicken Sie dabei auf die vergangene oder eine typische Woche zurück.

Neben den bisher erwähnten Quellen der Kraft, die etwas mit unseren Einstellungen und Verhaltensweisen in Alltagssituationen zu tun haben, gibt es auch noch andere, tiefer liegende. Diese haben etwas mit unserem Herkommen und unseren tiefsten Überzeugungen zu tun. Für manche Menschen ist es ihre Religion, für andere der Familienzusammenhalt, bestimmte ethische Haltungen etc.

4.5 Coachingfrage zu den „eigenen Quellen der Kraft"

Welche sind die Quellen meiner inneren Kraft und wie kann ich sie aktiv nutzen?
Nach wie vor ist in unserer Gesellschaft ein bestimmtes Leistungsdenken stark ausgeprägt. Viele Menschen verlangen daher von sich selbst, aber auch von anderen, viel ab; manchmal zu viel. Dabei stoßen sie an ihre körperlichen und seelischen Grenzen oder überschreiten diese sogar. Dafür gibt es viele Gründe. Einige liegen in den Kulturen der jeweiligen Organisation begründet, andere in der Sozialisation jedes einzelnen, wieder andere sind tief in der Psyche des Menschen verwurzelt. Vielleicht lassen sich manches Mal die Umstände nicht ändern, aber der Umgang damit sehr wohl. Eine wichtige Rolle in diesem Umgang damit spielt auch die Frage, woher der einzelne seine Kraft für die Aufgaben bezieht, vor denen er tagtäglich steht.

Hier eine Übung, die Sie für ganz unterschiedliche Lebensbereiche machen können. Für Ihre Arbeit, Ihre freundschaftlichen Beziehungen, Ihre Familie, das Vereinsleben, Ihre Hobbys. Sie sehen dann, ob Sie in diesem Lebensbereich eine Kraftquelle haben, und wenn ja, welche das ist.

Zeitbedarf: 15 bis 20 min

4.6 Coachingtool: Die innere Reise

Vorbemerkung Die Fantasiereise ist besonders dazu geeignet, andere Ressourcen als nur rationale und logische Erklärungen zu mobilisieren. Sie arbeitet mit unserer Fähigkeit, Assoziationen herzustellen und innere Bilder zu erzeugen. Sie wird zur Persönlichkeitsentwicklung, Entspannung und Lernförderung eingesetzt. Sie kann dazu beitragen, die Vorstellungskraft zu pflegen, einen einseitigen Rationalismus zu vermeiden und ein ganzheitlicheres Bild der eigenen Person und anderer Personen zu erhalten. Sie kann außerdem widersprüchliche, ambivalente und verborgene Anteile klären und zu ihrer Entwicklung beitragen.

Schließlich kann sie auch bei einer imaginären Vorbereitung der Aufarbeitung von Problemen dienen, mit denen Menschen zu tun haben.

Die Fantasie ist unsere vorstellende Kompetenz, die wir z. B. aus der Entwicklung von Aufgabenlösungen kennen und nutzen. Kein Erfinder, kein Forscher kommt ohne sie aus.

1. Die Phasen der Inneren Reise

Es gibt verschiedene Arten der Durchführung. Immer aber gibt es eine Geschichte (dazu später mehr), die im Sinne der Fragestellung entsprechende Bilder und Assoziationen dazu hervorruft. Diese Geschichte sollten Sie vorher aufnehmen oder von einer geübten Person für sich vortragen lassen, während Sie dann in entspanntem Zustand sind. Ruhige Musik im Hintergrund kann die Entspannung fördern.

1. Die Entspannungsphase

Damit Sie sich vollständig entspannen können, sollten Sie die Augen schließen und gleichmäßig tief ein- und ausatmen. Gedanken an den Alltag sollten Sie beenden und zur Seite schieben. So können Sie sich während Ihrer inneren Reise ganz in eine andere Welt begeben. Es eignen sich für diese Phase auch einfache Formen von Entspannungsübungen, wie man sie aus dem autogenen Training oder dem Qigong kennt.

2. Die Reise selbst

Sind diese Voraussetzungen geschaffen, hören Sie der Geschichte zu, die Sie durch diese Reise führt. In dieser Geschichte wird ein Ort beschrieben, an dem Sie sich besonders wohlfühlen. Als Reisender sollten Sie versuchen, sich den Ort in Ihrer Fantasie so lebhaft auszumalen, dass Sie sich kleinste Details der Umgebung sowie Ihre Gefühle und Ihr Verhalten an diesem Fantasieort vorstellen können. Wenn Sie an Ihrem Reiseziel angekommen sind, können Sie Ihren Assoziationen und Fantasien freien Lauf lassen. An diesem Ort werden Antworten auf Ihre Frage, mit der Sie gestartet sind, kommen, werden sich Lösungen für Probleme zeigen. In unserem Fall geht es darum, Ihre Quellen der Kraft in bestimmten Lebensbereichen (oder überhaupt) zu identifizieren.

3. Rückkehr in die Realität

Am Ende Ihrer Fantasiereise ist es wichtig, die Bilder langsam ausklingen zu lassen und behutsam in die Alltagswelt zurückzukommen. Die Geschichte, die Sie entweder selbst aufgenommen oder durch eine andere Person haben vortragen lassen, hilft hier bei den langsamen Übergängen und gedanklichen Wegen. Auch der Körper muss den Weg langsam wieder zurück in die Realität finden. Dies können Sie durch tiefes Durchatmen tun oder indem Sie sich am Ende der Reise ausgiebig räkeln und strecken.

Wenn Sie die Augen wieder öffnen, sollten Sie wieder ganz da sein.

4. Auswertungsfragen nach der Reise können sein:

Wie hat mir die Fantasiereise gefallen? Was hat mir besonders daran gefallen? Was habe ich gesehen und erlebt?

Was habe ich dabei gefühlt und gedacht?
Was war für mich wichtig, angenehm oder weniger gut?
Welche Kraftquellen habe ich für den Lebensbereich xy wahrgenommen? Welche Assoziationen dazu? Welche Bilder? Wie sind diese zu deuten?

2. Anleitung und Empfehlungen für die Arbeit der Inneren Reise

Material: Eine oder zwei Decken, ein flaches Kissen, Block und Stift

Am besten ist es, diese innere Reise wird von einer anderen, in diesen Dingen erfahrenen Person geführt. Die folgenden Anweisungen sind so geschrieben, dass sie von dieser Person als ,Drehbuch' benutzt werden können.

1. Suchen Sie einen ruhigen Ort auf und wählen Sie einen Zeitpunkt, an dem Sie in den nächsten 15 bis 20 min ungestört sein können und Ihre Fantasie uneingeschränkt schweifen lassen können.
2. Damit Sie möglichst entspannt sind, sollten Sie eine bequeme Haltung einnehmen.
3. Legen Sie sich am besten auf den Boden, die Beine leicht gespreizt, nicht kreuzen, die Arme locker neben dem Körper. Machen Sie es sich ganz bequem, vielleicht ist auch ein flaches Kissen für den Kopf für Sie gut.
4. Strecken Sie sich ein wenig in alle Richtungen und entspannen Sie wieder, sodass nichts drückt oder klemmt. Das Ziel für Ihre Haltung auf dem Boden ist, dass Sie sich ganz entspannt fühlen können.
5. Vergegenwärtigen Sie sich nochmals Ihre Frage. Sie könnte z. B. lauten: ,Welche sind die Quellen meiner Kraft bei der Arbeit?'

Die Reiseroute: Zum Vorlesen für den ,Reiseleiter'

1. Konzentriere dich jetzt ganz auf dich selbst. Spüre deinem Atem nach, wie er tief in die Lunge einströmt und langsam deinen Körper wieder verlässt. *(Geben Sie nach jeder der jetzt folgenden Anweisungen ein paar Sekunden Zeit, damit der Reisende sie ausführen kann.)*
2. Versuche zu spüren, wo dein Körper den Boden berührt. Entspanne dich.
3. Konzentriere dich jetzt auf deinen rechten Arm. Er wird schwerer und schwerer, ganz schwer.
4. Konzentriere dich jetzt auf deinen linken Arm. Er wird schwerer und schwerer, ganz schwer.
5. Auch die Schultern werden schwerer und schwerer. Sie sind ganz schwer.
6. Konzentriere dich jetzt auf dein rechtes Bein. Es wird schwerer und schwerer, ganz schwer.

7. Konzentriere dich jetzt auf dein linkes Bein. Es wird schwerer und schwerer, ganz schwer.

8. Spüre auch dein Becken, wie es den Boden berührt. Du bist ganz entspannt.

9. Atme tief ein und aus. Finde deinen eigenen Rhythmus. *(Geben Sie hier ruhig etwa 10 Atemzüge Raum.)*

10. Wir begeben uns gleich auf eine Reise an einen schönen Ort in der Natur. Stelle dir diesen Ort jetzt vor ... Ist es ein Garten, den du kennst? Ein Wald? Eine Lichtung dort? Das Meer? Denke an diesen schönen und friedlichen Ort, an dem du gerne bist.

11. Bevor du dort sein kannst, wirst du jetzt auf die Reise dorthin gehen.

12. Nimm deinen Körper jetzt wahr, spüre, wie du immer leichter wirst, immer leichter, so leicht, dass du jetzt sogar schwebst. Du schwebst hoch, immer höher, bis an die Decke des Raumes. Du bist so leicht und durchlässig, dass du durch die Decke hindurch nach draußen schwebst ...

13. Ganz weit unter dir siehst du jetzt die Stadt ... Sie wird kleiner und kleiner. Bald ist sie nur noch ein winziger Punkt.

14. Du schwebst in die erste Wolkenschicht hinein und spürst, wie weich und warm sie ist. Du schwebst durch sie hindurch und kommst in die nächste Wolkenschicht. Dort fühlst du wieder das weiche Bett der Wolken.

15. Du steigst höher und höher. Um dich herum ist es ganz dunkel. Weit entfernt in der Dunkelheit erkennst du ein kleines Licht. Du schwebst auf das Licht zu.

16. Das Licht wird größer und größer und jetzt erkennst du den Ort, den du so gerne magst. Du siehst, wie er immer größer wird, indem du auf ihn zu schwebst.

17. Du hast dich jetzt ganz angenähert und stehst an diesem Ort auf deinen Beinen. Da ist ein goldenes Tor, durch das du hindurchgehst.

18. Du hörst vielleicht Vögel, das Rauschen des Windes. Was siehst du dort alles, was nimmst du wahr? Du bewegst dich und schaust, riechst, hörst. Alles ist so schön hier. *(Geben Sie hier ruhig etwas mehr Zeit.)*

19. Jetzt nimmst du das Rauschen von Wasser wahr, ein leichtes Rauschen, und du gehst darauf zu.

20. Dort siehst du jetzt eine Quelle. Wie sieht sie genau aus? Ist sie in Stein gefasst? Kommt das Wasser einfach aus der Erde?

21. Jetzt stehst du an der Quelle. Vergegenwärtige dir jetzt wieder deine Frage und stelle dem Wasser deine Frage: ... (Z. B.: ‚Welche sind die Quellen meiner Kraft bei der Arbeit?')

22. Höre der Quelle zu. Was antwortet sie dir? Kommen Begriffe? Kommen Bilder? Lausche auf die Antwort. *(Geben Sie hier ruhig etwas mehr Zeit.)*

23. Jetzt ist es Zeit, sich zu verabschieden. Nimm deine Umgebung noch einmal wahr und verabschiede dich. Du kannst jederzeit an diesen Ort zurückkehren...
24. Du gehst jetzt zurück und durch das Tor, durch das du eingetreten bist. *(Geben Sie hier ruhig etwas mehr Zeit.)*
25. Und jetzt wirst du wieder ganz leicht. Es wird dunkel um dich.
26. Du wirst leicht und schwebst zurück durch die weichen Wolkenschichten, du spürst deren Wärme.
27. Langsam, ganz langsam schwebst du weiter und siehst weit unter dir wieder deine Stadt. Ein kleiner Punkt zuerst, der langsam immer größer wird.
28. Bald erkennst du deine Straße, dein Haus, siehst sein Dach.
29. Leicht schwebst du durch die Decke des Raumes und kommst wieder hier an deinem Platz an. *(Geben Sie hier ruhig etwas mehr Zeit.)*
30. Spüre jetzt deine Finger, deine Beine, deinen Körper. *(Geben Sie hier ruhig etwas mehr Zeit.)*
31. Komm langsam hier an. Ich zähle jetzt von 5 rückwärts. Bei 1 wirst du die Augen öffnen und wieder ganz hier sein und wach.
32. 5 ... 4 ... 3 ... 2 ... 1
33. Öffne deine Augen. Du bist wieder hier.
34. Strecke dich, spüre deinen Körper.

4.7 Nachhaltige Entwicklung dieses Themas

Hier ein paar Überlegungen für den Umgang mit dieser Übung und ihren Resultaten. Schließlich kommt es ja darauf an, gewisse Veränderungen möglichst dauerhaft für sich zu erreichen.

Sie haben durch die innere Reise die tieferen Ressourcen für Ihre Kraft aufgespürt. Vielleicht sind Begriffe und Bilder in Ihnen aufgestiegen.

Schreiben Sie zunächst einmal auf, was Ihnen begegnet ist. Vor allem an der Quelle.

Beginnen Sie die Deutung des Erlebten/Gesehenen/Gehörten.

Am besten gehen Sie so vor, dass Sie diese Deutung mit einer anderen, vertrauten Person zusammen machen. Das hat den Vorteil, dass diese Person neue Aspekte einbringen oder Fragen stellen kann, die man selbst nicht sieht.

So finden Sie eine oder mehrere Quellen der Kraft für Ihre Arbeit.

Diese Quellen dienen Ihnen dazu, sie künftig bewusst aufsuchen zu können, sie ganz bewusst nutzen zu können, wenn Sie sie brauchen, sich darauf in schwierigen Situationen besinnen zu können, sich dort auch Rat bzw. Orientierung holen zu können.

Beschäftigen Sie sich mit Ihren Quellen der Kraft und kultivieren Sie sie.

Angenommen, es stellt sich bei Ihrer inneren Reise heraus, dass eine wichtige Quelle der Kraft für Sie Ihre guten freundschaftlichen Beziehungen sind, die Sie aber leider zu wenig pflegen können, dann könnten Sie diese Quelle ganz unterschiedlich aktivieren.

Hier ein paar Tipps: Lesen Sie z. B. einmal nach, was man unter ‚Freundschaft' eigentlich versteht. Z. B. in einem philosophischen Lexikon. Oder schauen Sie einmal in den Rundfunkarchiven nach, ob Sie einen schönen Podcast dazu finden. Und: Organisieren Sie ein Freundschaftsfest, laden Sie Ihre Freunde zu sich ein und gestalten einen wertschätzenden Rahmen dafür. Sagen Sie den Menschen, wie wichtig sie Ihnen sind. Beobachten Sie sich auch ein bisschen: Welche sind Ihre Empfindungen, wenn Sie unter Ihren Freunden sind?

Tragen Sie diese Quelle der Kraft auch in Ihre Arbeitsumgebung. Bauen Sie um sich herum gute Beziehungen aktiv auf. Manchmal denkt man, die Beziehungen zu anderen, und wie sie sind, seien gottgegeben und könnten sich nicht verändern. Meist stimmt das aber nicht. Bemühen Sie sich um positive, alle um Sie herum stärkende Beziehungen in Ihrem Arbeitsumfeld.

Denn wenn Sie jetzt wissen, dass solche Beziehungen für Ihre eigene Kraft so wichtig sind, sollten Sie nicht darauf verzichten.

Selbstwirksamkeit

5

Dr. Georg Kraft-Kinz, zum Zeitpunkt des Interviews Generaldirektor-Stellvertreter der Raiffeisenlandesbank

Inhaltsverzeichnis

Zusammenfassung

In diesem Kapitel erfahren Sie etwas über das Prinzip der Selbstwirksamkeit und wie es Ihnen helfen kann, Erfolg im Beruf wie im Privaten zu haben und dabei gesund und ausgeglichen zu bleiben.

Das Konzept der „Selbstwirksamkeit" stammt von dem kanadischen Psychologen Albert Bandura. Das Konzept besagt, dass die Erwartung eines Menschen, eine Handlung aufgrund eigener Kompetenzen erfolgreich durchzuführen, ausschlaggebend für den Erfolg ist. Je mehr eine Person demnach davon überzeugt ist, etwas selbst beeinflussen, bewirken zu können, desto höher ist ihre Selbstwirksamkeitserwartung.

© Springer Fachmedien Wiesbaden 2015
B. Kaschek, I. Schumacher, *Führungspersönlichkeiten und ihre Erfolgsgeheimnisse*,
DOI 10.1007/978-3-658-04434-3_5

5.1 Vita

Dr. Georg Kraft-Kinz, seit 01.05.2010 Generaldirektor-Stellvertreter der RLB NÖ-
Wien/geboren 1962/Universität Graz (Jus)/1988 CA-Bankverein/1992 Industrie/
seit 01.02.1995 bei der Raiffeisenbank Wien, Mitglied des Vorstandes (2001)/seit
01.07.2003 Vorstandsdirektor der RLB NÖ-Wien, Geschäftsgruppe Privat- und
Gewerbekunden
        Ehrenamtliches Engagement:
        Initiator und Gründungsobmann des Vereins
        „Wirtschaft für Integration" (gegründet 2009)
        Mitglied des Stiftungsrates von „Nein zu arm und krank"

5.2 Interview

I. Schumacher:
Was ist die zentrale Frage bei Ihrer Tätigkeit als Führungskraft?
G. Kraft-Kinz:
Die zentrale Frage ist, wie führe ich Menschen.
I. Schumacher:
Können Sie das differenzieren? Wie sehen Sie Menschenführung?
G. Kraft-Kinz:
Ich sehe das wie ein Bergsteiger. Ich gehe voraus und erkunde den Weg und
andere folgen mir. Ich brauche dazu Reflexion und Entscheidungskraft, aber auch
Mut und Zuversicht, um loszugehen und zu sagen: „Dahin gehen wir jetzt." Das ist
die zentrale Aufgabe meines Berufes.
I. Schumacher:
Sie haben gesagt Mut. Woher nehmen Sie den Mut?
G. Kraft-Kinz:
Aus positiven Erfahrungen mit bereits getroffenen Entscheidungen. Und die
meisten Entscheidungen, die ich getroffen habe, waren richtig, auch wenn sie

falsch waren. Warum? Weil sie Richtung gegeben haben, weil meine Mitarbeiter und ich damit weitergekommen sind.

Ich habe gelernt, dass Menschen dankbar sind, wenn es Orientierung, wenn es Richtung gibt. Ich halte es für wichtig, dass es auch ein Ende der Diskussion gibt. Dass es dann auch den Punkt gibt, an dem man (als Führungskraft) sagt: „Jetzt gehen wir."

Da gibt es einen schönen Satz von Gertrud Höhler (der Unternehmensberaterin, Publizistin und Wissenschaftlerin), die gesagt hat: „Sie gehen voraus, alle schauen auf Sie." Ich glaube, das ist ein sehr guter Satz, der Führung sehr gut beschreibt. Jeder beobachtet die Führungskraft, jeder beobachtet jede Miene, jede körpersprachliche Veränderung. Führungskräfte geben Sicherheit durch ihre Verlässlichkeit, durch ihre Pünktlichkeit, durch viele Detailelemente.

I. Schumacher:
Das ist ja durchaus eine Vorbildfunktion, die man dann einnimmt.
G. Kraft-Kinz:
Auch, ja.

Ich will nicht für acht Probleme zehn Lösungen schaffen. Aber ich möchte gerne, dass, wenn wir eine Herausforderung haben, wir eine ordentliche Diskussion darüber führen, über Zahlen, Auswirkungen auf Kunden, auf Mitarbeiter. Und wenn diese Analyse dann da ist, dann muss auch gesagt werden: „So machen wir's!"

Im Grunde hat die Gruppe zwar schon selbst entschieden. Trotzdem braucht es jemanden, der dann sagt: „Wir machen's jetzt!" Ich glaube, das ist die zentrale Aufgabe von Führung. Darin liegen Motivation, Vorbild, aber eben auch viel Zuversicht, dass wir diese konkrete Herausforderung schaffen werden.

Das hat viel mit dem „Wie" zu tun. Also, wie sorgfältig und wertschätzend werden auch die gehört, die wirklich etwas beizutragen haben. Das sind auch jene, die kritisch sind. Denn es ist wichtig, sich auch jene anzuhören, die man vielleicht nicht mag. Oft sind gerade sie es, die wertvolle Elemente bringen, die ich aber in meiner Wahrnehmung ausblende.

I. Schumacher:
Was bedeutet für Sie Erfolg in dieser Tätigkeit?
G. Kraft-Kinz:
Erfolg, das ist eine nachhaltige positive Unternehmensentwicklung. Wenn im Blick auf fünf oder zehn Jahre zu sehen ist, dass das Unternehmen an Wert gewinnt. Das ist nicht der Quartalsblick einer Börse, sondern der Blick auf die Entwicklung von Jahresscheiben.

Erfolg, das ist außerdem unbedingt die Qualität der Mitarbeiter. Wie gelingt es mir dazu beizutragen, dass das Unternehmen durch Menschen stärker wird.

Persönlich ist mir da Wertschätzung meiner Arbeit wichtig. Das ist motivierend und stärkt. Erfolg ist also auch eine Form des Feedbacks, welches man oft gar nicht ausgesprochen bekommt, das man aber spürt.

Man sieht es auch daran, wie innovativ wir sind. Ich freue mich, dass ich ein Umfeld habe, in dem Menschen sich etwas trauen und sagen: „Du, ich habe da eine Idee." Wenn das gelingt, dass ich ein Klima schaffe, in dem das möglich ist, dann bin ich erfolgreich, dann empfinde ich mich als erfolgreich.

I. Schumacher:
Was hat Sie erfolgreich gemacht? Was waren zentrale Erlebnisse, Beobachtungen?

G. Kraft-Kinz:
Ich glaube, dass ich aus einem Kindheitsdefizit heraus besonders ehrgeizig geworden bin.

Ich hatte einmal viel rötere Haare als jetzt, hatte immer eine Brille, und ich hatte viele Konflikte mit meinem Bruder, der größer ist, der blonde Haare hat und der keine Brille hatte.

Es war damals für mich mit meinem Bruder sehr schwierig, weil er alles konnte und ich eigentlich viel weniger. Er war der bessere Tennisspieler, er war der Größere, er war der erste Sohn in meiner Familie, er war sehr erwünscht. Ich war das dritte Kind. Da hatte ich immer so ein bisschen das Gefühl, defizitär zu sein.

Heute denke ich, dass ich meinen Erfolg diesem defizitären Gefühl meiner Kindheit verdanke. Ich wollte immer beweisen, was ich alles erreichen kann. Was ist alles möglich für mich? Diese Frage ist der dynamisierende Kern für meinen Erfolg.

Weitere Faktoren sind viele Tugenden, die ich von meiner Familie gelernt habe, für die ich meinen Vater über Jahrzehnte aber extrem kritisiert habe: nämlich Disziplin, immer vorbereitet sein, in Terminen immer zum Punkt hin fit sein. Aber diese Tugenden, die ich als Kind so verachtet und als wertlos empfunden habe, diese Tugenden haben mir in meiner beruflichen Entwicklung enorm geholfen. Ich glaube, das sind die zwei zentralen Elemente, warum ich jetzt hier sitze.

I. Schumacher:
Wie sah Ihr Lebenskonzept zu Beginn Ihrer Berufstätigkeit aus? Hat es sich verändert? Wenn ja, auf welche Weise?

G. Kraft-Kinz:
Ich wollte immer führen. Schon zu Beginn meiner beruflichen Tätigkeit in der Kreditanstalt, der Bank, in der ich als Trainee begonnen habe.

Jetzt bin ich ja stellvertretender Generaldirektor und ich bin glücklich mit dem, was ich da erreicht habe.

Ich bin auch stolz darauf. Ich wollte das deshalb werden, um zeitlich autonom zu werden und weil ich mir gedacht habe, arbeiten muss ich sowieso, dann arbeite ich lieber in der Letztverantwortung und bin freier, als wenn ich nicht in einer solchen Position arbeitete.

Ich hatte immer den Anspruch und war auch überzeugt davon, dass ich so weit kommen würde. Erst heute weiß ich, wie viel Glück ich auch gebraucht habe, um dahin zu kommen. Damals war ich überzeugt davon, dass es so sein würde. Ich glaube, dass diese intensive innere Überzeugung, etwas erreichen zu können, auch wesentlich ist. Diese Projektion hilft dir tatsächlich, es auch zu schaffen.

I. Schumacher:
Was würden Sie als Ihre drei Hauptstärken bezeichnen?

G. Kraft-Kinz:

Meine größte Stärke ist Kommunikation. Meine zweite Stärke ist Entschlossenheit. Die dritte Stärke ist Zuversicht.

Ich bin einfach überzeugt davon, dass die Geschichte gut ausgeht. Da gibt es eine deutsche Sendung, da hat die Moderatorin immer damit abgeschlossen zu sagen: „Alles wird gut."

Ich habe diesen Satz geliebt, ich habe ihn übernommen, weil ich wirklich daran glaube, dass die Dinge so sind, wie wir sie sehen, sie sind nicht so, wie sie scheinen. Das Schlimmste kann gut ausgehen, wenn ich will, dass es gut ausgeht. Die Frage ist: Was davon nehme ich mit? Was nehme ich auch von den Geschichten mit, die ich zunächst als schlimm und tragisch und für mich störend empfinde?

Ich bin ein ganz großer Zuversichtsfanatiker. Es gab schon Chefs und Kollegen in meinem Leben, die haben gesagt: „Ja, du bist ja immer positiv."

Aber ich bleibe dabei. Ich glaube, es ist ganz wichtig, sich positiv zu motivieren und sich zu fragen: „Was ist möglich?" – und nicht: „Was ist misslungen?" Es geht darum, nicht immer darüber zu reden, was ich alles nicht kann, sondern darüber zu sprechen, was wir können, was ich kann, wie ich darin besser werde.

Ich bin tief überzeugt von dieser „Energie des Gelingens". Ich glaube, immer wenn man einem Kind sagt: „Das kannst du nicht", dann zerstört man etwas in dem Kind.

Was heißt denn: „Das kannst du nicht?"

Damals, in meiner schwierigen Zeit mit meinem Bruder, galt er handwerklich immer als viel geschickter als ich. Das war aber eine Vorwegnahme. Denn aufgrund meiner schlechteren Augen und seiner Fähigkeit wurde mir handwerklich gar nichts zugetraut. Es hieß dann: „Nein Georg, das kannst du nicht!"

Aber, wenn du das dann nicht kannst und es dir auch nicht zugetraut wird, wirst du faul, dann versuchst du es nicht, machst du es nicht und dann kannst du es wirklich nicht.

Das sind so vorweggenommene Zuschreibungen, die ich jetzt bei meinen Kindern vermeide.

Als Vater achte ich darauf, dass es nicht heißt, „Nein, das kannst du nicht. Das ist falsch!"

Richtig ist: „Du kannst es, du musst vielleicht länger üben, musst vielleicht mehr investieren, das ist nicht gut oder schlecht. Das ist eine Frage der Zeit, die du dafür einsetzt!"

Also die Zuversicht, dass jemand etwas kann und dass ich etwas kann, und das auch zu kommunizieren, das ist sicher eine wichtige Stärke von mir.

I. Schumacher:

Im Laufe Ihres beruflichen Werdeganges sind Sie ja sicherlich auch auf Schwierigkeiten und Hindernisse gestoßen. Wie sahen diese Barrieren aus? Gab es ein Muster?

G. Kraft-Kinz:

Ja, ich tue mich immer wieder schwer mit Menschen, denen die Zuversicht fehlt.

Ich muss aber sagen, dass bis zu meinem 50. Lebensjahr mein Berufsleben relativ problemlos verlaufen ist. Eigentlich war es bis dahin eine Erfolgsgeschichte, bei der ich Hindernisse sehr gut überwinden konnte.

Das Muster meiner Schwierigkeiten liegt sicher darin, dass ich nicht genau bin. Meine größte berufliche Krise war 2002, da haben wir eine Produktinnovation eingeführt. Die hieß damals in Österreich Bankomatgebühr. Es war eine Gebühr für Bankomatauszahlungen für ganz Europa. In Deutschland ist das üblich, in Österreich war das unüblich. Da hatte ich wirklich fünf unglaublich spannende Tage. Ich wurde damals enorm kritisiert. Die Einführung musste zurückgenommen werden.

Das Muster, warum mir das passiert ist, liegt darin, dass ich zu ungenau war. Ich brauche immer jemanden um mich, der sehr genau ist. Jemanden, der darauf achtet, dass ich über solche Dinge nicht stolpere. Ich habe jetzt so jemanden und der ist ein Glück für mich. Und ich für ihn, weil wir uns gegenseitig so ergänzen. Wir stärken und bereichern uns.

Ich kann auch durchaus richtig enttäuscht sein, wenn Leute mich nicht super finden. Da kann ich sehr enttäuscht sein. Habe dann auch durchaus selbstmitleidige Momente, die ich aber wieder überwinde. Das Tal der Tränen, in dem bin ich nie wahnsinnig lange. Eine kleine Weile, dann tanke ich wieder Energie.

Ich brauche schon Bestätigung. Davon brauchte ich früher mehr als jetzt, denn ich weiß, das wichtigste Feedback muss ich mir selbst geben. So will ich auch meine Hürden beschreiben. Es gab genug, aber ich hatte immer das Gefühl, es ist machbar und alles wird gut.

I. Schumacher:

Dieses Gefühl, nicht genau zu sein. Sehen Sie das als Schwäche an?

G. Kraft-Kinz:

Genauigkeit ist wesentlich. Ich bin jetzt auch keiner, der alles übergenau liest. Ich bilde mir ein, dass ich weiß, was in einer Mail steht, indem ich sie überfliege. Das stimmt auch zu 99 %. Aber es gibt Situationen, da bin ich auch besser geworden, da nehme ich mir einfach mehr Zeit. Da sage ich mir: „So Georg, das liest du jetzt." Da zwinge ich mich dann auch dazu und konzentriere mich. Ich glaube schon, dass das eine Schwäche ist, diese Ungenauigkeit. Ich glaube auch, dass ich mich da verbessern kann und mich auch verbessern will.

I. Schumacher:

Okay, das hätte ich jetzt noch gefragt.

Was sind Ihre Treiber? Sowohl beruflich als auch privat?

G. Kraft-Kinz:

Ich bin getrieben hier als Verantwortlicher für Raiffeisen in Wien von dieser Sehnsucht, ein einzigartiges Unternehmen zu schaffen. Ich arbeite permanent daran, diese Einzigartigkeit zu schaffen. Das heißt für mich, eine Bank kommunikativer, offener, urbaner, mittelständischer zu machen. Das ist ein Motivator. Der zweite Motivator ist der Wunsch, mir selbst näherzukommen. Diese Reise zu mir selbst. Dass ich spüre, dass ich heute weiß, wofür ich verantwortlich bin. Als ich verantwortlich gemacht wurde und dachte, ich könnte das alles, da hatte ich eigentlich keine Ahnung. Heute weiß ich viel besser als damals, dass mich diese Geschichte herausfordert, aber dass sie mich auch total motiviert.

Ich bin verantwortlich für 600 Mitarbeiter in Wien, nur in meinem Ressort, die Mitarbeiter motivieren mich. Ich habe keine einzige Begegnung mit Mitarbeitern, die mich nicht motiviert. Da könnte ich dir viele Beispiele erzählen. Es ist die Freude der positiven Erlebnisse. Das erfüllt mich. Wir haben ein Ziel vor Augen für 2015, wir wissen, wo wir 2018 hinwollen.

Mich motiviert auch die Veränderung im Bankgeschäft. Analoger/digitaler Vertrieb. Wie geht das wirklich? Wie bringt man das zusammen? Mich motiviert auch, wie ich selbst lerne. Ich trainiere meine Kommunikation, ich trainiere meine Verkaufsfähigkeiten. Ich bin ein großer Fan von ein paar Leuten, die mit mir arbeiten. Von denen kann ich etwas lernen, die können mich coachen. Viele Personen in meinem Geschäft hören irgendwann auf, sich weiterzuentwickeln. Ich höre nicht auf. Ich will das weiterführen. Das motiviert mich sehr. Weil ich spüre, auch in diesem Moment, dass ich davon profitiere.

I. Schumacher:

Mir kommt da gerade ein Gedanke, wenn ich Ihnen so zuhöre. Bezogen auf das Wort „Treiber" – das klingt bei Ihnen, als wenn Sie ein Getriebener sind. Sie treiben sich selbst sehr stark.

G. Kraft-Kinz:

Ich bemühe mich so um diese Balance zwischen Gelassenheit und Weiterkommen. Ich spüre, das ist eine Entwicklung, die ich durchlaufe. Ich bin sicher noch nicht am Ziel.

I. Schumacher:

Wenn Sie so in der Aktion sind, fühlen Sie sich dann lebendig?

G. Kraft-Kinz:

Ja.

I. Schumacher:

Mehr, als wenn Sie gelassen sind?

G. Kraft-Kinz:

Ich kann mit diesem Satz: „Ich lass die Dinge geschehen" oder dem Satz: „Jetzt lehn ich mich mal zurück und beobachte, was als nächstes passiert", damit kann ich nicht gut umgehen. Das ist etwas, das ich nicht oft tue. Ich kann jetzt nicht sagen, ob das eine Stärke oder Schwäche ist.

Ich habe sicher dieses Element, dass ich der bin, der die Energie gibt und damit Dinge antreibt. Ich bewundere Gelassenheit – ich denke, Gelassenheit ist ein unglaublich schönes Element. Mein Leben ist aber in Wirklichkeit keine gelassene Geschichte gewesen. Ich habe gekämpft. Ich habe als Kind um meine Position gekämpft. In der Schule habe ich gekämpft, um weiterzukommen. Ich war nie ein guter Schüler. Aber ich habe mich immer angestrengt. Auch in meinem Beruf, in meinem Traineeprogramm, ich war immer „at the Edge". Ich war immer wettbewerbsorientiert. Wie gut bin ich? Wie gut bin ich in diesem Beruf? Ich habe viele Gelassene erlebt, auch in meinen Weiterbildungen, die eine „andere Karriere" gemacht haben. Gelassenheit muss man sich leisten können.

I. Schumacher:

Welche Gefühle und Stimmungen prägen im Moment Ihren Arbeitsalltag? Können Sie diese nutzen?

G. Kraft-Kinz:

Das Gefühl, das mich prägt in der Finanzwirtschaft und in unserem Unternehmen, ist Veränderung. Das ist aktuell so eine schaurig-schöne Stimmung und ein schaurig-schönes Gefühl.

Ich weiß, dass die Finanzindustrie und auch wir als Unternehmen uns umstellen müssen. Es gibt einfach viele Anforderungen, es ändert sich gerade sehr viel. Das ist die eine Stimmung. Die andere ist, wie viel Energie kann ich meinem Unternehmen geben, damit es sich positiv weiterentwickelt.

Mich prägen sicher auch Sorgen, was das Thema der Regularien betrifft. Der Bankenbereich ist extrem reguliert. Aber die Grundstimmung dreht sich bei mir immer um die Weiterentwicklung. Konsequenz prägt mich. Das Gefühl der Weisungsfreiheit prägt mich als Vorstand, also die Freiheit. Freiheit ist für mich überhaupt ein Kern meines Lebens geworden. Ich bin von niemandem abhängig. Ich glaube, das ist eine der wichtigsten Erkenntnisse. Wir sind komplett abhängig voneinander, aber ich fühle mich unabhängig in meinem Beruf. Diese Unabhängigkeit, nicht zu früh zu nicken, nicht zu sagen: „wird schon stimmen", sondern so schön nach dem Konstantin-Wecker-Lied: „Sag Nein, wenn Nein ist, und sag nicht Ja, wenn Nein ist". Dieses „Ja" und „Nein", diese Zustimmung und die Ablehnung, beides zu leben, das prägt mich.

Die Freiheit prägt mich, meine persönliche Freiheit. Der Anspruch, dazu beizutragen, dass wir wirklich ein ganz zukunftsfittes Bankunternehmen werden, prägt mich. Mir dabei selbst näherzukommen und auch die Balance zwischen meiner Familie und dem Beruf immer besser hinzubekommen, das alles prägt mich.

I. Schumacher:
Aufgrund welcher Kriterien und Ereignisse betrachten Sie Ihre Arbeit als erfolgreich?
G. Kraft-Kinz:
Mitarbeiter- und Kundenfeedback. Wir haben in Wien rund 260.000 Kunden. Wenn ein Kunde mich sprechen will, dann wird er das am selben Tag können. Ich weiß, wovon wir leben, von den Kunden. Nicht von großen Gebäuden oder Verwaltungen. Ich möchte von Kunden und von Mitarbeitern, aber natürlich auch vom Eigentümer und den Stakeholdern durchaus auch beurteilt werden. Der Managementexperte Reinhard Sprenger sagt das so schön: „Wer sich von der Tribüne abhängig macht, der macht sich abhängig." Am Ende gibt es ganz wenige Menschen, die meinen Erfolg bewerten können. Sicher am besten bewerten kann das meine Frau. Sie bewertet meinen Erfolg ganz anders, als ich ihn bewertet habe. Sie bewertet meine Work-Life-Balance. Da lerne ich gerade, dass Erfolg mehr ist als dieses: „Was willst du als nächstes erreichen?"

Dennoch möchte ich sagen, wenn ich das auch vor 15 Jahren gedacht hätte, wäre ich jetzt nicht mit Ihnen hier, dann würden Sie mich all das nicht fragen. Also, ich glaube, es braucht Zeit im Leben, um sich zu fokussieren. Wenn man glaubt, dass man damit glücklich wird. Für mich war es auch eine Flucht im Leben, um zu beweisen, was für mich möglich ist.

Ich stelle mir schon die Frage, wie viele Talente ich habe und wie ich diese Talente abrufen kann.

Menschen, die mich ganz sehen und nicht nur den Berufsmenschen, Menschen, von denen ich das Gefühl habe, die sehen mehr als nur diese eine Seite von mir, das sind die besten Beurteiler meines Erfolges. Weil sie mich ganzheitlich sehen. Ich möchte von Menschen beurteilt werden, die mich auch mögen. Ich möchte gerne wertgeschätzt, kritisiert und auch bestärkt werden. Das ist eine Frage des Umgangs. Man sollte nicht zynisch miteinander umgehen. Das ist leider im Management sehr üblich. Es gibt ein paar Regeln, die sehr wichtig sind, um überhaupt bewerten zu können. Zusammengezählt wird zum Schluss, das sagen wir in Wien. Ob ein Leben gelingt, ob eine Lebensgeschichte gelingt, hat viele Aspekte, nicht nur diesen beruflichen.

I. Schumacher:
Würden Sie sagen, dass wir uns zurzeit in einem Kulturwandel von Führung und Management befinden. Wenn ja, was aus der alten Kultur sollte bewahrt werden?

G. Kraft-Kinz:
Ich denke, dass wir uns in einem totalen Wandel befinden. Das hat mit dem Gendermoment zu tun. Wie wir beide bei Google Zeitgeist gehört haben, bricht das Zeitalter der Frau an. Männliche Manager müssen Elemente des weiblichen Führungsstils in ihre Tätigkeit einbauen. Es wird moderner werden, weibliche Elemente mit einzubinden ins Management. Ich glaube, wir müssen die Appelle über Bord werfen. Wir müssen viel mehr zuhören. Diese Einseitigkeit, von der Führungskraft zum Mitarbeiter, diese Eltern-Kinder-Ich-Kommunikation müssen wir überwinden. Das Unternehmen wird nicht vom Vorstand getragen, sondern von den Menschen, die mit den Kunden umgehen. Das ist der Motor des Erfolges einer kundenorientierten Firma. Darauf kommt es an. Mehr fragen, mehr zuhören. Sich nicht hinter dieser Rüstung der Unfehlbarkeit verstecken.

Aber das bedeutet auch, nicht jedes private Thema in die Firma zu tragen. Ich halte nichts von diesem: „Wir erzählen uns jetzt, wie es uns wirklich geht." Da bin ich anders geprägt. Ich hatte immer patriarchalische Chefs. Jetzt kommt diese Empathiewelle und wir hören einander nur noch zu, wir tauschen uns endlos aus und letztendlich trifft niemand eine Entscheidung. Ich glaube, wir brauchen beides. Es braucht die Entschlossenheit, es braucht dieses Patriarchat mit Macht und Güte. Wer Macht hat, kann etwas verändern. Er oder sie kann auch helfen. Daneben braucht es das weibliche Element, mehr Verständnis, mehr Ehrlichkeit. Diese Veränderung ist notwendig. Mehr fragen, mehr zuhören, aufmerksamer werden. Diese Veränderung ist im Gange.

Das ist auch eine riesige Chance für einen Dienstleistungsmarkt wie den europäischen. Diese Mischung aus Zuhören und Entscheiden.

I. Schumacher:
Was bewirkt bei Menschen eine Verhaltensveränderung?

G. Kraft-Kinz:
Die Erkenntnis zu mehr Erfolg. Die Erkenntnis zu mehr Wahrnehmung, zu mehr positiver Reflexion. Das ist mein Blick auf das Thema Mann/Frau im Management. Frauen, die sich wirklich als Frauen im Management darstellen und nicht in die Männerrolle gehen. Die Erkenntnis, damit auch erfolgreicher zu sein.

Ich glaube, das ist die stärkste Triebfeder, Verhalten zu verändern. Auch reicher zu werden, durch Lernen zu spüren, dass man sich weiterentwickelt. Also, ich bin ein anderer als vor zehn Jahren. Nicht nur durch Älterwerden, sondern durch Input. Ich habe von Frauen bei mir im Unternehmen das Zuhören gelernt. Und ich habe gelernt, zu fragen. Ich nehme mir bei jedem Managementmeeting vor, eine Frage zu stellen, von der ich die Antwort noch nicht weiß. Wenn man beginnt, Fragen zu stellen, trauen sich auch andere, zu fragen. Da ist das Management natürlich immer ein Vorbild.

Wenn der Chef sich traut zu fragen, dann kann ich mich das auch trauen. Dann reift die Erkenntnis, dass das erfolgreich machen kann. Das ist für viele die Triebfeder. Dann verändert sich der Umgang. Das Unternehmen wird stärker, wenn ich diese Wertschätzung spüre, dadurch, dass meine Meinung gefragt ist. So entsteht Veränderung. Aber es muss echtes Fragen sein. Das Management ist gespickt mit Pseudofragen, von denen alle die Antworten schon wissen. Diese Neugierde lebendig halten. Ich glaube, dass das viele amerikanische Unternehmen besser können.

I. Schumacher:

Letzte Frage. Angenommen Sie hätten 15 min weltweite Sendezeit und man würde Sie in allen Sprachen verstehen, was würden Sie jungen Führungskräften sagen?

G. Kraft-Kinz:

Ich würde keine 15 min brauchen, sondern drei. Ich würde sagen, es kann nicht genug Zuversicht geben. Und: Du bist frei!

5.3 Worum es hier geht

Es ist die Freude der positiven Erlebnisse. Das erfüllt mich. Georg Kraft-Kinz

Sich auf das Positive, auf das Gelungene fokussieren, dieser Aspekt wird mit dem vorangestellten Zitat deutlich gemacht. Ist das Glas halb voll oder ist es halb leer? Viele Menschen neigen dazu, sich auf die negativen Seiten des Lebens zu konzentrieren, und auch in ihrem eigenen Handeln sind sie darauf geprägt, sich selbst möglichst kritisch zu betrachten. Jedes Ding hat zwei Seiten und auch bei dem, was man tut, gibt es sowohl positive als auch negative Aspekte. Sich stärker auf die weniger gelungenen Ergebnisse des eigenen Tuns zu konzentrieren kann zur sogenannten „Selffulfilling Prophecy" führen. Entsprechend sieht es aus, wenn man sich auf die gelungenen eigenen Taten fokussiert. Wenn man Erfolg im Sinne von gelungenen eigenen Aktivitäten anstrebt, so ist es förderlich, sich mit bereits erzielten Erfolgen zu beschäftigen und die jeweils positiven Elemente des eigenen Tuns zu reflektieren.

Positives Denken ist heute modern geworden und wird propagiert. Positives Denken ist aber nicht ausreichend, wenn es darum geht, etwas zu erreichen. Die Philosophie unserer Zeit lautet: „Wenn du nur willst und dein Bestes gibst, dann kannst du alles erreichen!" Eine verführerische Illusion. In jeder TV-Castingshow wird diese Philosophie bemüht, dabei weiß jeder, dass nur einer gewinnen kann. All diejenigen, die nicht Sieger werden, müssen sich anschließend mit dem Gefühl, versagt zu haben, auseinandersetzen, da sie es nicht genug gewollt und deshalb nicht alles gegeben haben. Etwas zu wollen und alles zu geben, das genügt nicht, denn es lässt etwas außer Acht – verfügt die Person über die notwendige Fähigkeit, das Ziel zu erreichen. In einer Gesangsshow gehören das Talent des Gesangs sowie eine gute Singstimme unabdingbar dazu. Es nur zu wollen und sich anzustrengen, das gleicht den Mangel an Talent nicht aus. Positives Denken alleine ist also nicht ausreichend, wenn es darum geht, etwas zu erreichen.

Das Prinzip der Selbstwirksamkeit beruht auf gemachten Erfahrungen und Beobachtungen in Zusammenhang mit dem eigenen Tun. Es geht darum, die eigenen Talente und Fähigkeiten realistisch einzuschätzen, einzusetzen, auszuprobieren und eine Erfahrung zu machen. Dies ist ein ungeheuer wichtiger Gedanke. Nicht die Umstände, der Zufall oder das viel zitierte Glück bestimmen über den Erfolg, sondern die eigene internale Kontrollüberzeugung, die sich mit jeder gemachten positiven Erfahrung ausbildet. Je häufiger ein Mensch die Erfahrung macht, dass er erfolgreich selbst Einfluss nimmt auf die jeweilige Situation, desto stärker wird sein Glaube an sich und seine Fähigkeiten werden.

Positives Denken entbehrt der Erfahrung und ist häufig nichts anderes als „heiße Luft". Das Prinzip der Selbstwirksamkeit geht weit darüber hinaus und beinhaltet im Idealfall die Selbstreflexion. Diese Selbstreflexion macht der jeweiligen Person erst deutlich, was sie selbst imstande ist zu leisten.

Warum ist das so wichtig? Jede Art von Anreizsystem wird mit diesem Konzept ad absurdum geführt. Die großartige Aussage dieser Theorie ist ja, wenn du ein Ziel hast und es erreichen willst, dann liegt es in und an dir selbst, es zu erreichen. Du brauchst nur dich selbst und deine Fähigkeiten. Eine andere Art der Belohnung als die Zielerreichung aus eigener Kraft braucht es nicht, denn dieses Gefühl macht glücklich. Es schafft intrinsische Motivation.

Ein Beispiel, wie wir schon Kinder von der intrinsischen Motivation fortführen: Ein Kind erhält von den Eltern eine Belohnung für eine gute Note in der Schularbeit. Mit solchen Handlungen zerstören wir die Lust am Lernen und am eigenen Erfolg. Das Kind lernt, auf das „falsche" Ziel zuzugehen. Dieses Verhalten setzt sich im Berufsleben fort. Wir wollen und brauchen Mitarbeiter, die das große Ganze sehen, daran mitarbeiten und es entwickeln. Durch Anreizsysteme wird der Blick weg vom großen Ziel auf die vielen kleinen Ziele der externen Belohnung gelenkt.

In der heutigen komplexen Welt mit ihren steigenden Anforderungen erkranken zunehmend Menschen, weil sie sich als machtlos und ausgeliefert empfinden. Was kann man diesen mannigfaltigen Problemen schon entgegenhalten? Auch in diesem Zusammenhang ist das Prinzip der Selbstwirksamkeit von Bedeutung. Wenn Menschen verstehen, dass sie durchaus dazu imstande sind, ihr eigenes Schicksal zu beeinflussen, dann schaffen sie für sich eine Widerstandskraft, die als Resilienz bezeichnet wird. Resilienz bezeichnet eine psychische Widerstandskraft, die gesunderhaltend wirkt. Einer der wesentlichen Einflussfaktoren bei der Entstehung von Resilienz ist die emotionale Intelligenz. Emotionale Kompetenz umfasst vier Kompetenzbereiche:

- Selbstwahrnehmung (Self Awareness): Wahrnehmen und Verstehen der eigenen Gefühle
- Selbstmanagement: Kontrolle der eigenen Gefühle und Handlungen
- Empathie (Social Awareness): Wahrnehmen und Verstehen der Gefühle anderer
- Beziehungsmanagement (Relationship Management): Verstehen und Gestalten zwischenmenschlicher Beziehungen

Emotionale Intelligenz ist die „andere" Seite der Intelligenz, sie bildet die notwendige Erweiterung des klassischen westlichen Intelligenzbegriffs, wonach Intelligenz analytisch-logisches Denken und verbale Fähigkeiten umfasst.

Das Wissen um die eigene Kompetenz, die Fokussierung auf ein Ziel und die damit verbundene Handlungsstrategie befähigen Menschen dazu, Lösungen zu finden. Im Reinen mit sich und anderen zu sein, gelingende Beziehungen im privaten wie beruflichen Leben zu leben, dies hält Menschen gesund. Menschen sind nicht hilflos ihrem Geschick ausgeliefert, jeder kann eigenverantwortlich zum Gelingen seines Lebens beitragen.

Das Prinzip der Selbstwirksamkeit ist somit eines der wichtigsten unserer Zeit und sollte in den Fokus jeder Führungskraft gerückt werden.

5.4   Was hat das mit mir zu tun?

Selbstwirksamkeit ist trainierbar, sie basiert auf Erfahrung, Beobachtung und Selbstreflexion.
Als Führungskraft sind Sie täglich mit Situationen konfrontiert, in denen Sie Entscheidungen treffen müssen. Häufig haben Sie nicht die Zeit, um die eigentlich notwendige Analyse voranzustellen. Sie müssen im Hier und Jetzt entscheiden. Dazu braucht es Mut. Mut, tatsächlich die Richtung vorzugeben. Mut, voranzugehen. Mut, im Nachhinein auch zu der falschen Entscheidung zu stehen und die

Verantwortung zu übernehmen. Mut, eine andere Perspektive einzunehmen, den Status quo infrage zu stellen, unpopuläre Entscheidungen zu treffen. Mut dazu, nicht geliebt zu werden. All dies sind Fakten eines Führungslebens. Wenn alles gut läuft, ist es nicht schwer, in der Führungsrolle zu sein. Aber es läuft nicht immer gut, und Führung ist genau dann in der Verantwortung, wenn die Situationen schwierig sind, dafür werden Sie eingestellt und bezahlt.

Sie sind in der Führungsrolle nicht nur für den Erfolg in Zahlen und die notwendige Strategie zur Zielerreichung verantwortlich. Sie stehen in Beziehung zu einer Vielzahl von Menschen, Ihren Mitarbeitern, Kollegen, Vorgesetzten, Geschäftspartnern und Kunden. Mit all diesen Menschen pflegen Sie Beziehungen und für diese Beziehungen sind Sie ebenfalls verantwortlich.

Wie viel Zeit haben Sie in Ihrem bisherigen Führungsleben investiert, um an Ihrer emotionalen Intelligenz und somit am guten Gelingen Ihrer Beziehungen zu arbeiten? Würde es sich nicht lohnen, die eigene Selbstwirksamkeit und Resilienz aktiv zu entwickeln?

Jeder Einzelne von uns hat sowohl im Berufsleben als auch im Privatleben immer größere Herausforderungen zu bestehen. Wir leben in einer leistungsorientierten, individualisierten Gesellschaft, in der es immer schwieriger wird, den Überblick zu behalten.

Hilfe von außen bekommen wir kaum. Es gilt das Prinzip der Eigenverantwortung. Freiheit ist der Wert, der in unserer Kultur am höchsten angesehen ist.

Freiheit und Verantwortung gehen Hand in Hand miteinander. Ein Fakt, der allzu gerne übersehen wird. Wenn es gelingt, die persönliche Freiheit eigenverantwortlich zu gestalten, dann kann man von einem gelingenden Leben sprechen.

Jedes Mal, wenn wir eine Entscheidung treffen und eine Herausforderung bestehen, dann können wir dieses Erlebnis als Erfolg in unser persönliches Repertoire aufnehmen. Diese positiven Erlebnisse bilden mit der Zeit die Basis für unsere Selbstwirksamkeitserwartung. Wir können an dieser Basis aktiv arbeiten, indem wir uns auf die positiven Erfahrungen fokussieren und lernen, die negativen mit einer geänderten inneren Einstellung zu betrachten.

5.5 Coachingfrage zum Thema „Selbstwirksamkeit"

Wie stark ist meine Selbstwirksamkeitserwartung und wie kann ich sie trainieren?

Es gilt zu lernen, dass das Glas halb voll und nicht halb leer ist. Wenn Sie jetzt überlegen, ob Sie über eine gut entwickelte Selbstwirksamkeit verfügen und dabei zu dem Schluss kommen, dass Sie die Tendenz haben, sich eher auf die Risiken

Ihres Tuns als auf das Gelingen zu fokussieren, dann können Sie mit dem folgenden Coachingtool daran arbeiten.

Um Ihre Selbstwirksamkeitserwartung zu ermitteln, müssen Sie sich reflektiv mit sich und Ihrem Leben beschäftigen, das heißt, Sie leisten Biografiearbeit. Nehmen Sie sich ausreichend Zeit und ziehen Sie sich zurück. Es ist wichtig, für diese Übung zur Ruhe zu kommen. Lassen Sie nun Ihr bisheriges Leben Revue passieren. Schauen Sie auf Ihr Leben und finden Sie heraus, welche Erlebnisse und Stationen es gab und welche davon für Sie besonders wichtig und prägend waren. Notieren Sie sich diese Erlebnisse.

5.6 Coachingtool zur Ermittlung der eigenen Selbstwirksamkeit: Biografiearbeit

Nehmen Sie nun einen großen Bogen Papier – am besten einen Bogen Flipchartpapier – und versuchen Sie, zu den notierten Erlebnissen Bilder zu malen. Es geht darum, Ihren Lebenslauf zu visualisieren. Die Qualität der Bilder, das heißt Ihre zeichnerische Kompetenz, ist hier nicht von Bedeutung. Wichtig ist aber, dass Sie Bilder erstellen und keine Diagramme oder Tabellen. Warum ist das so wichtig? Mit Bildern kommen wir direkter an unsere Emotionen als mit Worten. Überlegen Sie einmal, wie Sie denken oder träumen. In Worten oder in Bildern?

Betrachten Sie Ihr entstandenes „Lebensplakat" und spüren Sie den früheren Erlebnissen nach. Was haben Sie in bestimmten Situationen gedacht, gefühlt, wie haben Sie gehandelt? Wohin haben Ihre Handlungen Sie geführt? Wie haben Sie Krisen überwunden? Was haben Sie aus diesen krisenhaften Phasen gelernt und mitgenommen? Wie sahen Ihre glücklichen Momente aus? Wie wirken diese in Ihnen nach?

Wenn Sie diese Fragen für sich beantworten, werden Sie eventuell zu Ihrem Lebensmuster gelangen. Sie stellen dann fest, dass die Dinge sich ganz selbstverständlich zusammenfügen. Sie werden feststellen, dass Sie in Ihrem Leben der Gestalter waren und sind. All das, was Sie auf Ihrem Plakat sehen, sind Sie selbst und die Stationen, die Sie durchlaufen haben. Sie haben das gelebt und gemeistert. Sie waren kein Spielball des Schicksals. Sie sind selbstwirksam! Präsentieren Sie Ihr „Lebensplakat" Ihrem Partner, Ihrer Familie oder dem besten Freund und lernen Sie durch die Präsentation noch besser zu verstehen, wer Sie sind. Beantworten Sie eventuelle Fragen, die man an Sie richten wird. Eine weitere Möglichkeit ist es, diese Übung mit einem nahestehenden Menschen gemeinsam durchzuführen. Jeder erstellt dann ein Plakat und Sie zeigen und erläutern sich gegenseitig Ihr jeweiliges Bild.

Teil II
Teams zum Erfolg Führen

Selbstmotiviertheit und der Einfluss aufs Team

6

Berit Börke, zum Zeitpunkt des Interviews
Geschäftsführerin Vertrieb der TFG Transfracht

Inhaltsverzeichnis

Zusammenfassung

In diesem Kapitel erfahren Sie, wie Sie sich und Ihr Team noch erfolgreicher machen können. Für viele Manager sind die Herausforderungen des ganz normalen Tagesgeschäftes mittlerweile so groß, ist der Arbeitsrhythmus so eng getaktet, dass diese Dichte und die Fülle der Tätigkeiten leicht verwechselt werden könnten mit der Antwort auf die Frage nach der Motivation. *Ich arbeite doch, und zwar viel. Also bin ich offenbar motiviert.* Allerdings übernehmen oft Dynamiken unser Verhalten, die wir gar nicht bewusst reflektieren, und möglicherweise sind daher auch unsere Schlüsse falsch. Insofern ist es sinnvoll, kurz innezuhalten und der Frage nachzugehen, was Motiviertheit ist, wie sie zustande kommt und welche Bedeutung dieses Thema für Führungskräfte und Mitarbeiter hat.

© Springer Fachmedien Wiesbaden 2015
B. Kaschek, I. Schumacher, *Führungspersönlichkeiten und ihre Erfolgsgeheimnisse*,
DOI 10.1007/978-3-658-04434-3_6

6.1   Vita

Berit Börke verfügt mittlerweile über 20 Jahre Erfahrung in der Logistikbranche und im Vertriebsmanagement.

Seit 2004 hat sie verschiedene Führungspositionen bei der TFG Transfracht, dem deutschen Marktführer in der Seehafenhinterlandlogistik, inne. Die TFG Transfracht ist ein 100-prozentiges Tochterunternehmen der DB Mobility Logistics. Berit Börke ist heute dort Geschäftsführerin Vertrieb.

Sie wurde im März 1970 in Crivitz (Mecklenburg) geboren und ist in Schwerin aufgewachsen. Sie war aktive Leichtathletin und hält sich heute durch Laufen und Rennradfahren fit. Ihr beruflicher Werdegang begann in der Gastronomie und im Hotelmanagement. Dann folgte ein Studium der Wirtschaftswissenschaft mit einem Abschluss als Diplom-Ökonomin.

6.2   Interview

B. Kaschek:
Welche ist die zentrale Frage in Ihrem Dasein als Managerin?
B. Börke:
Die Daseinsfrage. Was bin ich – Tochter, Frau, Freundin, Schwester, Kollegin, Managerin… Man hat nun einmal ganz unterschiedliche Rollen, die alle irgendwie unter einen Hut sollen.

Ich hatte immer Ideen und Vorstellungen zu meinem beruflichen Weg, habe aber nie einen konkreten Plan verfolgt. Ursprünglich hatte ich eine Karriere im Hotelmanagement vor. Dafür gab es gute Gründe. „Aber je mehr du planst, desto wirksamer trifft dich der Zufall." So oder ähnlich geht ein Zitat von Friedrich Dürrenmatt. Mich beruhigt diese Erkenntnis sehr. Und tatsächlich ist dann auch nichts aus dem Aufstieg in der Hotellerie geworden. Immerhin halte ich mich heute viel in Hotels auf und eigne mich wohl bestens als Tester.

Trotzdem waren diese ersten Erfahrungen in der Profiküche für mich wichtig. Ich habe da eine sehr konkrete Vorstellung davon erhalten, was es heißt, Abläufe zu beherrschen. Vor über 25 Jahren hat kaum einer von Logistik gesprochen, und ich wusste nicht, dass genau diese Disziplin mal mein Metier sein wird. Meine Welt als Managerin dreht sich um arbeitsteilige Prozesse, Lieferketten, Container, Zugsysteme. Seeverkehr verbindet die Welt. Wir lieben und leben die Vielfalt. Doch kein Global Sourcing, kein Global Selling ohne die Logistiker, die „Helden der Bewegung". Gemeinsam mit meinen Kollegen und Mitarbeitern trage ich dazu bei, dass die wichtige Hinterlandlogistik der Seehäfen funktioniert. Zentral ist dabei die Frage: Wie können wir die Systemstärke der Bahn, die prädestiniert ist dafür, große Mengen auf langen Distanzen zu bewegen, erfolgreich nutzen? Und damit unmittelbar verbunden: Wie gelingt es uns, die Marktführerschaft in Europa auszubauen und ein flächendeckendes Netzwerk in einem Commodity-Markt profitabel zu betreiben? Das sind große Herausforderungen.

B. Kaschek:

Welche Leader/Manager betrachten Sie als Ihr Vorbild? Was macht einen guten Leader für Sie eigentlich aus?

B. Börke:

Ich habe keine Vorbilder im klassischen Sinne. Die Frage nach meiner Lieblingsjeansmarke und was eine gute Jeans ausmacht, könnte ich ganz sicher schneller und präziser beantworten. Ich mag Menschen mit Mut, Klugheit und Charisma. Unabhängig davon, ob sie aus Wirtschaft, Politik oder Kultur kommen.

Zufällig – und in Verbindung mit einem guten Glas Wein – bin ich vor einigen Jahren auf eine faszinierende Unternehmerin des 19. Jahrhunderts aufmerksam geworden: Barbe-Nicole Clicquot-Ponsardin (1777–1866)[1]. Die Kombination aus spezifischer Vermarktungsstrategie, Innovation (*Rütteln und Degorgieren*) sowie dem richtigen Gespür, welche Wertschöpfung man selbst in der Hand haben sollte (*unter anderem eine Bank und die Weinberge*), hat sie erfolgreich gemacht. Dafür war neben dem ausgeprägten Geschäftssinn sicher eine enorme Durchsetzungskraft notwendig. Man sagt ihr aber auch nach, dass es die konsequente Weigerung war, gefallen zu wollen, die sie auszeichnete. Nicht gefallen zu wollen, das steht nicht jeder durch, würde aber vielen und vielem guttun. Mir gelingt es auch nicht immer. In dem Zusammenhang habe ich auch den Eindruck, dass uns eine gute Streitkultur heute vielfach fehlt. Die Leute wollen vielleicht zu sehr gefallen und wissen nicht, wie sie sich konstruktiv und um die Sache mit anderen auseinandersetzen können.

---

[1] 1772 gründete Philippe Clicquot einen Weinhandel unter der Marke Clicquot. 1805 starb François Clicquot, der Sohn des Unternehmensgründers. Seine 27-jährige Witwe (französisch: Veuve) Barbe-Nicole Clicquot-Ponsardin (1777–1866) übernahm daraufhin das Geschäft ihres verstorbenen Gatten. Der Champagner des Hauses Clicquot ist bis heute berühmt.

Ein Unternehmer von heute, der aus meiner Sicht heraussticht und sicher auch polarisiert, ist Elon Musk.[2] Er holte mit Tesla das Elektroauto aus der Nische. Mit ungeheurem Gestaltungsdrang und einer einzigartigen Fokussierung auf die Belange der Kunden besitzt er augenscheinlich die Fähigkeit, gleich ganze Märkte umzukrempeln. Es gelang ihm, auch Stakeholdern zu vermitteln, dass man lieber auf Einnahmen verzichtet, anstatt ein Produkt – den Tesla X – auf den Markt zu schicken, das die Kunden nicht begeistern wird. Das bedeutet für mich, in hohem Maße furchtlos zu sein.

In der heutigen Welt, in der sich alles immer schneller dreht, die richtige Abwägung zwischen kurzfristigen und langfristigen Zielen vorzunehmen, Konsequenzen zu überschauen und notwendige Entscheidungen schnell zu treffen, das sind unabdingbare Führungsfähigkeiten. Gute Leader halten dem hohen Druck stand, sie gehen Risiken ein und strahlen Ruhe aus. Sie denken nicht nur strategisch, sondern überzeugen täglich auch mit ihren operativen Fähigkeiten. Sie haben keine Angst vor ernüchternden Erkenntnissen und punkten mit Substanz, Inhalt und Leistung. Und, sie sind integer.

B. Kaschek:
Was motiviert Sie, was demotiviert Sie bei Ihren Führungsaufgaben?
B. Börke:
Ich kenne das Gefühl eigentlich nicht, demotiviert zu sein. Überzeugt zu sein, an der richtigen Sache zu arbeiten, Erfolg zu haben – das motiviert mich. Das ist aber nicht immer so einfach. Was motiviert, wenn der durchschlagende Erfolg ausbleibt, Sanierungsaufgaben anstehen, die Perspektive nicht gesichert ist? Dann muss man für sich und die anderen wenigstens kleine Erfolge sichtbar machen. Das wird oft vergessen und bedarf manchmal echter Kreativität.

Mir gefällt es sehr, wenn ich mit Ideen ein bisschen „zündeln" kann und der Funke auf andere überspringt. Aber auch ich lasse mich gerne anstecken von Abenteuerlust. Und es muss ja nicht immer – im übertragenen Sinn – gleich die Weltreise sein. Auch der Wochenendausflug kann wirken. Es freut mich, wenn z. B. Key-Account-Manager mit oder ohne Termin in mein Büro kommen oder mich in ihrem Büro festhalten und mich als Sparringspartner nutzen: eine Idee für eine neue Angebotsvariante, eine Strategie für das nächste Kundenmeeting durchspielen wollen, aber auch mal ihr Leid klagen, wenn es nicht geklappt hat und auch gestandene Vertriebsmanager mal Trost und wir gemeinsam dann mindestens einen Plan B benötigen. Vertrauen in die eigene Expertise, aber auch als Kollege und Mensch zu erfahren, das motiviert mich.

Aber es gibt sie, die Momente, wo auch ich dünnhäutig werde und es mir schwerfällt, gelassen zu bleiben. Zum Beispiel, wenn für gewisse Probleme immer

---

[2] Elon Musk (* 28. Juni 1971 in Pretoria, Südafrika) ist ein US-amerikanischer Unternehmer.

die gleichen, nicht greifenden Lösungen propagiert werden. Oder wenn zu viele Leute mitreden wollen oder müssen, Diskussionen sich hinziehen und die Zeit, die dafür verbraucht wird, vom Marktgeschehen eigentlich nicht vorgesehen ist. Umwege mögen die Ortskenntnis erhöhen. Aber so oft schreit alles nach Abkürzung. Am besten einmal quer über den Rasen laufen, wohl wissend, dass man vielleicht nicht unbeschadet rüberkommt, weil irgendwo der Rasensprenger versteckt ist. In solchen Momenten aber die Verbündeten zu erkennen, das macht stark. Für mich bringt Sophie Holthusen[3] in zwei Zeilen einen wichtigen Zusammenhang auf den Punkt: „Ob man umfällt oder nicht umfällt – liegt auch am Umfeld."

Und das liegt auch an einem selbst, was man in seinem Umfeld für Bedingungen schafft. In frustrierenden Situationen, scheinbar ausweglosen Lagen – Distanz schaffen, Freiräume erobern und sich Kraftspendern bewusst sein! Und wenn zwischendurch mal zu viele freie Radikale in die Blutbahn gelangt sind, dann hilft gute Musik immer, aktuell bei mir The Kooks mit „Hold on".

B. Kaschek:

Für welche Ihrer Aufgaben im Management/bei der Führung haben Sie eine echte Leidenschaft entwickelt?

B. Börke:

Zunächst mal ist da die Leidenschaft für den Beruf und das Business. Ohne die geht es gar nicht, dafür ist heute viel zu viel Einsatz gefordert. Zeit für Hobbys gibt es ja kaum. Ich bin die letzten Jahre in einem Umfeld unterwegs, wo am Markt verlorenes Terrain unter schwierigsten Bedingungen zurückgewonnen werden muss und Veränderungsprozesse mit Richtungswechseln sich teilweise länger als vorgesehen hingezogen haben. Das erfordert Geduld. Ich habe durch solche Phasen erfahren, dass dies eine Stärke sein kann, die mir zunehmend gefällt und in der Wahrnehmung meiner Aufgaben hilft. Ich bin ja geprägt durch den Sport. Ich war und bin Allrounder und im Ausdauersport liegt meine Stärke. Nochmal Gas geben zu können, immer dann, wenn es „eng" wird, Kraftreserven bei anderen zu aktivieren, mentale Stärke auszuspielen und zu erleben, dass das Team mitzieht und sich durchsetzt, das macht gemeinsam stark.

Ich habe dabei immer noch eine Szene aus früheren Jahren vor Augen. Vor dem Start zu einem der vielen Crossläufe, an denen ich in jungen Jahren teilgenommen habe, bläute uns der Vater einer Freundin ein: „Überholt am Berg, nicht auf der flachen Strecke. Das ist effektiver." Er hatte recht –wenn auch nicht immer die Kraft ausreichte.

Talentierten und ambitionierten jungen Menschen den Wert von Logistik und Vertrieb zu verdeutlichen, dafür setze ich mich besonders gerne ein. Ich weiß nicht, was an den Unis oder Hochschulen vielerorts schiefläuft. Der Vertrieb hat keine

---

[3] Hamburger Autorin.

oder eine zu kleine Lobby. Praktikanten, Absolventen oder Trainees – so viele von ihnen wollen ins Marketing oder Product Management. Ihnen die Augen zu öffnen für die Schifffahrt und die Box, die die Welt erobert hat, für Logistik mit der Bahn, Ihnen zu vermitteln, dass Vertriebsmanagement ein herausforderndes und spannendes Berufsbild mit vielfältigen Perspektiven ist – das macht mir Spaß.

B. Kaschek:
Welche Schwierigkeiten und Hindernisse haben Sie bei Ihrer Aufgabe zu überwinden (persönliche oder durch den Kontext kreierte)?

B. Börke:
Dafür eignet sich zum Beispiel ein Blick ins Branchenumfeld: Intermodale Logistik hat Potenzial. Diese Chancen kann heute aber nur nutzen, wer in hohem Maße mit Komplexität umgehen kann. Der Trend zu Megacarriern, also Schiffen mit einer Kapazität von 18.000 TEU und mehr, verstärkt in unserem Geschäft die Herausforderungen. Er hat deutliche Auswirkungen auf die Infra- und Suprastruktur sowie die Prozesse von Terminals und Hinterlandverkehren. Während Zuverlässigkeit und Stabilität gefragt sind, nimmt die Planbarkeit bei allen Beteiligten der Kette ab und die Notwendigkeit flexibler Steuerung nimmt zu. Das erfordert auch ein viel engeres Zusammenspiel z. B. zwischen Kaibetrieben, Reedern, Spediteuren, Operateuren, Verladern und Terminalbetreibern im Inland. Als einer dieser Player hat man immer nur mittelbaren Einfluss auf das Gesamtgefüge.

Komplexität managen ist auch ein Stichwort für den Blick nach innen: Kundennähe sicherzustellen, dafür eignet sich die Matrixorganisation. Sie steht dafür, Ergebnisverantwortung dort zu verankern, wo die Geschäfte gemacht werden. Sie ist aber anspruchsvoll in der Führung und bewirkt einen Diskussionsbedarf, der gewollt ist, den man aber auch beherrschen muss. Ja, und dann hat der Tag immer noch 24 h und die Woche sieben Tage. Die Zeit reicht nie. Und wenn man, wie ich, sehr viel unterwegs ist, dann finden wichtige Gespräche oft auf dem Weg zwischen Gate und Taxi statt. Das ist ganz bestimmt nicht qualitätsfördernd.

Und persönlich: Das Leben ist einfacher und komplizierter zugleich geworden. Zwei Menschen, zwei Berufe, zwei Manager, drei Standorte. Da geht es dann definitiv nicht ohne Planung; das Private muss auch geplant sein, sonst kommt es definitiv zu kurz.

B. Kaschek:
Was betrachten Sie, in Ihrer Funktion als Managerin und Führungskraft, als Ihre zentrale Aufgabe?

B. Börke:
Für mich ist es zentral, eine gewisse Kundenorientierung im gesamten Unternehmen als Grundhaltung zu verankern und das Handeln aller danach auszurichten. Das klingt generisch, ist aber elementar. Sich als Dienstleister mit dem Kunden weiterzuentwickeln, Know-how als Wettbewerbsfaktor auszubauen, das Kosten- und Margenbewusstsein bei allen Mitarbeitern zu schärfen, das treibe ich voran.

Dazu gehört es, ein Team zu formen, das am Markt besteht und sich auch unter widrigen Bedingungen und unter Druck durchsetzen kann. Die Wahrnehmung dieser Aufgabe funktioniert nur über eine wirkungsvolle Kommunikation nach innen und außen. Dieser Part ist aus meiner Sicht gerade in großen Unternehmen zunehmend erfolgsentscheidend.

Ich habe neulich gelesen, *Frauen in männerdominierten Unternehmenskulturen seien personifizierte Störfaktoren*. Dieses Bild hat mir gefallen. Ich meine aber, unabhängig vom Geschlecht müssen Manager eine Kultur prägen, die lebendige Debatten fördert und Fehler zulässt. Immer alle wach halten und höllisch aufpassen, dass man sich nicht zu viel mit sich selbst beschäftigt!

B. Kaschek:
Welche Aspekte beim Führen von Menschen mussten Sie sich erarbeiten? Wie haben Sie das gemacht?

B. Börke:
Ich fordere viel. Von mir und von anderen. Dass man seine hohen Ansprüche nicht auf jeden übertragen bzw. erfüllt sehen und dennoch erfolgreich sein kann, das musste ich erst begreifen. Nicht nur jeden Einzelnen zu betrachten, sondern die jeweiligen Stärken zu erkennen und die richtige Mannschaft für das Spiel aufzustellen, das muss man können. Wie realisiert man das? Ich habe Fehler gemacht, es gemerkt und beim nächsten Mal anders agiert. Dabei muss man sich bewusst sein, dass man selbst – die eigenen Führungsqualitäten – permanent in Verbindung mit der „Performance" der Mitarbeiter gebracht wird. Wenn die „Directs" selbst Führungskräfte sind, entwickeln sich Schwächen schneller als man denkt zur offenen Flanke für einen selbst. Nervös darf man dann nicht werden, vielmehr sollte man sich dann wieder auf seine eigenen Stärken besinnen und diese einsetzen.

B. Kaschek:
Welche waren und sind die treibenden Kräfte für Sie als Managerin und als Person?

B. Börke:
„Gib immer dein Bestes. Mehr kannst du nicht. Weniger darfst du nicht." Dieser Satz stammt von dem Schauspieler Laurence Olivier und passt, denke ich, ganz gut zu mir. Ich verfüge wohl über einen angeborenen sportlichen Ehrgeiz. Ich möchte exzellente Arbeit leisten, das steckt irgendwie drin in mir. Zufriedene Kunden sind mein Maßstab und Anerkennung spornt mich an. Erkennbare Fortschritte in schwierigen Projekten aktivieren meine Energiereserven. Ich weiß aber auch meine freie Zeit zu schätzen und sehr zu genießen. Ich sehe Niederlagen (meistens) sportlich. Hingefallen, schauen, was passiert ist, aufstehen, weitermachen. Nächster Versuch. Ich denke, das ist in hohem Maße eine charakterliche Prägung. Meine Eltern haben mir früh den Wert von Unabhängigkeit und Selbstständigkeit beigebracht. Entscheidungen muss man treffen, die werden einem nicht abgenommen. Aber Hilfestellung gibt es. Es mag profan anmuten, aber für mich ist er bis heute

ein Kompass, ein Satz meines Vaters, als ich im Teeniealter war: „Habe immer
genug Geld dabei, um mit dem Taxi jederzeit, also wenn du es willst, nach Hause
zu kommen..." Und das gilt im übertragenen Sinne auch für meine Arbeit und wie
ich sie sehe.

B. Kaschek:
Welche Gefühle und Stimmungen prägen Ihren gegenwärtigen Arbeitsall-
tag?

B. Börke:
Auf jeden Fall lässt mein gegenwärtiger Arbeitsalltag nicht zu, dass vorweih-
nachtliche Stimmung aufkommt. Ich bedauere das jedes Jahr aufs Neue. Die Monate November, Dezember bedeuten für uns alle immer eine besonders hohe Be-
lastung. Denn in diesen Wochen werden in unserem Geschäft die Weichen für das
kommende Jahr gestellt. Tender, E-Auktionen, Verhandlungen. Aktuell freue ich
mich über eine Reihe positiver Abschlüsse. Das stimmt zuversichtlich, die ambitionierten Ziele des nächsten Jahres erreichen zu können. Mit etwas Sorge blicken
wir dennoch auf den Abschwung der Konjunktur sowie politische Entwicklungen,
die die Handelsbeziehungen unmittelbar beeinflussen und sich auf unsere Arbeit
negativ auswirken. Dazu zählt z. B. das Russland-Embargo. Mit Unverständnis beobachten wir auf einem Ländermarkt, wie die Preisspirale sich weiter nach unten
dreht, und dies trotz Erhöhungen relevanter Faktorkosten, die durch Produktivi-
tätsgewinne längst nicht mehr kompensiert werden können.

B. Kaschek:
Aufgrund welcher Kriterien und Ergebnisse betrachten Sie Ihre Arbeit als
erfolgreich oder nicht?

B. Börke:
Wir wünschen uns immer „TEU, TEU, TEU!"[4] Alles dreht sich darum, Mengen
in unsere „Asset-lastigen" Systeme zu bekommen, die Auslastung unserer Züge zu
erhöhen sowie produktive Umläufe in den Zustellungen, also auf der sogenannten
„letzten Meile" zu erreichen. Zahlungsbereitschaften bei gegebenem (niedrigen)
Marktpreisniveau zu erkennen und abzuschöpfen, ist elementar wichtig. Was jedoch unterm Strich zählt, ist das EBIT, damit ist unsere Zukunftsfähigkeit verknüpft. Dennoch ist es eine Mischung aus verschiedenen Faktoren, die Indiz dafür
sind, ob wir erfolgreich agieren oder nicht. Einige Beispiele:

• wenn die aktuelle Kundenzufriedenheitsanalyse verbesserte Werte zeigt;
• wenn Marktanteile stabilisiert oder zurückgewonnen werden und die Position
  als Marktführer ausgebaut werden kann;
• wenn Kunden uns "Partner" und nicht „Vendor" oder „Lieferant" nennen;

---

[4] Twenty Foot Equivalent Unit=20-Fuß-Container.

- wenn Konflikte zwischen Arbeitnehmervertretern und Arbeitgebern einvernehmlich gelöst wurden;
- wenn im täglichen Lagebericht der Netzwerksteuerung „keine erkennbaren Unregelmäßigkeiten" steht;
- wenn die Pünktlichkeitsstatistik grüne Ampeln ausweist;
- wenn Mitarbeiter morgens gern ins Büro fahren, zusammen gelacht wird und sich Verkäufer, Disponenten und Controller gemeinsam über einen Accountgewinn freuen;
- wenn es in Meetings lebendig zugeht;
- wenn Zentrale und Region an einem Strang ziehen;
- wenn die Anzahl täglich eingehender interner E-Mails kontinuierlich sinkt.

Und dann stimmen in der Regel auch die Ergebnisse.

B. Kaschek:

Was bewirkt Ihrer Erfahrung nach eine Verhaltensänderung bei den Menschen?

B. Börke:

Verhalten ist durch Charakter geprägt. Deshalb sind es meines Erachtens nicht nur Argumente, mit denen man überzeugen muss und die das aus eigener Sicht richtige Handeln bewirken. Um Veränderungen zu erreichen, muss man dem anderen immer auf Augenhöhe begegnen, egal ob ich beim Kunden sitze, mit Mitarbeitern, Kollegen oder Partnern spreche. Um Verhaltensänderungen auszulösen, geht es meist nicht ohne Emotionen. Ich denke, man muss ein bisschen auch „Menschenfänger" sein. Im positiven Sinne muss ich mit strahlendem Lächeln Begeisterung auslösen, im negativen Sinn: Konsequenzen aufzeigen und ergreifen. Gelbe und rote Karten sind sachlich zu erläutern, aber es hilft, wenn der andere im wahrsten Sinne des Wortes spürt, was in der Luft liegt. Das heißt, Betroffenheit und Unverständnis auch mal zu zeigen. Angeblich wird es bei mir immer ernst, wenn ich die Augen leicht zusammenkneife.

Emotionen bewusst zeigen, aber nicht manipulativ sein – darauf kommt es an. Denn sonst ist die Enttäuschung vorprogrammiert. Oft entschuldigt man sich, dass man emotional sei. Das ist meines Erachtens nach falsch, solange man nicht unkontrolliert auftritt. Denn Emotionen zeigen doch auch, wie stark man Interesse an einer Sache hat, wie stark man sich dafür einsetzt, mit welchem persönlichen Engagement man involviert ist. Da reichen nüchterne Daten, Fakten, Zahlen allein nicht immer.

Dass einem Menschen folgen in dem, was man tut, gemeinsam vorhat, ist auch in hohem Maße eine Frage der eigenen Glaubwürdigkeit und Authentizität. Genießt man den Ruf der geistigen Unabhängigkeit, geht manches leichter. Sich vor Mitarbeiter auch schützend nach innen oder außen zu stellen, führt dazu, dass Verhalten verändert wird, auch wenn die volle Überzeugung vielleicht noch nicht da ist.

B. Kaschek:
Angenommen, Sie hätten 15 min weltweite Sendezeit und Sie würden in jeder Sprache verstanden, welche wäre Ihre Kernbotschaft als Führungskraft?

B. Börke:
Volatile Märkte, kurzfristige Reaktionszeiten, hohe Komplexität – wir sind Manager in turbulenten Zeiten. Das Wichtigste, was man über Komplexität wissen muss, ist ganz einfach: Es kommt immer noch was nach. Und so einfach ist auch meine Botschaft, für die ich keine Viertelstunde benötige: **Nehmen Sie sich mehr Zeit zum Nachdenken und für die Reflexion.** Ich schenke Ihnen 14 min von meiner Sendezeit, starten Sie z. B. hiermit:

- Was ist Ihnen mehr wert: Loyalität gegenüber dem Kunden oder kurzfristiger Umsatz?
- Haben Sie schon mal eine Planung verabschiedet, von der Sie wussten, dass Sie diese nicht erreichen werden? Warum?
- Verbringen Sie mehr Zeit beim Kunden oder in internen Meetings?
- Wie oft hören Sie Ihren Mitarbeitern zu?
- Geben Sie Fehler zu und korrigieren Sie Ihre Haltung?
- Können Sie über sich selbst lachen?

6.3 Worum es hier geht

Im Management geht es darum, dass bestimmte Dinge in einer bestimmten Zeit und mit einem bestimmten Ergebnis getan werden. Und nachdem die alten Befehls- und Gehorsamsstrukturen in unserer Gesellschaft lange vorbei sind und der einzelne Mensch im Unternehmen immer mehr an Bedeutung gewonnen hat, ist es auch wichtig, will man erfolgreich managen können, sich mit der Frage der eigenen Motivation und der seiner Mitarbeiter zu befassen. Denn diese Motivation ist die Ressource für viele Qualitäten, die für jede Organisation ein nahezu unerschöpfliches, sich immer wieder erneuerndes Kapital darstellen. Warum tun wir also die Dinge, die wir tun? Was motiviert uns?

Die Art und Weise also, wie in einer Organisation diese Fragen nach der Motivation beantwortet werden, führt zu einer sehr spezifischen Unternehmensgestaltung nach innen und nach außen. Und je nachdem, welches Verständnis von Motivation in einem Unternehmen vorherrscht, wird das entweder dazu führen, dass die Dinge ungeheuer schwierig sind – dabei vielleicht punktuell durchaus erfolgreich –, oder dass sie vorwiegend leicht zu bewältigen sind und immer wieder exzellente Ergebnisse entstehen.

Management hat viel mit Struktur zu tun. Eine Organisation muss strukturiert werden, damit sie bestimmte Ergebnisse erzeugen kann. Die Arbeitsprozesse als solche müssen auch strukturiert werden, damit dies geschehen kann. Logische und inhaltliche Verknüpfungen müssen zwischen einzelnen Aufgaben hergestellt werden, und daraus entsteht eine Struktur, die möglichst effektiv und effizient zu den gewünschten Ergebnissen führt.

Struktur spielt auch eine große Rolle in Zusammenhang mit Motivation. Eine gute Struktur sorgt dafür, dass ein Unternehmen dadurch zu einem Platz wird, an dem Menschen wachsen, lernen, sich entwickeln, einen Beitrag leisten und mit anderen gut zusammenarbeiten können. Umgekehrt heißt dies nicht, dass mit Struktur allein, quasi aus dem Nichts heraus, hohe Motivation erzeugt werden könnte. Es braucht dafür etwas mehr an systemischer Klarheit. Deutlich ist aber, dass sich in schlecht strukturierten Organisationen auch die Besten und Fähigsten ständig gegen die Kräfte, die dort im Spiel sind, behaupten müssen. Und zwar auf eine Weise und bei Dingen, die eigentlich überflüssig sind. Diese Reibungsverluste führen zum Scheitern auch der Besten oder jedenfalls dazu, dass sie weit hinter dem zurückbleiben, was sie qualitativ besser leisten könnten. Um diese organisationalen Defizite auszugleichen, gehen sie oft in eine kompensatorische Haltung und sie passen sich an. Im Ergebnis führt dies zwar zu einer Art von Funktionieren, aber nicht zu Spitzenergebnissen.

Die Motivationsforschung hat seit vielen Jahren einen festen Platz in den unterschiedlichen Managementlehren. Wenn man sich damit befasst, ist es wichtig, in zwei Richtungen zu schauen: einmal auf das Unternehmen, dann auf den Einzelnen. Es ist also wichtig zu wissen, was ein Unternehmen und was einen Menschen darin motiviert. Nur wenn diese beiden Motivationen, wenigstens in großen Teilen, übereinstimmen und einen identischen Ausdruck finden, kann man davon ausgehen, dass die Motivation des Einzelnen zu herausragenden Ergebnissen für die Organisation führen wird.

Daher ist es unter anderem wichtig für ein Unternehmen, sich über die eigene Motivation (z. B. innerhalb eines Leitbildprozesses) klar zu werden und auch zu wissen, was seine Mitarbeiter motiviert. Ohne wirklich verstanden zu haben, was die Menschen dazu motiviert, das Beste und Höchste zu erreichen, das sie in sich tragen, können sich auch die Belohnungssysteme einer Organisation in ihr gerades Gegenteil verkehren.

Es ist offensichtlich, dass wir zwei grundlegend verschiedene Arten von Motivationsquellen in uns tragen. Bei der einen ist die Handlung daran orientiert, ob es dafür einen Return on Invest gibt, ob es sich also auszahlt, etwas Bestimmtes zu tun. Bei der anderen handeln wir nur des Handelns wegen. Nur aufgrund dieser zweiten, nicht opportunistischen Form kann hohe Motivation auch dauerhaft zu Spitzenresultaten im Unternehmen führen, während die erste auf Dauer zu Dysfunktionalitäten und schlechten Ergebnissen führt, die vielerlei Ursachen und Ausdrucksformen haben, wie z. B. eine hohe Fluktuation der Mitarbeiter, hohe Krankenstände etc. Mit der Konsequenz, dass Arbeitsprozesse schlechter laufen als notwendig wäre.

Es lohnt sich also, Motivation – und was sie bewirken kann – zu betrachten.

6.4   Was hat das mit mir zu tun?

Hier ein paar erste Überlegungen und Aufgaben, die wir Ihnen empfehlen.
Gedankenangebot 1
Man hat auf verschiedene Weise versucht zu verstehen, was Motivation ist und wie sie sich auswirkt. Einer der bekanntesten Ansätze dazu ist der nach Dr. Steven Reiss, das sogenannte ‚Reiss-Profil'. Dabei werden 16 Lebensmotive voneinander unterschieden – und es entsteht daraus ein individuelles Motivprofil für den Einzelnen.

Tabelle 6.1 zeigt einen Überblick über einzelne Motive.

Solch ein Ansatz bietet ganz unterschiedliche Anwendungsbereiche. Einige seien kurz erwähnt:

• Bei der Personalauswahl und bei Platzierungsentscheidungen kann die individuelle Motivationsstruktur von Kandidaten gezielt berücksichtigt werden.
• Bei der Zusammensetzung von Teams können Optimierungen erreicht werden. So können Aufgaben, Rollen und Verantwortungen in Teams unter Berücksichtigung der individuellen Motivationsstruktur der Teammitglieder gestaltet werden.
• Die Kommunikation und Zusammenarbeit von Teams, Abteilungen und im ganzen Unternehmen können verbessert werden.
• Arbeitsinhalte und -bedingungen können so gestaltet werden, dass sie Mitarbeitern in der Befriedigung ihrer motivationalen Bedürfnisse entgegenkommen.
• Anreiz- und Belohnungssysteme können so ausgestaltet werden, dass sie aufgrund ihrer Abstimmung auf die motivationalen Bedürfnisse der Mitarbeiter auch eine wirklich motivierende Wirkung entfalten.
• Das Führungsverhalten von Vorgesetzten kann weiterentwickelt werden und im Hinblick auf die Mitarbeitermotivation optimiert werden.
• Konflikte können besser geklärt werden.

Allen diesen Ansätzen ist gemeinsam, dass man damit etwas versucht zu greifen, zu operationalisieren, was an sich schwierig zu fassen ist. Der Mensch ist letztlich

Tab. 6.1 Lebensmotive nach Reiss

Macht	Das Lebensmotiv Macht gibt Auskunft darüber, ob jemandem das Führen/Verantworten oder eher das Übernehmen von Dienstleistung wichtig ist
Unabhängigkeit	Das Lebensmotiv Unabhängigkeit macht eine Aussage darüber, wie jemand seine Beziehungen in den Aspekten Autonomie oder Verbundenheit zu anderen Menschen gestaltet
Neugier	Das Lebensmotiv Neugier macht eine Aussage darüber, welche Bedeutung das Thema „Wissen" für jemanden im Leben hat und wozu er Wissen erwerben möchte
Anerkennung	Das Lebensmotiv Anerkennung macht eine Aussage darüber, durch „wen" oder durch „was" jemand sein positives Selbstbild aufbaut
Ordnung	Die Ausprägung im Lebensmotiv Ordnung zeigt an, wie viel Strukturiertheit oder Flexibilität jemand in seinem Leben benötigt
Sparen/Sammeln	Das Lebensmotiv Sparen/Sammeln kommt in seiner evolutionären Entsprechung aus dem „Anlegen von Vorräten". Die Ausprägung zeigt an, wie viel es jemandem emotional bedeutet, Dinge zu besitzen
Ehre	Bei dem Lebensmotiv Ehre geht es darum, ob jemand nach Prinzipientreue strebt oder eher zweckorientiert ist
Idealismus	Das Lebensmotiv Idealismus betrachtet den altruistischen Anteil der Moralität und gibt Auskunft darüber, wie viel Bedeutung Verantwortung in Bezug auf Fairness und soziale Gerechtigkeit hat
Beziehungen	Bei dem Lebensmotiv Beziehungen wird die Bedeutung von sozialen Kontakten dargestellt. Hierbei spielt die Quantität der Kontakte eine entscheidende Rolle
Familie	Das Lebensmotiv Familie gibt Auskunft darüber, welche Bedeutung das Thema Fürsorglichkeit für jemanden hat (bezogen auf die eigenen Kinder)
Status	Beim Lebensmotiv Status geht es um den Wunsch, entweder in einem elitären Sinne „erkennbar anders" oder aber unauffällig und wie die anderen zu sein
Rache/Kampf	Bei dem Lebensmotiv Rache/Kampf geht es insbesondere um den Aspekt des Sich-Vergleichens mit anderen. Dazu gehören auch die Themen Aggression und Vergeltung einerseits sowie Harmonie und Konfliktvermeidung andererseits
Eros	Eros als Lebensmotiv gibt Auskunft über die Bedeutung von Sinnlichkeit im Leben eines Menschen. Dazu gehören neben Sexualität auch alle anderen Aspekte von Sinnlichkeit (z. B. Design, Kunst, Schönheit)
Essen	Das Lebensmotiv Essen fragt nach der Bedeutung, die Essen als Selbstzweck für jemanden hat, das heißt, wie viel der Genuss von Essen zu der Lebenszufriedenheit beiträgt
Körperliche Aktivität	Das Lebensmotiv Körperliche Aktivität fragt nach der Bedeutung, die körperliche Aktivität (Arbeit oder Sport) für die Lebenszufriedenheit hat
Emotionale Ruhe	Das Lebensmotiv Emotionale Ruhe kann auch mit emotionaler Stabilität umschrieben werden und fragt nach der Bedeutung stabiler emotionaler Verhältnisse für die Lebenszufriedenheit

ein sehr komplexes Wesen. Motivation hat nicht nur etwas mit Grundmotiven zu tun, sondern vielleicht auch einmal damit, wie jemand geschlafen hat. Oder damit, ob gerade andere Themen im Leben die an sich starke Leistungsmotiviertheit überlagern. Man geht immer von idealen Bedingungen aus bei solchen Modellen; in der Realität gibt es aber niemals ideale Bedingungen, sondern es gibt immer mehr oder weniger starke Störfelder, die das Messergebnis verfälschen.

Solche Ansätze bieten dennoch einen gewissen Nutzen, auch, wenn sie gleichzeitig ihre Schwächen mitliefern. Üblicherweise werden diese Modelle in Unternehmen von Psychologen durchgeführt, und es besteht die Erwartung, dass man, hätte man jetzt Klarheit über die Motivationsstruktur z. B. eines Managers, seine Handlungs- und Denkweisen wirklich verstehen könnte. Davor würde ich aber warnen. Es gibt viele Faktoren, die einen Menschen dazu bringen, so oder so über einen Sachverhalt zu denken, sich für diese oder jene Handlungsweise zu entscheiden, und nicht alles kann in einem Modell erfasst werden. Man sollte meines Erachtens nach diese Modelle eine Zeit lang benutzen, aber mit einer gewissen Vorsicht. Die Aussagekraft ihrer Ergebnisse, die Ableitungen, die aus bestimmten Ergebnissen getroffen werden, sollten immer auch mit dem ‚normalen Menschenverstand' und seinen Erfahrungen überprüft werden.

6.5   Coachingfrage zum Thema „Motivation"

Wie kann ich meine eigene Motivation überprüfen und gegebenenfalls stärken?
Unserer Erfahrung nach fehlt es selten an innerer Motiviertheit bei Managern bzw. an einem hohen Potenzial. Die allermeisten sind wirklich sehr dafür motiviert, eine hervorragende Leistung abzuliefern. Nur ganz wenige Menschen können aus einer guten Performance keine Freude gewinnen.

Daher stellt sich für uns eher die Frage: Wie kann man wieder an seine Motiviertheit herankommen? Die ist potenziell noch vorhanden, aber durch vielerlei Einflüsse zugeschüttet.

Und insofern hat die Frage nach der Motivation ihre Berechtigung, genauso aber die Frage nach der Demotivation. Schließlich könnte man ja sagen, dass Motiviertheit da ist, wenn Demotiviertheit fehlt. Schauen wir uns an, was häufig zu Demotivation führt, und machen Sie den kleinen Selbsttest.

6.6 Coachingtool: Selbsttest zum Aufspüren möglicher Quellen von Demotiviertheit

Wenn Sie diesen Selbsttest machen, denken Sie zunächst an Ihre direkten Vorgesetzten. Es geht bei diesem Test darum festzustellen, ob die Umfeldbedingungen für Ihre Motiviertheit gut sind oder ob es dort Hindernisse gibt, die dazu führen, dass Ihre ursprüngliche Motiviertheit gelitten hat.

Die folgenden Faktoren führen zur Demotiviertheit:

1. Fehlender Gestaltungsraum
Wenn Sie den Eindruck haben, dass Sie die gesteckten Ziele auch auf ganz genau festgelegten Wegen erreichen sollen.

Die Konsequenz daraus ist, dass Sie – oder Ihre Mitarbeiter – den eigenen Stellenwert im Unternehmen nicht mehr erkennen.

These 1 Die ganzen Arbeitsschritte zur Zielerreichung sind zu sehr vorgegeben. Ich habe keinen echten Spielraum

Trifft gar nicht auf mich zu					Trifft 100-prozentig auf mich zu				
-5	-4	-3	-2	-1	1	2	3	4	5

Machen Sie ein Kreuz auf der Skala.

2. Zu viel Gestaltungsraum
Wenn Sie den Eindruck haben, dass zwar Ziele vorgegeben werden, es aber an einem strategisch relevanten Rahmen fehlt, der Ableitungen zu richtigen Handlungen zulässt.

Die Konsequenz daraus ist, dass Sie oder Ihre Mitarbeiter niemals wissen, ob das, was Sie jetzt tun, wirklich zielführend im Sinne der strategischen Unternehmensziele ist – oder nicht.

These 2 Die Vorgaben sind unstrukturiert und ungenau. Ich weiß nicht wirklich, was ich tun soll. Der Spielraum für ,richtig' und ,falsch' ist viel zu groß.

Trifft gar nicht auf mich zu					Trifft 100-prozentig auf mich zu				
-5	-4	-3	-2	-1	1	2	3	4	5

Machen Sie ein Kreuz auf der Skala.

3. Eingriffe in das Aufgabengebiet schaden der Motivation
Zu einem solchen Verhalten neigen besonders Führungskräfte, die innerhalb des
eigenen Bereichs oder der eigenen Abteilung aufgestiegen sind. Der Grund: Vielfach finden sie sich in ihrer „neuen Rolle" (noch) nicht zurecht und greifen dann
auf Altbekanntes – ihr Fachgebiet – zurück. Damit mischen sie sich aber nicht nur
in fremde Aufgabengebiete ein und degradieren sich selbst zum „Obersachbearbei-
ter", sondern sie demotivieren auf diese Weise auch ihre Mitarbeiter.

These 3 Immer wieder wird in meinen Bereich von Vorgesetzten eingegriffen.

Trifft gar nicht auf mich zu					Trifft 100-prozentig auf mich zu				
-5	-4	-3	-2	-1	1	2	3	4	5

Machen Sie ein Kreuz auf der Skala.

4. Verweigerung von Kompetenzen
Ähnlich demotivierend wirkt es sich auf Mitarbeiter aus, wenn Führungskräfte
ihre Mitarbeiter nur mit einzelnen Aufgaben aus einem ganzen Aufgabenbereich
betrauen –und das ohne eigene Gestaltungskompetenz. Dadurch erhalten sie den
Eindruck, nur „Handlanger" zu sein.

These 4 Ich soll oft einzelne Aufgaben erledigen und kann selten ein ganzes Aufgabengebiet gestalten.

Trifft gar nicht auf mich zu					Trifft 100-prozentig auf mich zu				
-5	-4	-3	-2	-1	1	2	3	4	5

Machen Sie ein Kreuz auf der Skala.

5. Fehlende Informationen
Obwohl in Zeiten des Wissensmanagements jeder Führungskraft klar sein müsste,
dass auch die Verfügbarmachung aller wichtigen Informationen an alle relevanten Mitarbeiter zum entscheidenden Wettbewerbsvorteil werden kann, verfahren
manche immer noch nach dem Motto „Wissen ist Macht" und bleiben auf diesen
Informationen sitzen. Die Folge: Der Arbeitsprozess sowie die Zielerreichung werden gefährdet, da die Mitarbeiter nicht rechtzeitig neue Erkenntnisse in ihre Arbeit

einbinden können. Neben dem Misserfolg macht sich zudem bei den Mitarbeitern das Gefühl der persönlichen Unwichtigkeit breit („ich bin es nicht einmal wert, dass man mich informiert"). Klar, dass dies nicht der Mitarbeitermotivation dienlich sein kann.

These 5 Ich habe den Eindruck, von wichtigen, arbeitsrelevanten Informationen abgeschnitten zu sein.

Trifft gar nicht auf mich zu					Trifft 100-prozentig auf mich zu				
-5	-4	-3	-2	-1	1	2	3	4	5

Machen Sie ein Kreuz auf der Skala.

6. Keine oder unrealistische Ziele

Wenn Führungskräfte Ziele vage oder gar nicht formulieren und mit ihren Mitarbeitern vereinbaren, wissen diese nicht, was sie eigentlich erreichen sollen. Die Gefahr hierbei ist: Mitarbeiter werden irgendwann damit beginnen, nur noch auf Anordnung zu arbeiten, oder sie verwalten ihre Aufgaben, anstatt diese zu gestalten.

These 6 Ich habe den Eindruck, dass meine Zielvorgaben vage oder gar nicht formuliert werden.

Trifft gar nicht auf mich zu					Trifft 100-prozentig auf mich zu				
-5	-4	-3	-2	-1	1	2	3	4	5

Machen Sie ein Kreuz auf der Skala.

7. Fehlende Anerkennung

Viele Vorgesetzte sind darauf kapriziert, Missstände wahrzunehmen und gute Ergebnisse als den Normalzustand zu begreifen. Dabei gehört Anerkennung zu den wichtigsten Motivatoren.

Wenn eine Führungskraft mit ihren Mitarbeitern aber immer nur Kritikgespräche führt, schafft sie keine vertrauensvolle Basis in ihrem Team. Genauso demotivierend wie fehlendes positives Feedback wirkt ein „Standard-Lob": Schon beim zweiten Mal wird es nicht mehr ernst genommen.

These 7 Ich habe den Eindruck, dass ich zu wenig echte Anerkennung erhalte.

Trifft gar nicht auf mich zu					Trifft 100-prozentig auf mich zu				
-5	-4	-3	-2	-1	1	2	3	4	5

Machen Sie ein Kreuz auf der Skala.

8. Keine transparenten Entscheidungen
Vorgesetzte, die alle Entscheidungen einsam fällen und durchsetzen, vermitteln ihren Mitarbeitern, dass diese für sie „unwichtig sind" und „nicht dazugehören". Die Folge: Die Mitarbeiter revanchieren sich mit Gleichgültigkeit.

These 8 Ich habe den Eindruck, dass über Entscheidungen – und wie sie zustande kommen – keine ausreichende Transparenz besteht.

Trifft gar nicht auf mich zu					Trifft 100-prozentig auf mich zu				
-5	-4	-3	-2	-1	1	2	3	4	5

Machen Sie ein Kreuz auf der Skala.

9. An Erfolgen nicht teilhaben lassen
Mitarbeiter, die immer nur erleben, dass ihnen Misserfolge persönlich angelastet werden, bei Erfolg aber die Führungskraft „die Lorbeeren erntet", werden über kurz oder lang kaum mehr freiwillig ihre ganze Schaffenskraft in das Team einbringen.

These 9 Ich habe den Eindruck, dass ich entscheidende Beiträge zum Erfolg leiste, die Lorbeeren ernten meist aber meine Vorgesetzten.

Trifft gar nicht auf mich zu					Trifft 100-prozentig auf mich zu				
-5	-4	-3	-2	-1	1	2	3	4	5

Machen Sie ein Kreuz auf der Skala.

10. Verletzende Urteile
Kein Mensch ist vor Fehlern und falschem Verhalten gefeit. Nicht jedem Vorgesetzten gelingt es, im Eifer der Situation nur sachbezogene Kritik zu äußern und allgemeine Werturteile zu vermeiden. Persönliche verbale Angriffe verletzen aber nicht nur, sie wirken auch wenig vertrauensfördernd auf die Zusammenarbeit.

These 10 Ich habe den Eindruck, dass ich immer wieder ungerecht und auch auf verletzende Weise von meinem Vorgesetzten beurteilt werde.

Trifft gar nicht auf mich zu					Trifft 100-prozentig auf mich zu				
-5	-4	-3	-2	-1	1	2	3	4	5

Machen Sie ein Kreuz auf der Skala.

11. Ignoriert werden
Immer wieder kommt es vor, dass Mitarbeiter zwar Vorschläge machen, wie man bestimmte Prozesse oder Produkte verbessern könnte, aber es wird ihnen nicht zugehört oder solche Vorschläge werden einfach unter den Tisch fallen gelassen.

These 11 Ich habe den Eindruck, dass ich immer wieder einmal Verbesserungs- bzw. Veränderungsvorschläge mache, aber sie werden von meinem Vorgesetzten nicht beachtet oder ich bekomme keine Rückmeldung mehr dazu.

Trifft gar nicht auf mich zu					Trifft 100-prozentig auf mich zu				
-5	-4	-3	-2	-1	1	2	3	4	5

Machen Sie ein Kreuz auf der Skala.

Auswertung Je höher Ihre Minus-Punktzahl ist, desto besser. In Ihrem Umfeld gibt es keine oder nur wenige demotivierende Bedingungen. Je höher Ihre Angaben in Richtung ‚Trifft 100-prozentig auf mich zu' gehen, desto mehr Demotivatoren sind offenbar in Ihrem Umfeld.

6.7 Nachhaltige Entwicklung dieses Themas ‚Motivation'

Wie kann ich motiviert bleiben und wie sorge ich auch für ein motivierendes Umfeld in meinem Managementbereich?
Diese Frage ist natürlich wichtig, wenn es um die Schaffung eines dauerhaft motivierenden Umfeldes geht. Wie können Sie nun mit dieser ersten Analyse umgehen?

1. Überprüfen Sie Ihre Einschätzungen im Gespräch mit anderen. Versuchen Sie an Beispielen zu verdeutlichen, warum Sie diese Einschätzung haben.
2. Überlegen Sie sich eine geeignete Veränderungsstrategie, wenn dies aus der Reflexion des Themas geboten erscheint. Oft ist es das Beste, die festgestellten Mängel einfach anzusprechen. Natürlich ist es gut, sich zu überlegen, welche Gelegenheit dafür günstig ist und wie darüber kommuniziert werden soll. Niemand soll dabei sein Gesicht verlieren – auch, weil das die Sachthemen, um die es geht, unnötig verkomplizieren würde.
3. In irgendeiner Form sollten Sie die gefundenen Mängel also ansprechen und dann abstellen. Wahrscheinlich geht es nicht nur Ihnen mit Ihrer Wahrnehmung so, sondern andere sehen die Dinge vielleicht ähnlich. Besprechen Sie sich dazu und suchen Sie konstruktive Wege, die der Vorgesetzte auch wirklich gehen kann. Es macht keinen Sinn, Unmögliches vorzuschlagen; seien Sie pragmatisch und konstruktiv. Und: Seien Sie auch mit einem kleinen ersten Schritt zunächst einmal zufrieden.
4. Aber sorgen Sie dafür, dass das Thema so lange auf der Tagesordnung bleibt, bis es zufriedenstellend erledigt ist.
5. Sie können diesen Selbsttest nun auch mit dem Blick auf sich selbst machen. Die Frage lautet dann: Was tun Sie möglicherweise, das für Ihre Mitarbeiter demotivierende Bedingungen erzeugt? Auch hierbei lohnt es sich natürlich, eine Person Ihres Vertrauens für eine Fremdeinschätzung hinzuzuziehen.

Führung, die verändert

Thorsten Pelka, zum Zeitpunkt des Interviews
EMEA Direktor Consulting

7

Inhaltsverzeichnis

Zusammenfassung

In diesem Kapitel erfahren Sie etwas über das Konzept der „Transformationalen Führung", das als das erfolgversprechendste unter den Führungskonzepten gilt.

Das Thema „Führung" ist ein Dauerbrenner in der Wirtschaft. Mit der richtigen Führungskraft gelingt alles. Diese Einstellung entspricht der sogenannten „Great Man Theory", wonach der richtige Mann an der Spitze aus einem Heer von Lämmern ein Rudel Wölfe formen kann. Eine alte Theorie, die sich aber einer sichtbaren Renaissance erfreut, sei es beim Fußball, wo sich das Trainerkarussell bei Misserfolg immer schneller dreht, oder in der Wirtschaft und Politik. Wenn es eng wird, aktiviert man Führungspersönlichkeiten, die in anderen Kontexten erfolgreich waren und meint, sie müssten aufgrund ihrer Eigenschaften in jedem Kontext erfolgreich sein.

© Springer Fachmedien Wiesbaden 2015
B. Kaschek, I. Schumacher, *Führungspersönlichkeiten und ihre Erfolgsgeheimnisse*,
DOI 10.1007/978-3-658-04434-3_7

7.1 Vita

Thorsten Pelka ist seit über 20 Jahren als IT- und Organisationsberater aktiv, davon mehr als 15 Jahre in Führungspositionen. In den letzten Jahren hat er für EDS und HP europaweite Teams in einem Dutzend Ländern geführt. Die permanente Ausrichtung auf neue Beratungsthemen und internationale Kundenmandate, aber auch zahlreiche Restrukturierungen und Abbauwellen haben sein Führungsverständnis geprägt. Er setzt seit Jahren konsequent auf Netzwerke als Unterstützung klassischer Aufbauorganisationen. Die Rolle der Führungskraft interpretiert er als die eines Coachs für den Wissensarbeiter des 21. Jahrhundert und gleichzeitig die eines Entscheiders unter Risiko und sich rasant verändernden Märkten. Seit April 2013 ist Thorsten Pelka Geschäftsführer im Hamburger Beratungshaus direkt gruppe und setzt dort seine Philosophie weiter um. Er lebt mit seiner Frau und zwei Kindern im Westen der Hansestadt Hamburg.

7.2 Interview

I. Schumacher:
Herr Pelka, was ist die zentrale Frage bei Ihrer Arbeit als Manager, Führungskraft?
T. Pelka:
Welches ist die zentrale Frage?
Das ist ja ein hochinteressanter Einstieg in die Debatte, welche ist die zentrale Frage … Ja, wir schmücken das ja noch ein bisschen aus. Also, ich glaube, die zentrale Frage dreht sich immer um das Thema Rekrutierung, Bindung und Bildung von Teams. Wobei man den Teambegriff gleich noch mal präziser erläutern muss. Wir sprachen ja schon mehrfach über das Thema „Virtuelle Teams". Die Schwierigkeit, die wir eigentlich haben, ist die, zu sagen: Wir müssen uns

aufgrund der Geschäftsstruktur 100-prozentig auf Teams verlassen. Wir arbeiten einfach draußen an Projekten, wir arbeiten extrem virtuell, wir arbeiten extrem international, das heißt, wir haben nicht die direkte Führung wie ich sie hätte, wenn ich 100 Sachbearbeiter am gleichen Standpunkt führen würde. Das heißt, ich muss mich darauf verlassen, dass die Mitarbeiter, die ich mit ins Unternehmen hole, dass sie in der Lage sind, sich in so einem virtuellen Teamkonstrukt dort einzufügen. Wobei sich die Teams auch von Monat zu Monat oder Quartal zu Quartal ändern. Ich muss mich darauf verlassen, dass diese Leute auf der Position, auf die ich sie gesetzt habe, eine gewisse Wirkung entfalten. Bis hin zu einer Führungsposition innerhalb des Teams.

Deswegen glaube ich, dass das wichtigste Thema das der Rekrutierung ist. Rekrutierung von außen, aber auch aus dem Unternehmen heraus, und dann der zweite Teil, die Integration ins Team, und dann kommt eigentlich der dritte Punkt, die regelmäßige Bindung. Die gesamte Wertschöpfung entsteht aus meiner Sicht daraus, dass ich mich darauf verlasse, dass die Teams funktionieren. Ohne dass ich tagtäglich da eingreife, sondern das Team funktioniert bis zu einem gewissen Punkt. Und wenn das Team nicht weiterkommt, dann wird es über Mechanismen, über die wir gleich reden können, in irgendeiner Form an die Führungskräfte herantreten, eskalieren, informieren, Coaching- gespräche suchen und so weiter. Aber das, was mich jeden Tag wieder beschäftigt, ist, Menschen zu finden, von denen ich glaube, dass sie in diesem Konstrukt mitwirken können. Meine Frage lautet dann: Okay, welche Menschen brauche ich? Mit welcher Fachlichkeit brauche ich die? Gegebenenfalls auch: Mit welcher Sprache und an welchem Standort brauche ich die? Das ist, glaube ich, das, was mich am meisten umtreibt. Frage zwei?

I. Schumacher:

Ja, ich muss da noch mal nachhaken. Das klingt alles sehr stark danach, als würden Sie sich massiv mit dem Thema Mensch beschäftigen. Im Sinne von Teambuilding. Wie verknüpfen Sie das mit Strategieaufgaben?

T. Pelka:

Das finde ich gar nicht schwierig. Die Strategie macht ja nichts anderes, als dass ich sage, ich verfolge einen gewissen Geschäftszweck. Der Geschäftszweck muss sich weiterentwickeln, weil wir ansonsten irgendwann am Markt nicht mehr wahrgenommen werden. Der Geschäftszweck heißt bei uns, Beratung durchzuführen, aber die Beratungsthemen ändern sich über die Zeit. Also, ich habe neue Herausforderungen am Markt, und denen versuche ich mit Antworten, mit neuen Geschäftsfeldern, mit neuen Angeboten, Produkten, Portfolios entgegenzutreten. Die werden bei uns immer von Menschen geliefert. Der Übermittler dessen ist ja immer der Mensch, insofern steht der Mensch damit automatisch im Mittelpunkt, weil er Bestandteil meines Service ist.

Strategie hat tatsächlich nur die Komponente zu sagen: An welchen Markt gehe ich ran? Welche Produkte brauche ich dazu? Für mich heißt das: Welche Menschen brauche ich, die das ermöglichen? Und dann kommen eben die Finanzen dazu, das heißt: In welcher Ausprägung, Qualität will ich das anbieten? Zu welchen Kosten? Damit ich dann auch in der Lage bin, das dauerhaft weiterführen zu können. Insofern ist immer einer der größten Blöcke im Strategiebereich das Thema Mensch. Sowohl als Individuum, aber eben vor allen Dingen im Zusammenspiel mit anderen Menschen. Das, was ich an Strategiearbeit mache, wissen wir alle, sind drei Prozent meiner Jahreszeit. Das sind vielleicht fünf, sechs, zehn Tage im Jahr. Der Teil, den ich wirklich im direkten Gespräch mit Mitarbeitern oder Kollegen verbringe, beträgt sicher eher 50 bis 60 % meiner Zeit. Dann kommen halt 20 bis 30 % meiner Zeit, bei der es um Zahlen geht. Außerdem möchte ich auch noch Kundenkontakt haben. Aber ich glaube, das ist schon das Ausschlaggebende. Wenn ich so durch meinen Kalender gucke, sind die Tage, die ich im Büro verbringe, damit angefüllt, Menschen zu treffen und in Gespräche zu gehen.

I. Schumacher:
Was bedeutet für Sie als Manager ‚Erfolg'?
T. Pelka:
Da muss ich aufpassen, dass ich nicht zu flach springe bei der Antwort. Ich bin schon beseelt vom Thema Spaß, das gebe ich offen zu. Also, ich muss an etwas arbeiten, das mich immer wieder reizt, sodass ich Spaß daran habe. Ich behaupte nicht, dass das jeden Tag der Fall ist. Es gibt auch einfach einen Teil, den nenne ich Disziplin. Der führt sicherlich auch zum Erfolg, der treibt mich dann auch manche Woche aus dem Bett, wenn ich unangenehme Themen habe oder einfach Dinge, die mir weniger Spaß machen, wie z. B. Finanzabschluss. Ich glaube, der größte Spaß beim Thema Führung kommt daher, dass man wirklich sieht, wenn man es geschafft hat, die richtigen Teams aufzubauen, dass man die richtigen Teams in die Position gebracht hat, erfolgreich sein zu können. Das führt in der Regel auch zu sehr schneller Rückkopplung. Das heißt schlicht und ergreifend, dass Menschen sich einfach dafür bedanken, dass sie sagen: „Mensch, danke noch mal, dass wir den Weg gegangen sind, dass wir das Team aufgebaut haben – und jetzt haben wir die und die Erfolge im wirtschaftlichen Bereich erzielt." Dann ist mein Job als Führungskraft auch an der Stelle getan.

Für Führung, glaube ich, ist das der größte Motivator, die Rückkopplung dessen, dass man andere zum Erfolg gebracht hat. Das ist ein bisschen wie beim Fußball. Wenn ich Trainer bin, bin ich Trainer, und das ist genau die Führungsposition, die ich einnehme. Dann stelle ich ein Team auf den Platz und ich möchte, dass das Team gewinnt. Ich wechsle mich aber nicht selbst ein.

I. Schumacher:
Stellen Sie fest, dass Kollegen dies ähnlich sehen?
T. Pelka:
Ich denke, dass das ein Spirit ist, der sich einfach durchsetzt. Also, ich glaube schon, dass wir an einen Punkt kommen, an dem das Ganze kippt. Wir haben heute komplett andere Herausforderungen. Die Steuerung und der Aufbau von virtuellen Teams sind wesentlich schwieriger als die direkte Führung vor Ort. Der hierarchische Führungsstil lässt sich in einer Struktur, in der ich keine Zeiterfassung, keinen direkten Zugriff auf die Mitarbeiter habe, in der auch das ultimative Arbeitsergebnis am Ende des Tages nicht steht, einfach nicht mehr anwenden. Ich mache keine Sachbearbeitung, da könnte ich sagen: „Du musst jeden Tag 25 Vorfälle abschließen." Dann könnte ich jedermann loben, der 27 gemacht hat, und jedem kritisch in die Augen gucken, der 23 gemacht hat. Das findet ja hier nicht statt. Also, letztendlich muss man in der Lage sein, größere Verantwortung an einzelne Menschen im Verbund eines Teams zu übertragen. Man muss in der Lage sein, sich darauf einzulassen. Hierarchische Führung, das wird schlicht und ergreifend in der Komplexität, in der wir uns bewegen, nicht funktionieren.

Machen das alle so? – Nein sicherlich nicht. Aber grundsätzlich glaube ich daran, dass die Hierarchien, wie wir sie kennen, sich sukzessive auflösen werden.

I. Schumacher:
Was hat Sie erfolgreich gemacht? Was waren zentrale Erlebnisse, Gedanken, Beobachtungen?
T. Pelka:
Das wiederum ist einfach.

Ich habe immer in Strukturen gearbeitet, in denen Verantwortung vergeben wurde. Also, das begann nach meinem Studium bei meinen ersten Arbeitgeber Systematics. Da hieß es dann nach drei Stunden: „Bring mal deinen PC zum Laufen und fahr zum Kunden." Da bin ich dann beim Kunden platziert worden, und es wurde gesagt: „Guten Tag, das ist Herr Pelka, er ist Spezialist für das Softwareverteilungssystem." Und dann ist man einfach da, man übernimmt Verantwortung und muss dann halt in der Lage sein, das zu gestalten und zu machen. Bei Problemen sucht man sich dann Hilfe bei Kollegen. Dieses ‚Loslassen', nicht den ganzen Tag eine Führungskraft hinter sich zu haben, die einem erklärt, wie man es besser machen kann, das habe ich halt von Tag eins an so erlebt. Das ist Teil meines persönlichen Ziels geworden.

Das Zweite, das ist erst später dazugekommen, da war ich so im vierten, fünften Berufsjahr, das war dann, dass ich einen guten Mentor hatte. Jemanden, der mir noch mal erklärt hat, wie weit weg ich eigentlich noch von dem bin, wo ich vielleicht hinkommen kann. Außerdem hatte ich sehr früh Führungsverantwortung, da ich in einem kleinen Unternehmen angestellt war. Von da aus kann man dann wachsen. Dazu noch zu einer Zeit, in der die Industrie geboomt hat. ‚Wachstum' war das dominierende Thema. Das war so Mitte der neunziger Jahre. Als wir dann die Zweitausender hinter uns hatten und die Dotcom-Blase geplatzt ist, hatten wir es dann auf einmal mit Restrukturierung und Personalabbau zu tun. Das sind Erfahrungen, die man sammeln musste, die einem dann aber auch helfen zu sagen: „Okay, da hast du wahrscheinlich vor drei, vier Jahren ein paar Fehler gemacht, die sich jetzt irgendwie auswirken. Das erträgst du jetzt aber, damit du es dann im zweiten und dritten Versuch besser machst."

I. Schumacher:

Wie sah Ihr Lebenskonzept zu Beginn Ihrer Berufstätigkeit aus und hat es sich verändert? Wenn ja, in welcher Weise?

T. Pelka:

Massiv. Massiv, und ich kann sogar auf den Tag genau sagen, wann es sich verändert hat. Das Lebenskonzept war sehr stark auf das Hier und Jetzt gerichtet. Jetzt reden wir von Mitte der neunziger Jahre. Das waren die Jahre ohne feste persönliche Bindung im Sinne von Familie. Die Wohnung war gemietet, es gab keine großen Verbindlichkeiten, man hat einfach in den Tag hinein gelebt. Energie hat man aus der Arbeit, aus dem Projekt und aus dem Zusammensein mit den Kollegen gezogen. Alle hatten den gleichen Spirit, man war sehr mobil, sehr viel unterwegs.

Bis zu einem Führungskräftetraining. Nachdem wir die üblichen Themen hinter uns hatten, hat uns der Dozent – das werde ich nie vergessen – in den Garten geschickt mit dem Auftrag, darüber nachzudenken, wo wir in fünf Jahren stehen wollen. „Das Leben steht auf vier Säulen", das war sein Bild. Diese Säulen waren das Thema Beruf und beruflicher Erfolg. Das Thema Familie und Freundeskreis. Die dritte Säule war das Thema der Umgebung, in der man lebt, also Wohnung, Haus, die Stadt, und die vierte das ganze Thema Gesundheit. Er hat uns da eineinhalb Stunden rumlaufen lassen, damit wir uns darüber Gedanken machen. Wir dachten, hinterher gäbe es eine Debatte darüber, die gab es aber nicht. Er hat uns schlicht und ergreifend mit dem Eindruck nach Hause geschickt.

Ich habe die Zeit schon genutzt und festgestellt, dass ich in einigen dieser Felder Dinge komplett ändern will.

I. Schumacher:

Können Sie sich erinnern, ob Sie dann aktiv etwas verändert oder anders gemacht haben als vorher?

T. Pelka:

Ja, sicher. Das Erste, was man macht, ist zu sagen, man führt, wenn man kleine Teams führt, über die Fachkompetenz. Die Führungskompetenz und emotionale Kompetenz hat man hoffentlich, und ein Teil davon, die Mechanik, die man braucht, die baut sich halt über die Lebenserfahrung auf. Mit der Entscheidung, noch stärker in die Führungsrolle zu gehen, musste ich auch von vielen lieb gewordenen Beschäftigungen lassen. Ich war einfach der Fachexperte für technische Themen. So, in dem Moment, in dem ich sage, ich will aber nicht mehr der Fachexperte sein, sondern ich will ein Team anleiten, da muss man mal die Hände von der Tastatur nehmen. Man muss andere Leute dazu befähigen, das zu tun. Man muss auch mal mit 90 % der Qualität leben. Zumindest in der Startphase, später wird es ja besser.

Das ist schon ein sehr interessanter Prozess. Das ist schon so der Moment, in dem es so langsam klick macht und man erkennt: ‚Du bist gar nicht mehr der Fachexperte‘, du musst das Bild da drüber zusammenhalten. Das ist das, was wir heute als Strategie bezeichnen würden. So weit war ich damals noch nicht.

Heute halte ich die Strategie zusammen, aber die Detailthemen überlasse ich den anderen – und das war, glaube ich, so der Trick, das dann auch wirklich mal zu tun. Manchmal greift man dann doch noch mal zum Schweißapparat und macht es selbst. Aber das ist mehr sportlicher Ehrgeiz, glaube ich.

I. Schumacher:

Ja, ich wollte gerade sagen, das klingt bei Ihnen ein bisschen so. Wie gehen Sie grundsätzlich mit Veränderung um?

T. Pelka:

Ich glaube, das würde ich gerne mal in erstes, zweites und drittes Lebensdrittel zerlegen wollen, um das wirklich richtig zu beantworten. Das erste Drittel, also das erste berufliche Drittel, das kann man ganz klar am Arbeitgeber Systematics festmachen. Da war Veränderung ganz normal. Man hat jeden Tag irgendwie etwas neu gedacht und neu gemacht. Hat die Strukturen so umgebaut, wie sie Sinn gemacht haben. Man hat sehr partizipativ die Leute eingebunden, das war damals normal. Dann kamen externe Veränderungen wie Übernahme, Personalabbau. Das war aufgezwungen. Da bin durch die Changekurve gelaufen, wie jeder andere auch. Damals war ich mit meinem Team in ein großes Projekt eingebunden und habe mich darauf konzentriert. Das war das klassische ‚Ich ignoriere, was da gerade passiert‘. Umso heftiger hat es mich dann eingefangen, als ich wieder in die normale Führungsposition zurückgegangen bin.

Heute stehe ich dem entspannter gegenüber. Ich habe vier Personalabbauprogramme hinter mir, und ich habe Teams von links nach rechts und von europäischer Ebene zurück auf Länderebene umgebaut. Ich glaube, was ich heute nach vorne stelle, ist zu verstehen, was diese Veränderungen wirklich bringen sollen, wenn sie durchgeführt sind. Das dann mit aller Konsequenz und mit zunehmender Fähigkeit zu beschreiben und besser zu vermitteln, als ich das in der Vergangenheit konnte.

Als Führungskraft muss ich die Veränderung nicht immer begrüßen, aber wenn sie kommt, dann muss ich in der Lage sein zu erklären, warum sie kommen soll. Das ist mein Beitrag dazu. Daraus muss man Energie ziehen können – und dazu gehört, aus meiner Sicht, ganz viel Disziplin. Es ist immer schön, wenn man sagt „Ich bin offen für jede Veränderung", das glaube ich aber nicht, dafür habe ich zu viele gegenteilige Beispiele erlebt. Menschen sind dann offen für Veränderung, wenn sie das Ziel der Veränderung verstehen. Insofern versuche ich schnell zu verstehen, wie das Zielbild aussieht und wie ich es beschreiben kann. Früher hätte ich eher das ganze Vorhaben infrage gestellt. Heute zerlege ich das Vorhaben in Teile. Dann kann ich sagen: „Okay, die drei Teile verstehe ich und an den zwei Teilen reibe ich mich und mit dem einen Teil komme ich überhaupt nicht klar." Vielleicht gehe ich da ein bisschen ruhiger und analytischer dran, als ich das früher gemacht habe.

I. Schumacher:
Das heißt aber auch, dass Sie mit einer gewissen eigenen Aktion da herangehen.

T. Pelka:
Genau, aber das kann man aus meiner Sicht erst, wenn man für sich ableitet: ‚Habe ich das verstanden?' Und auch ehrlich genug ist, sich zu fragen: ‚Welche Teile davon gehe ich mit und welche gehe ich nicht mit?' Ich glaube, man muss schon in der Lage sein, das zu zerteilen als Führungskraft.

I. Schumacher:
Ja. Das waren die Veränderungen. Wie gehen Sie denn mit Widerständen um?

T. Pelka:
Ich glaube, mit den gleichen Schritten. Auf der einen Seite versuche ich zu verstehen, woher die Widerstände kommen. Die Widerstände entstehen sehr häufig, weil das Zielbild nicht klar ist. Wenn das Zielbild nicht klar ist, dichten Menschen vieles hinzu und steigern sich in den schlimmstmöglichen Fall hinein. Ich glaube, dass man das vom Zielbild her korrigieren muss. Dann ist es etwas einfacher, das auf der persönlichen Ebene mit jemandem zu diskutieren.

Zum Beispiel, wenn ich einem Mitarbeiter sagen muss, dass wir seinen Fachbereich auflösen, dann wähle ich etwa folgende Worte: „Wir machen den Fachbereich zu, aber die Fähigkeiten, die du erworben hast, passen genau in das neue Zielbild hinein und wir werden dich auf der Stelle coachen und so weiter …" Dann ist es einfacher, diesen Schwenk hinzukriegen und sich auf das Neue einzulassen. Das hat aber auch Grenzen. Man trifft immer wieder auf Menschen, die Veränderung grundsätzlich ablehnen, ohne dass sie artikulieren können, warum sie es tun. Das ist natürlich schwierig, in so einen Dialog reinzugehen. Dann ist man als Führungskraft gefordert und muss Entscheidungen treffen. Wenn der Widerstand auf Dauer vorhanden ist, sich nicht auf der Sachebene befindet und auf der emotionalen Ebenen nicht kommuniziert wird, dann muss ich mir überlegen, was ich mit dem Mitarbeiter mache. In solchen Situationen muss man auch mal harte Entscheidungen treffen und den Mitarbeiter aus dem Team entfernen. Der Gesamtschaden ist sonst zu hoch. Dann muss man auch ganz klar den nächsten Schritt machen und sagen, wenn der Widerstand auf Dauer da ist, sich nicht auf der Sachebene befindet, auf der emotionalen Ebene nicht kommuniziert wird, dann muss ich mir überlegen, was ich mit dem Mitarbeiter mache. Da muss man solche Mitarbeiter auch mal aus dem Team entfernen. Der Gesamtschaden ist sonst zu hoch.

I. Schumacher:
Was sagen Sie zu sich selbst, wenn Sie in einer schwierigen Situation stecken?

T. Pelka:
Da bin ich psychologisch überprägt. Ich sage dann: „Ja, wir haben ein Problem, also lass uns da ran- gehen." Während sich andere von dem Problem blockiert fühlen, ist es mein Ding zu sagen: „Okay, jetzt lass uns mal eine Ebene höher gehen", um zu schauen, was hier eigentlich passiert. Oder, wenn es auf der Ebene nicht geht, dann geh ich auch zwei Ebenen höher und frage: „Warum hakt da was?"

Ich versuche das Problem wirklich so gut ich es kann zu zerteilen. Wenn ich zum Bestandteil des Problems werde, dann werde ich es nicht lösen. Manchmal muss ich das schlucken, dann versuche ich Tempo rauszunehmen. Dann halte ich es mit den Buddhisten und gehe langsam. Wenn du es eilig hast, dann lieber das Tempo rausnehmen, lieber zurück und nochmal gucken. Wir diskutieren auch bei der HP immer wieder mal Personalabbauprogramme. Da ist man immer Täter und Opfer gleichermaßen. Da kann ich mich sehr schnell in diese Haltung begeben und sagen: „Oh Gott, was für ein riesiges Problem."

Wenn ich mich in diese Spirale hineinziehen lasse, werde ich meinem Führungsauftrag nicht mehr gerecht. Es geht darum, ein Problem zu zerlegen und dann zu sehen, was davon ich lösen kann – und was nicht. Ich kann durchaus auch damit leben, dass Probleme in sich ungelöst bleiben, solange sie für mich nicht geschäftskritisch werden.

Zweitens ist es in solchen Situationen auch wichtig, einen Sparringspartner zu haben. Das ist in großen Konzernen schwierig. Bis zu welcher Ebene hat man Sparringspartner, mit denen man wirklich über Probleme diskutieren kann. Ich habe es immer so gehalten, dass ich unabhängig von den Strukturen, die wir geschaffen haben, Menschen hatte, von denen ich wusste, dass sie mir die Wahrheit sagen. Das heißt, ich mache sie dann ein bisschen zu Mittätern. Das kann man nur mit sehr wenigen Menschen machen, aber man ist glücklich, wie ich, wenn man ein paar hat.

I. Schumacher:
Was würden Sie als Ihre drei Hauptstärken bezeichnen?
T. Pelka:
Ja, was würde ich also in mein CV reinschreiben? Eine meiner Hauptstärken ist sicherlich, dass ich mich grundsätzlich nur in Netzwerken bewege. Das heißt, ich bin relativ kommunikationsstark. Ich versuche immer in Netzwerke etwas hineinzugeben, auch wenn ich keinen konkreten Vorteil daraus ziehe. Ich bin absolut davon überzeugt, dass es sich mittelfristig bezahlt macht, und es ist für mich die einzige Art zu arbeiten. Also, Netzwerken ist ganz klar Punkt eins. Das Zweite, was man mir nachsagt, ist, dass ich eine brutale Ehrlichkeit besitze, wenn es wirklich zur Sache geht. Manchmal hilft es nur, die Dinge konkret beim Namen zu benennen. Wahrscheinlich bin ich da auch familiär geprägt. Das war bei uns zu Hause genauso. Das Dritte ist, spürt man hoffentlich, ich bin ein unverbesserlicher Optimist. Also, ich bin überhaupt nicht geneigt, mich durch irgendwelche negativen Dinge runterziehen zu lassen, zumindest nicht länger als 24 h. Ich glaube grundsätzlich daran, dass, wenn man über die Dinge nachdenkt und auch darüber diskutiert, man immer einen Ausweg findet.

I. Schumacher
Im Laufe Ihres beruflichen Werdeganges, da sind Sie ja sicherlich auch auf Widerstände und Hindernisse gestoßen, wie haben die ausgesehen und gibt es da ein Muster?
T. Pelka:
Gibt es da ein Muster – das ist eine gute Frage. Welche Widerstände? Jetzt denke ich erst mal über die Widerstände nach und dann überlege ich mir mal ganz schnell, ob ich ein Muster erkenne. Also, der größte Widerstand, dem ich begegne, um Dinge zum Erfolg zu bringen, und das Muster, das ich daraus ableiten kann. Das passiert immer dann, wenn es nicht gelingt, Betroffene zu Beteiligten zu machen.

Jetzt gebe ich mal Beispiele: Ich habe in einer Projektsituation gesessen, als Programmmanager, hatte damit auch eine übergeordnete Führungsverantwortung, nicht nur für meine Mitarbeiter, sondern auch für die Mitarbeiter des Kunden. Ich stand unter Dauerbeschuss durch den Auftraggeber. Bis zu einem Punkt, an dem ich gesagt habe: „Jetzt reicht es mal." Ich habe denen einfach gesagt: „Passt mal auf, ich habe nicht das Gefühl, dass das, was wir hier machen, euer Projekt ist. Ich habe das Gefühl, das ist mein Projekt. Das wundert mich ein bisschen, weil ihr die Auftraggeber seid. Ich habe nicht das Gefühl, dass ihr euch wirklich als Betroffene und Beteiligte fühlt. Obwohl das, was wir verändern wollen, einen Großteil eurer Organisation verändert." Das war schockierend, weil man so etwas normalerweise nicht zum Kunden sagt.

Dieses Beteiligen im Sinne von ‚Ich lasse dich an der Richtung mitwirken' ist ausschlaggebend. Es muss klar sein, dass man nur verändern kann, wenn man sich an der Veränderung beteiligt und diese dann auch mitträgt. Das ist so das Muster, das ich erkenne. Dieser Widerstand, wenn es darum geht, wirklich beteiligt zu sein und Verantwortung zu übernehmen, das ist schon etwas, was ich sehr häufig erlebt habe. Ansonsten sind die Widerstände sehr häufig in Form von Personen aufgetreten. Häufig ist es die Angst um Position, Angst um Funktion. In solchen Beratungskontexten geht es eben auch um Führungsfunktionen.

Das starre Festhalten an Funktion und Managementposition ist sicherlich der Klassiker, warum wir nicht weiterkommen in Unternehmen.

I. Schumacher:
Jetzt gehe ich mal ein bisschen tiefer rein bei Ihnen persönlich. Welcher Typus Mensch ist es, der Ihnen vielleicht immer wieder begegnet, mit dem Sie Probleme bekommen? Wo Sie merken, da stellt sich mir einer entgegen. Gibt es so etwas?

T. Pelka:
Ja, das ist relativ einfach. Es gibt Führungskräfte, die meinen, nur dadurch, dass sie ihre Mitarbeiter so weit wie möglich runterputzen, sie unter starkem Druck halten, sie so oft beschimpfen wie möglich, dass sie dadurch zu einem besonders guten Arbeitsergebnis kommen. Das ist das typische Führungsprinzip ‚Furcht'. Mit denen komme ich überhaupt nicht klar. Das ist ein Typus, mit dem ich aufgrund meiner Persönlichkeitsstruktur regelmäßig aneinandergerate. Dann gibt es auch auf der Führungsebene Leute, die sind einfach dumm. Ich habe ein großes Problem mit Dummheit. Wenn ich feststelle, dass man sich über Sachthemen und deren emotionale Auswirkung austauscht und Menschen das vom Intellekt überhaupt nicht reflektieren können, dann ist es sehr schwierig für mich, mit denen zu arbeiten, weil ich nicht weiß, auf welcher Ebene ich ihnen begegnen soll.

Beim ersten Typus ist es konfrontativ, und ich weiß, wir kommen sowieso zu keinem Agreement, da ist nur die Frage, wer die stärkere Karte ziehen kann. Beim zweiten gibt es kein Modellrezept. Letztendlich, wenn die Fähigkeiten nicht da sind, wenn auch das Interesse, sich mit bestimmen Dingen auseinanderzusetzen, nicht vorhanden ist, was soll man dann machen. Es gibt einfach Menschen, die sind in Führungspositionen und haben null Interesse daran.

Das sind meistens Fachleute gewesen, die man nach dem Peterprinzip dann irgendwann in diese Rolle gebracht hat, dicht am Autismus. Mit denen kann ich mich natürlich über fachliche Dinge wunderbar austauschen. Aber wenn ich sage: „Pass mal auf, das, was ihr als Team macht, führt nicht zu einem Wertbeitrag im Unternehmen", dann weiß der überhaupt nicht, wovon ich rede. Das ist schwierig. Der Begriff Dummheit ist natürlich schmerzhaft und überzeichnet.

I. Schumacher:
Welche sind Ihre Treiber? Beruflich wie privat?
T. Pelka:
Na, ich hab schon Spaß an Erfolg. Also, machen wir es mal kurz, ich habe schon einen relativ klaren Erfolgsgedanken. Es macht einfach Spaß, Menschen für bestimmte Ziele zu gewinnen, sie aufzustellen und dann mit ihnen gemeinsam beim Kunden Erfolg zu haben. Das treibt mich morgens aus dem Bett, das ist ganz klar. Ich glaube auch daran, dass man Dinge über eine lange Zeit betreiben kann und sie immer wieder um Nuancen so verbessert, dass sie spannend bleiben.

Finanziell war ich am Anfang mal getrieben, das ist es heute nicht mehr. Das ist vielleicht eine Anerkennung, aber es ist nicht das, was einen aus dem Bett bringt. Was mich motiviert, ist, wenn ich am Sonntag in meinen Kalender gucke und hoffentlich drei, vier Termine in meinem Kalender finde, von denen ich sage, da wird ein Thema bewegt oder da treffe ich auf Personen, mit denen zu arbeiten, das macht Spaß. Das sind so die Treiber. Am Ende des Tages ist es der Wunsch, Erfolg zu haben.

I. Schumacher:
Welche Gefühle und Stimmung prägen im Moment Ihren Arbeitsalltag und nutzen Sie diese?
T. Pelka:
Gut, das ist natürlich jetzt zeitpunktbezogen. Wir haben gerade den Jahresabschluss hinter uns, das ist immer eine freudige Zeit, weil die Uhren wieder neu gestellt werden. Man kann ein kleines bisschen durchatmen. Das ist dann wiederum der Auslöser, sich wieder mit der Strategie zu beschäftigen, andere Schwerpunkte zu setzen. Das bringt Stimmung rein.

Im Moment ist es sehr negativ, dass HP vor einem riesigen Personalabbau steht. Das hat uns in einigen Ländern schon getroffen, in einigen sind wir schon durch. Wir stellen fest, dass Netzwerke kaputt gegangen sind, weil man Menschen zu schnell hat gehen lassen. Das tut weh. Löcher im Netzwerk tun nach meinem Verständnis weh, sehr stark sogar. Da sind wir im Moment am Flicken, respektive auch zum Teil am Wiederaufbau, und ich weiß eben leider auch, dass wir mit dem Personalabbau Deutschland noch nicht durch sind. Das ist etwas, das mich sehr umtreibt. Das Problem steht vor mir, ich weiß, was da passieren soll, und ich versuche jetzt, das für mich zu zerlegen und dann das Beste daraus zu machen.

I. Schumacher:
Aufgrund welcher Kriterien und Ergebnissen betrachten Sie Ihre Arbeit als erfolgreich?
T. Pelka:

Das ist eine sehr gute Frage. Das ist sogar die beste Frage bisher. Das muss ich wirklich für mich in zwei Teile zerlegen. Es gibt den Teil: ich als Führungskraft in einem Unternehmen. Ich habe eine Scorecard. Das ist das, woran ich gemessen werde. Diese Scorecard muss ich erfüllen, weil ich sonst aus Sicht des Unternehmens nicht mehr am richtigen Platz bin. Das sind wirklich die klassischen Dinge wie Finanzziele, Kundendurchdringung, Erfolg mit neuen Portfolioelementen und so weiter. Mittlerweile kommen Mitarbeiterbefragungen zur Zufriedenheit mit den Führungskräften hinzu.

Was da nicht abgebildet wird, ist mein persönliches Hauptziel, mein Netzwerk. Wir können das schwarz-weiß malen. Es könnte sein, dass ich auf meiner Scorecard, der offiziellen, glänzend aussehe, aber nicht genug Zeit hatte, um mich um mein Netzwerk zu kümmern. Das würde mir sehr wehtun. Jetzt habe ich gerade wieder ein Jahr hinter mir, in dem ich ausreichend oft in für mich wichtigen Gesprächen, Zukunftswerkstätten oder Ähnlichem war. Ich habe das Gefühl, viel Gutes für mein Netzwerk getan zu haben. Das ist für mich persönlich sehr befriedigend, und ich weiß auch, dass es mir helfen wird, die Ziele zu erreichen, die in meiner Scorecard stehen. Aber das muss man für sich trennen. Dass man sagt, das eine ist das offizielle, das andere ist inoffiziell.

Es macht ja auch Spaß, wenn man erfolgreiche Zahlen produziert, wenn einem jemand auf die Schultern klopft und sagt: „Jawohl, das sieht gut aus, der Bereich läuft gut." Das ist aber nur das Abbild des Resultats. Worum es mir geht, ist ja, Spaß zu haben, Erfolg in dem Prozess zu haben, den Prozess zu gestalten. Ich denke, die Dinge werden durcheinandergebracht, die Metrik, der Report ist das, worauf ich ganz zum Schluss noch mal schauen will. Was wirklich interessant ist, ist der Prozess. Nicht, wie ich zu der Metrik komme, sondern der Prozess, was ich inhaltlich tue, um dieses Ziel zu erreichen. Das ist doch das, was den Erfolg ermöglicht, der Erfolg ist doch nicht die Zahl dahinten. Die Zahl kommt hinten dann automatisch raus, wenn ich die Dinge in der Mitte richtig gemacht habe, und man muss da sehr aufpassen, dass man die Dinge richtig bewertet.

Man könnte es auch schärfer formulieren, wenn man sagt, ich könnte vier Woche durchgängig im Büro verbringen über irgendwelchen Spreadsheets. Vielleicht habe ich die Spreadsheets dann besser getunt, aber ich glaube nicht, dass das, was inhaltlich dahinter steht, dadurch besser geworden ist. Das wird besser dadurch, dass ich rausgehe und etwas mit Menschen tue. Das wird leider, je weiter man sich nach oben bewegt, immer schwieriger. Das ist schon durchaus etwas, von dem ich glaube, dass sich das System ändern muss. Wir haben zu viele Leute, die nur noch auf die Spreadsheets und auf die Eskalations-E-Mails gucken. Wenn ich dem Mitarbeiter sage, es geht nicht um die Frage, ob er den Report richtig ausgefüllt hat, sondern es gilt die Frage, ob er ein gutes Projekt gemacht hat. Das gilt für

Vertriebsleiter-Erfolge genauso wie für alles andere. Deswegen glaube ich auch, dass Führung in meiner Branche immer im Feld stattfindet. Immer draußen, da, wo man Sichtbarkeit erzeugt.

I. Schumacher:
Befinden wir uns derzeit in einem Kulturwandel in Bezug auf Führung und Management?

T. Pelka:
Okay, das will ich doch mal hoffen. Ich glaube, dass wir zu komplett anderen Strukturen kommen werden, dass wir eine Führungskraft brauchen, die viel intensiver gefragt ist als bisher, weil sie viel mehr als Coach arbeiten muss. Sie muss viel dichter an den Themen sein. Die Führungskraft ist aufgefordert sich zu bewegen und das „Wie" zu erklären, aber dann muss sie größtmöglichen Freiraum geben. Die Zahlen kommen dann von selbst raus.

Die Hauptveränderung, die ich sehe, ist wirklich dieses extreme Arbeiten in Netzwerken. Wir stellen fest, dass wir bei uns Projekte ermöglichen können, dass sich Teams zusammenfinden, ohne dass eine einzige Führungskraft eingebunden ist. Was in dem alten hierarchischen Denken undenkbar ist. Erst in dem Moment, in dem es vielleicht zu einer Frage innerhalb eines Genehmigungsschrittes kommt, involvieren Sie Ihre Führungskraft, um das Ganze freizuschalten, das ist ein sehr erwachsenes Verständnis davon, wie man Geschäfte macht.

Ich glaube, die nächste Veränderung wird sein, dass ich Themengebiete auf den Weg bringe. Daraus wird sich eine Keimzelle entwickeln, diese Keimzelle wird sich erweitern und Menschen anziehen, daraus werden sich Communitys entwickeln. Auf der Führungsebene wird sich Weiteres tun, die Communitys werden uns Leute aussortieren. Ich werde feststellen, dass gewisse Menschen keinem Team, keiner Community angehören. Da muss ich mich fragen: „Warum ist das so?" Sitzen die auf einem Thema, das keiner braucht, oder liegt es an der Persönlichkeitsstruktur der Person, dass die Teams sie aussortieren? Teams und Communitys sind aus meiner Sicht brutaler, als die Führungskraft es ist. Die Führungskraft hat dann auch den Versorgerauftrag, sich darum zu kümmern, dass jeder Mensch, der einem organisatorisch zugeordnet ist, dann auch ein Auskommen hat.

I. Schumacher:
Das klingt nach einer Führungskraft, die im Prozess eine moderierende Funktion einnimmt. Dann ist das ein lebendiger Organismus, der sich selbst reguliert.

T. Pelka:
Das wird sich gar nicht vermeiden lassen. Das ist eine zentrale Rolle. Man muss aber das Gesamtpaket verstehen. Letztendlich sind wir in einem Übergangsmodus.

Noch wird oft am hierarchischen Modell festgehalten. Wir haben in manchen Bereichen Pilotprojekte dazu. Es gibt aber auch Bereiche, da fallen wir dann wieder ins hierarchische Modell zurück. Ich würde es als einen Spiralzyklus beschreiben. Wir werden mit jedem Durchlauf besser. Die Coachrolle kann ich genau beschreiben, die Moderatorenrolle kann ich genau beschreiben, ich kann auch den Auftrag beschreiben, mich um die zu kümmern, die in diesen Prozess vielleicht nicht reinpassen. Aus unternehmerischer Steuerungssicht habe ich dann natürlich das Problem zu sagen: „Die Führungskraft muss aber trotz allem." Jetzt spreche ich natürlich nicht über die direkte Führungskraft, die einem Team vorsteht, sondern über die höheren Positionen. Diese Ebene muss in der Lage sein, das gesamte Ökosystem zu organisieren.

Das ist die nächste Schwierigkeit. Wir sind schon gefangen in der Matrix, wir können also nach Funktionen, Ländern, Produktbereichen reporten, wenn wir wollen, jeder hat mindestens zwei oder drei Berichtswege. Ich muss aber jemanden haben, der die Gesamtverantwortung übernimmt. Auf der einen Seite glaube ich, dass dieses System passt. Dass es in unsere Zeit passt. Auf der anderen Seite sind wir von einem Planungs- und Steuerungsteil komplett gefangen. Das ist ein Spannungsfeld, das extrem schwierig aufzubrechen ist.

I. Schumacher:
Da passt die nächste Frage. Was bewirkt Ihrer Erfahrung nach eine Verhaltensveränderung bei Menschen?

T. Pelka:
Ich glaube, dass man die Menschen vom Verhalten her verändern muss. Ich glaube, dass man erst mal die guten Dinge wecken muss. Ich mache das an einem Beispiel deutlich, dass ich vor Kurzem meinem Team gegeben habe.

Ich habe mit sieben Jahren angefangen Fußball zu spielen. Da ich echt untalentiert war, hat man mich in die Verteidigung gestellt. Da hatte man das Gefühl, ich könnte am wenigsten kaputt machen. Ich hatte das Grundprinzip der Raumdeckung komplett durchdrungen, ich bin also immer hin und her gelaufen, und ab und zu, wenn der Ball des Weges kam, habe ich ihn von unserem Tor weggeschossen. Das waren die zwei Fähigkeiten, die ich hatte. Mein Torwart fand das großartig, zumindest einer, der nicht vorne herumläuft. Ich fand das auch großartig. Dann übernahm mein Vater das Traineramt. Er hat mich irgendwann zur Seite genommen und mir klargemacht, dass ich überhaupt keine Ahnung von diesem Sport hatte und auch wenig Talent. Er sagte: „Du kannst keinen Ball kontrollieren. Du kannst keinen Pass schlagen, der da vorne ankommt. Du bist auch nicht richtig Bestandteil des Spiels." Das war ein bisschen schockierend. Ich habe ihn dann gefragt, was ich sonst machen könnte. Er hat gesagt, für das Mittelfeld sei ich nicht ballstark genug und als Mittelstürmer zu langsam. Ich könnte Torwart werden. Torwart hat mir gefallen, weil Torwart, da ist man sehr stark verantwortlich. Also, entweder man fängt den Ball oder man fängt ihn nicht, und wenn man ihn nicht fängt, hat das Team ein Problem. Ich bin ein verdammt guter Torwart geworden.

Jetzt komme ich zurück auf die Frage. Die Verhaltensänderung, die ich versuche zu erreichen, beruht darauf, dass ich mir die Stärken meiner Mitarbeiter angucke. Ich versuche nicht an den Schwächen zu feilen, weil ich glaube, dass das nicht wirklich zielführend ist. Ich bin extrem stärkenorientiert ausgelegt. Die einzige Verhaltensänderung, die ich durchsetzen will, ist die zur Übernahme von Verantwortung. Ich bin zutiefst davon überzeugt, wenn ich Menschen die Chance gebe, eine stärkere Rolle wahrzunehmen aufgrund ihrer fachlichen Fähigkeiten, aufgrund ihrer Sozialkompetenz, dann muss ich eines von Anfang durchsetzen. Ich muss sie für das Ergebnis ihrer Arbeit verantwortlich machen. Es geht um diesen absoluten Spirit. Dieses Verständnis haben wir verbessert, weil wir Verantwortung so unheimlich breit gestreut haben. Das ist ein Stück Verantwortungsbewusstsein, von dem ich sage, das ist der Teil, den ich versuche in die Köpfe zu kriegen.

I. Schumacher:

Gut. Angenommen, sie hätten 15 min weltweite Sendezeit und man würde Sie in jeder Sprache auch verstehen können, was wäre Ihre Kernbotschaft an junge Führungskräfte?

T. Pelka:

Ich sage ganz deutlich: Führung lebt durch Vorbild. Das geht gar nicht anders. Der Satz ist aus meiner Sicht unumstößlich. Setzt auf Netzwerke und setzt auf Verantwortung, auch auf Verantwortung für andere. Ich denke, man kann extrem viel bewegen, wenn man den Schritt geht und sagt: „Ich nehme es." Ich nehme es, ich nehme den Ball – Fußball ist eine sehr gute Analogie. Ich führe dieses System, diese Gruppe, diese Community dahin, wo sie erfolgreich ist.

Wovon man die Finger lassen sollte? Man sollte aufhören, Menschen kleinteilig zu managen. Menschen sind motiviert, davon bin ich 100-prozentig überzeugt. Menschen sind auch in Summe intelligent. Einzelfälle sollte man lieber ignorieren. Menschen haben auch ein Verständnis dafür, welchen Wertbeitrag sie liefern können. Das kennt jeder, der mit Kindern zu tun hat. Denen muss man nicht sagen, wie das Spiel zu spielen ist, die fangen an zu spielen, und jeder findet in der Regel, je mehr Freiheit man ihm gibt, seine Rolle. Die, die sozial auffällig werden, sortiert man aus, so ist es in der Arbeitswelt auch. Die Dinge muss man nicht regeln.

Was man regeln muss, ist das Ziel, die Vision. Was ist Strategie des Unternehmens? Verantwortung zu delegieren. Verantwortung in Gruppen zu delegieren. Die Gruppe muss bereit sein, Fehler zu machen und den eingeschlagenen Weg zu verlassen, um dann einen anderen Weg zu gehen. Weil ich letztendlich mit den Kräften, die ich als Unternehmen habe, als Team, als Gruppe, als europaweiter Bereich, haushalten muss.

Das Haushalten ist etwas, wo wir besser aufpassen müssen. Wir haushalten oberhalb unserer Verhältnisse. Es gibt Manche Menschen, die finden es toll, wenn sie 60 h arbeiten und am Wochenende E-Mails beantworten. Ich halte das für groben Unfug. Wir sollten 40 h anders arbeiten. Wir arbeiten nicht mehr „Nine to Five", wir sollten so arbeiten, wie es unserem Biorhythmus, der Projektsituation, was auch immer, entspricht. Wenn ich aber zu etwas ‚Ja' sage, jetzt bin ich beim Thema Verantwortung, dann mache ich das auch. Wenn ich zu oft ‚Ja' sage, bekomme ich wahrscheinlich Probleme mit meiner Zeit. Wenn ich der Meinung bin, dass ich der erste und einzige Experte für das Thema bin, dann habe ich ein Problem mit meiner Wissensvermittlung. Ich muss ein bisschen schmunzeln, weil ich mich an meinen alten Mentor erinnert fühle. Eine der ersten seiner Botschaften war: „Sobald man etwas wirklich verstanden hat, muss man es sofort weitererzählen." Wenn man es verstanden hat, muss man es sofort an den nächsten weitergeben. Es bewirkt zwei Dinge, A man verbreitet Wissen und B man setzt sich selbst unter Druck, etwas Neues zu lernen. Man bleibt nicht in seinem Elfenbeinturm stehen und hält sich für unersetzlich, weil man das Wissensmonopol besitzt, die Zeiten sind vorbei.

7.3 Worum es hier geht

Hierarchische Führung, das wird schlicht und ergreifend in der Komplexität, in der wir uns bewegen, nicht funktionieren. Grundsätzlich glaube ich daran, dass die Hierarchien, wie wir sie kennen, sich sukzessive auflösen werden. Thorsten Pelka

Alte Modelle und Strukturen greifen zunehmend nicht mehr. Weltweite Krisen erschüttern die Wirtschaft und mir ihr die globale Gesellschaft. Die Welt steht an der Schwelle tief greifender Veränderungen. Immer noch versuchen überall auf der Welt Menschen, die in Führungsverantwortung stehen, den Status quo aufrechtzuerhalten. Dies gelingt nur durch gewaltigen Einsatz von Kraft und Energie – und es gelingt zunehmend schlechter. Wäre es nicht sinnvoller, diesen Aufwand an Kraft und Energie in die bewusste Veränderung der Ist-Situation zu investieren und die Zukunft somit aktiv mitzugestalten?

Führung ist ein zentrales Thema in der Wirtschaft und der Organisationspsychologie. Es gibt unzählige Führungsprogramme und Führungstheorien. Letztlich steckt für die Wirtschaft hinter der Beschäftigung mit dem Thema Führung die

Frage nach dem Erfolg. Für die Psychologen ist es komplexer. Das eingangs ge-
nannte Modell der „Great Man Theory" entspricht der patriarchalischen Führung
und gehört zu den sogenannten Eigenschaftstheorien. Die moderne Führungsforschung hat Modelle und Theorien wie die der Great Man Theory jedoch schon
lange beiseitegelegt und beschäftigt sich mit anderen Ansätzen.

Es entspricht der Mentalität der westlichen Leistungsgesellschaften, an dem
Glauben an die eine starke Führungsperson festzuhalten. In dieser Idee spiegelt
sich der Individualismus und das Leistungsprinzip, das vor allem durch die Baby-
boomer-Generation geprägt wurde, wider. Ähnlich verhält es sich mit den ver-
haltenstheoretischen Ansätzen der Führung. Hier geht es um das Verhalten einer
Führungskraft, also ihren Führungsstil. Auch dieser Ansatz hält sich hartnäckig,
denn er suggeriert, dass man den „richtigen" Führungsstil trainieren kann.

Bei all dem wird eines außer Acht gelassen, nämlich dass zur Führung zwei
Seiten notwendig sind: die Führungskraft und die Gruppe der Geführten. Wenn
man die Interaktion zwischen diesen beiden Seiten nicht in die Betrachtung mitein-
bezieht, dann wird man dem Thema Führung und vor allem dem Führungserfolg
nicht gerecht.

Die Forschung ist sich dessen bewusst, und in den vergangenen 20 Jahren hat
sich die Wissenschaft verstärkt mit diesem Aspekt der Führung beschäftigt. Der
vielversprechendste Ansatz, den die Forschung zu bieten hat, ist die „Transformationale Führung". Diese Theorie hat nicht nur die Führungskraft im Fokus,
sondern sie bezieht die Interaktion zwischen Führung und Geführten mit ein. Die
Führungskraft kann nur so gut sein, wie es ihr Team zulässt. Diese Austauschbeziehung zwischen beiden Seiten gilt es zu analysieren und zu beachten. Es muss
eine Passung zwischen Manager und Team bestehen – und diese ist jeweils eine
individuelle. Das heißt, eine Führungskraft, die in einem bestimmten Umfeld ungeheuer erfolgreich geführt hat, muss nicht zwingend in einem anderen Kontext
mit anderen Geführten wieder so erfolgreich sein. Diese Individualität ist es, die
so spannend und gleichzeitig so schwer zu verstehen ist. Dieser Fakt trägt die Botschaft in sich, dass das, was für ein Unternehmen funktioniert, nicht immer über-
tragbar ist auf ein anderes Unternehmen. Noch nicht einmal von Team zu Team
muss das funktionieren.

Warum aber dann Transformationale Führung und was besagt sie konkret?

Es geht bei diesem Konzept um eine Austauschbeziehung zwischen der Führungskraft und den Geführten. Die Qualität dieser Beziehung ist das wesentliche
Element. Die Führungskraft hat die Möglichkeit, diese Beziehung aktiv zu gestalten. Die beiden Professoren Bernard Bass und Bruce Avolio entwickelten das
Konzept der Transformationalen Führung aus einem älteren Konzept heraus und

formulierten die sogenannten vier „I" oder auch Basisstrategien. Diese Basisstrategien beschreiben, wie die Beziehung zwischen Führungskraft und Geführten zu gestalten ist:

- Individualisierter Einfluss (Charisma) – die Führungskraft übernimmt ethische Verantwortung für ihr Tun. Sie hat Werte und lebt diese sichtbar. Das, was sie sagt, lebt sie auch. Die Führungskraft ist ein Vorbild.
- Inspirative Motivation – die Führungskraft formuliert attraktive Zukunftsvisionen und betont die Bedeutung der bevorstehenden Aufgaben. Sie ist optimistisch und engagiert.
- Intellektuelle Stimulation – die Führungskraft unterstützt den Mitarbeiter in einer kritischen Haltung zum Status quo. Sie belohnt neue und kreative Lösungsansätze und Inspirationen.
- Individuelle Beachtung – die Führungskraft kennt und berücksichtigt die individuellen Bedürfnisse und Fähigkeiten der Mitarbeiter. Sie ist Coach und Mentor.

Die Anforderungen der globalisierten Welt, das Tempo, mit dem wir heute umgehen müssen, die Vielfalt der Wahlmöglichkeiten, das hohe Maß an Eigenverantwortung und gleichzeitig die Unsicherheit unserer Zeit, all das ist schwierig zu managen. Das Konzept der Transformationalen Führung gilt für solche Kontexte als besonders geeignet. Schon heute stehen viele Führungskräfte vor der herausfordernden Aufgabe, Teams zu führen, die an verschiedenen Standorten lokalisiert sind, sogenannte virtuelle Teams. Wie führen Sie, wenn Sie keine räumliche Nähe zu Ihren Teams haben und wenn selbst die Teammitglieder nicht alle am selben Standort sind? Das Führen virtueller Teams in komplexen Strukturen bedeutet eine besondere Herausforderung. Diese Art der Führungsarbeit ist jedoch für viele Führungskräfte heute schon Normalität und wird sich zukünftig weiter ausbreiten.

Es wird deutlich, dass ein anderes, neues Führungsverständnis hergestellt werden muss, denn die Zeiten des Taylorismus sind vorbei und somit auch die Führungsideale einer solchen Epoche. Heute steht der Mensch im Fokus, Führungskraft wie Mitarbeiter. Es wird in Zukunft stärker darum gehen, wie Beziehungen gestaltet werden. Über die Beziehung zwischen Führungskraft und Mitarbeiter wird der Führungserfolg erreicht.

Wie sehr sich Arbeit, Organisationen und somit auch Führung in den vergangenen 120 Jahren verändert haben, wird in den sogenannten Menschenbildern deutlich. Menschenbilder dienen dazu, den Zeitgeist zu beschreiben und abzubilden. Die Arbeits- und Organisationspsychologie hat fünf solcher Bilder definiert:

- Economic Man: Das Menschenbild des Taylorismus, wonach ein Mensch einzig durch monetäre Anreize zu motivieren ist. Der Mensch gilt als antriebslos und faul. Dieses Menschenbild entstand um 1900.
- Social Man: Der Mensch als soziales Wesen, das über die sozialen Kontakte und Beziehungen am Arbeitsplatz motiviert wird. Dieses Menschenbild entstand um 1930.
- Self-actualizing Man: Der Mensch will Anteil am Geschehen nehmen und eigene Entscheidungen treffen. Der Sinn seiner Arbeit und die Mitgestaltung an der Tätigkeit sind ihm zunehmend wichtig. Dieses Menschenbild entstand um 1960.
- Complex Man: Dieses Menschenbild vereint alle vorhergehenden Menschenbilder in sich und erkennt, dass der arbeitende Mensch alle diese Komponenten in sich vereint. Dieses Menschbild entstand um 1990.
- Virtual Man: Dieses jüngste Menschenbild, welches gerade dabei ist sich zu formen, zeigt auf, welche Veränderungen und Anforderungen die Globalisierung und die modernen Kommunikationstechnologien für den arbeitenden Menschen mit sich bringen. Dieses Menschenbild wird mit 2010 datiert und befindet sich noch in der Entwicklung.

7.4   Was hat das mit mir zu tun?

Von besonderer Bedeutung ist im Konzept der Transformationalen Führung der Part der idealisierten Beeinflussung. Hier geht es um Werte und die damit verbundene Haltung der Führungskraft. Die individuellen Werte einer Person befähigen sie dazu, Mitarbeiter zu motivieren und zu inspirieren. Wer eine Werthaltung besitzt, ist in der Lage, auch kritische Auseinandersetzungen mit der eigenen Person, den eigenen Ansichten und Zielen auszuhalten. Eine Führungskraft, die sich ihrer Werte bewusst ist, diese sichtbar lebt, kann für ihre Mitarbeiter ein Vorbild sein. Diese Vorbildfunktion befähigt sie dann, auch ein geeigneter Mentor und Coach zu sein.

Das Thema der persönlichen Werte hat für jeden Menschen Bedeutung. Jeder verfügt über Werte, häufig sind uns diese Werthaltungen jedoch gar nicht bewusst. Diese Werte geben uns in unserem Leben Orientierung, ohne sie treiben wir wie ein Blatt im Wind. Dieses Bild verdeutlicht sehr gut, warum es gerade für Führungskräfte wichtig ist, Werte zu besitzen und sich ihrer auch bewusst zu sein. Orientierungslosigkeit, keine klare Linie zu haben bis hin zur Beliebigkeit, das sind denkbar schlechte Voraussetzungen für einen Manager. Von ihm erwartet der Kollege, der Mitarbeiter, der Kunde, dass er weiß, wofür er steht. Das bedeutet nicht, dass ein Manager immer genau weiß, wohin die Reise geht, aber aufgrund seiner Werthaltung strahlt er Stärke und Ruhe aus und kann gemeinsam mit seinen Mitarbeitern den richtigen Weg finden. Orientierung zu haben ist heutzutage wichtiger denn je. Die Schnelllebigkeit unserer Zeit, die Komplexität, das Ausmaß an Optionen, unter denen wir wählen können, die Enttraditionalisierung, all dies können wir nur leben und auch überleben, wenn wir unser eigener „Lotse" sind. Dieses Bild zeigt wiederum sehr schön, warum wir Werte brauchen und warum wir sie uns bewusst machen sollten. Sie sind die inneren „Leuchtfeuer", die uns die Richtung weisen. Das gibt Sicherheit. Aus der Sicherheit kann Kraft entstehen und dies führt im nächsten Schritt zum Mut. Mut, den jeder von uns benötigt, um Entscheidungen zu treffen.

Entscheidungen treffen, auswählen, welche Option man wahrnimmt und welche man links liegen lässt. Heute ist dies ein elementarer Bestandteil unseres Lebens. Da gibt es keinen Staat, keine Kirche, keine Partei, die uns das abnehmen. Wir verfügen über die Freiheit, selbst zu entscheiden, und somit haben wir die Verantwortung für unser Tun. Das ist die andere Seite der Freiheit – Verantwortung. Eigenverantwortlich entscheiden und handeln.

Während Sie dies lesen, denken Sie vielleicht schon darüber nach, welches Ihre individuellen Werte sind. Was ist Ihnen wichtig? Woran orientieren Sie sich? Welches sind Ihre „Leuchtfeuer" und bei welchen Gelegenheiten in Ihrem Leben leuchten diese auf?

7.5 Coachingfrage zum Thema „Werte"

Welches sind meine Werte und wie gehe ich mit ihnen um?

Mit dem folgenden Coachingtool können Sie Ihre persönlichen Werte ermitteln und reflektieren. Die Übung ist einfach durchzuführen, erfordert jedoch Ruhe und die Bereitschaft zur Selbstreflexion. Sie können sich bei dieser Übung auch gut mit einem nahestehenden Menschen austauschen. Erfahren Sie über das Feedback Ihres Gegenübers, welche Werte er in Ihrem Verhalten wahrnimmt.

7.6 Coachingtool zur Ermittlung der persönlichen Wertelandkarte

Es geht darum, Ihre persönliche Wertelandkarte zu ermitteln. Sie müssen sich dazu überlegen, welche Werte für Sie wichtig sind, nach welchen Werten Sie leben. Die Übung ist so angelegt, dass Sie sich für zehn Werte entscheiden müssen.

Wenn Sie Ihre zehn Werte für sich ermittelt haben, gehen Sie durch folgende Arbeitsschritte

1. Benennen Sie Ihre zehn wichtigsten Werte.
2. An welchem dieser Werte haben Sie schon mal gezweifelt?
3. Bei welchem Wert wären Sie bereit, Kompromisse zu machen?
4. Welche Werte sind für Sie besonders wichtig?
5. Gibt es Werte, die für Sie unverzichtbar sind?
6. Für welche Ihrer Werte sind Sie bereits offen eingetreten?
7. Gibt es Werte, für die Sie bereit wären, Ihr Leben einzusetzen?

Nun können Sie aktiv werden. Das bedeutet, Sie schreiben sich Ihre Werte auf Karten und breiten diese vor sich aus. Dies dient der Visualisierung und macht Ihre Werte für Sie plastischer. Sie können nun zuordnen, welche Werte für Sie im beruflichen Kontext im Vordergrund, welche primär für Ihr privates Umfeld stehen. Gibt es überhaupt eine Differenzierung? Wenn ja, welche Werte würden Sie gerne von einem Lebensbereich in den anderen mitnehmen? In welchen Situationen handeln Sie nach Ihren Werten? Gibt es Muster, das heißt wiederkehrende Situationen, in denen Sie sich nach einem bestimmten Wert verhalten? Lösen bestimmte Menschen ein spezifisches Verhalten bei Ihnen aus?

Im nächsten Schritt sollten Sie sich eine Wertekarte auswählen und sich diesen Wert als Tages- oder Wochenziel setzen, das bedeutet, Sie achten darauf, in dem von Ihnen gewählten Zeitraum diesen Wert gezielt einzusetzen und ihm entsprechend zu handeln. Achten Sie darauf, wie gut Ihnen dies gelingt. Führen Sie wenn möglich Tagebuch und notieren Sie sich die Situationen, in denen Ihnen die Werthaltung gelungen ist, und wie sie sich dabei gefühlt haben. Notieren Sie auch die Gelegenheiten, in denen es Ihnen nicht gelungen ist, und reflektieren Sie jeweils, was Sie erfolgreich gemacht hat oder was Sie scheitern ließ.

Diese Übung ist eine Lebensaufgabe, Sie werden damit nie an ein Ende kommen. Im Sinne des lebenslangen Lernens und der Weiterentwicklung können Sie dieses Tool immer wieder neu anwenden. Sie können auch weit mehr als zehn Werte für sich definieren. Finden Sie heraus, welches Ihr Weg ist und wie diese Übung für Sie am besten funktioniert.

Kultur und Vertrauen

8

Christian Legat, zum Zeitpunkt des Interviews CEO bei der CCC Competence Call Center GmbH

Inhaltsverzeichnis

Zusammenfassung

In diesem Kapitel erfahren Sie, wie Sie Beziehungen im Berufsleben gestalten können und damit die Kultur im Unternehmen positiv verändern und prägen können.

Die Führungsaufgabe ist in unserer Zeit zunehmend dadurch geprägt, Menschen zu führen. Es sind nicht mehr primär fachliche Kompetenz und Aufgabe, die im Vordergrund stehen, sondern die Auseinandersetzung mit dem Faktor Mensch. Unsere Gesellschaft entwickelt sich stetig in Richtung einer Dienstleistungs- und Informationsgesellschaft. Das muss zwangsläufig dazu führen, dass der Mensch im Fokus des Interesses steht.

Unternehmen fokussieren jedoch immer noch in höherem Maße Zahlen, Strategien und Fachlichkeit. Dies wird dem Menschen nicht gerecht. Zwar wissen alle, dass sich etwas ändern muss, und abzulesen ist das an den Weiterbildungsangeboten und Kursen der Business- sowie Management- schulen. Zunehmend werden Themen wie „Social Skills" und „Kommunikation" angeboten und in die Curricula aufgenommen. Spürbare Veränderung in Richtung eines besseren Umgangs miteinander findet man allerdings nur selten. Woran

© Springer Fachmedien Wiesbaden 2015   131
B. Kaschek, I. Schumacher, *Führungspersönlichkeiten und ihre Erfolgsgeheimnisse*,
DOI 10.1007/978-3-658-04434-3_8

das liegt? Soziale Kompetenz ist keine Technik, die man mit Hilfe einiger Tools trainieren und bei Bedarf abrufen kann. Soziale Kompetenz bedeutet lebenslanges Lernen und Arbeiten an der eigenen Person.

8.1 Vita

Christian Legat wurde am 09.04.1977 geboren. Er ist seit 2011 als CEO bei der CCC Competence Call Center GmbH tätig. Dort begann sein beruflicher Lebenslauf 1999 als Call-Center-Agent. Über die Zeit hat er verschiedene Positionen bei CCC eingenommen. Er war im Bereich Teamleitung und als Managing Director tätig und wurde dann Call-Center-Director.

2004 hat er im Rahmen des European Contact Center Award die Auszeichnung „European Call Center Professional of the Year" erhalten.

Herr Legat ist neben seiner beruflichen Tätigkeit auch als Dozent an der Direct Marketing Akademie Austria tätig. Er lebt mit Frau und zwei Kindern in Wien und pendelt zwischen Wien und Berlin.

8.2 Interview

I. Schumacher:
Welche ist die zentrale Frage bei Ihrer Arbeit als CEO, als Führungskraft?
C. Legat:
Die zentrale Frage ist, Mitarbeiter zu entwickeln und den Unternehmenserfolg sicherzustellen. Also, die Aufgabe als Führungsperson ist es, eine Struktur zu schaffen, die es Mitarbeitern ermöglicht, sich zu entwickeln. Warum sage ich entwickeln – ich könnte mir denken, dass das branchenspezifisch ist. Wir sind in einer

Branche, die noch nicht so alt ist. Es ist eine junge Branche, die sich in den letzten 20 Jahren massiv entwickelt hat. Wir befinden uns mit dem, was wir tun, in einem Spannungsfeld. Wir sind im Outsourcing tätig, in einem Niedriglohnsektor, und zudem müssen wir die Anforderungen unserer Partner erfüllen. Wenn Sie in einem Umfeld sind, das stark wächst, das auf der einen Seite noch nicht so reguliert ist wie Branchen, die es schon seit Jahrzehnten gibt, dann führt das dazu, dass das mittlere Management von besonderer Bedeutung ist. Ich glaube, das ist in jedem Unternehmen so, aber für unser Unternehmen kann ich das so beschreiben. Wir haben ein sehr personalintensives Geschäft, wir haben sehr viele Mitarbeiter. Das mittlere Management bewegt sich in einem Spannungsfeld zwischen Mitarbeiterunterstützung und dem Erreichen von Ergebnissen, also mit dem Partner vereinbarten KPIs. Auf der anderen Seite bekommt das mittlere Management von der darüberliegenden Ebene gewisse Themen vorgegeben. Das sind Fragen, wie z. B. die, wie wir mit Dingen umgehen wollen, welche Ziele wir uns gesteckt haben. Ich glaube, Erfolg und Ziele bedingen einander. Wann bin ich erfolgreich? Wenn ich gewisse Ziele, die ich mir gesteckt habe, auch erreiche. Da ist es wichtig, die Mitarbeiter zu befähigen, die Ziele zu erreichen, das ist für mich ein zentrales Element.

I. Schumacher:
Was machen Sie konkret, um Ihre Mitarbeiter zu entwickeln?
C. Legat:
Wir haben schon relativ früh eine eigene Akademie gegründet. Wir nennen das den CCC Campus. Dieser Campus basiert auf drei Säulen. Die erste Säule ist die Academy, sie ist für alle Mitarbeiter. Die zweite Säule ist das College, das ist für das mittlere Management, und dann gibt es noch die University, die ist für die Manager, hier wird auch mit externen Dozenten gearbeitet. In der Academy geht es um grundlegende Themen, wie z. B. Arbeitsbewältigung, Kommunikationstrainings usw. Wir haben ein buntes Potpourri an Mitarbeitern mit verschiedenen Hintergründen, auch verschiedene Kommunikationsniveaus. Das heißt, hier werden Mitarbeiter auf ein einheitliches Kommunikationsniveau gebracht, um für unsere Auftraggeber die verschiedenen Themen angemessen zu bearbeiten. Neben den Kommunikationsthemen gibt es Themen wie Beschwerdemanagement, aber auch Zehn-Finger-Schreibsystem oder Bearbeitung von Korrespondenz. Rechtschreibung, Empathie sind ganz wichtig. Im Schriftverkehr den roten Faden durchziehen. Den Kunden abholen, wo er ist. Das alles sind Elemente des einen Teils der Academy. Der zweite Teil der Academy ist es, Mitarbeiter einzubinden. Was bedeutet das? Wenn ein Mitarbeiter eine spezielle Fähigkeit besitzt, dann laden wir ihn ein, diese Fähigkeit an andere weiterzugeben. Das können ganz unterschiedliche Dinge

sein. Wir haben an einem Standort einen Mitarbeiter, der kann Origami falten und
der bietet dann Origami-Kurse an. Fremdsprachen sind ein großes Thema und es
gibt viele Sportgruppen. Ein Mitarbeiter, der etwas kann, bringt sich ein. Dadurch
wird er an das Unternehmen gebunden, er erfährt einen Mehrwert und hat Spaß
daran. Für mich ist eines der wesentlichen Elemente, um erfolgreich zu sein, dass
man Spaß an dem hat, was man macht. Auf diesem Prinzip basiert die Academy.
Die mittlere Säule ist das College, da werden Hard und Soft Skills vermittelt. Zu
den Hard Skills gehören unter anderem die Themen: Wie bewältige ich meine Arbeit? Was gibt es für Abläufe, welche Prozesse gibt es? Das andere wären dann
die Soft Skills. Wenn ich im mittleren Management tätig bin, Ansprechpartner für
den Mitarbeiter bin: Wie kann ich mich selbst motivieren, wie kann ich Mitarbeiter motivieren und wie kann ich sicherstellen, dass Botschaften ankommen? Die
Entwicklung des Mitarbeiters hin zur Führungskraft, das wird am College abgebildet. In der University geht es um Spezialthemen, wo wir mit externen Trainern
zusammenarbeiten. Das ist speziell für unsere Supportteams in der IT und Finance.
Da besitzen wir intern nicht die ausreichende Qualifikation, diese Leute weiterzuentwickeln. Daher arbeiten wir dort dann mit Hilfe externer Trainer. Hilfe.

I. Schumacher:

Wie sind Sie auf diese Idee gekommen?

C. Legat:

Wie sind wir auf die Idee gekommen? Es war so, dass wir gesehen haben, dass
unser Unternehmen relativ stark wächst. Vielleicht auch kurz zu meinem Kontext.
Ich habe in dem Unternehmen mal neben meinem Studium begonnen. Ich habe
ganz was anderes studiert, Genetik und Russisch. So eine klassische, sagen wir
mal: Call-Center-Karriere. Während meines Studiums habe ich mich entschlossen,
eine Weltreise zu machen. Um die zu finanzieren, habe ich bei CCC als Call-Cen-
ter- Agent begonnen, das war einer von drei Jobs. Ich habe mich im Unternehmen
weiterentwickelt, bis eben über die Jahre hin zum CEO. Wir haben ein Programm
entwickelt, das nennt sich: „Wir suchen den nächsten CEO." Wir sind ein sehr
durchlässiges Unternehmen. Es entstand aus dem Thema heraus der Gedanke, dass
unsere Branche sehr jung ist. Es gibt kaum Kurse, die stark an diese Themen angepasst sind. Es gibt auch nicht so viel Expertise am Markt. Wir haben früher im
Outsourcing und im Bereich Training gearbeitet, wo wir mit unseren Trainern vor
Ort beim Kunden Trainings durchgeführt haben. Aus diesem Trainingsthema hat
sich das entwickelt, diese Führungskräfte-Akademie, die wir dann umbenannt haben in Campus, weil das eher das Miteinander abbildet. Es treffen sich dort unterschiedliche Leute und lernen gemeinsam. Das war für uns immer ein wichtiges
Element, um erfolgreich zu sein und auch um unsere CCC-Standards einzuhalten.
Wir sind in acht verschiedenen Ländern tätig, an 13 unterschiedlichen Standor-

ten. Daher war es uns immer wichtig, dass ein Partner, der mit uns am Standort A arbeitet, auch am Standort B arbeitet. Wir machen das jetzt im 13. Jahr, diesen CCC-Campus.

I. Schumacher:

Was bedeutet für Sie Erfolg in Ihrer Tätigkeit?

C. Legat:

Erfolg bedeutet für mich, gesetzte Ziele zu erreichen. Das kann mannigfaltig sein. Wenn man ein Unternehmen führt, dann ist das betriebswirtschaftliche Ergebnis ein gewisser Erfolgsfaktor. Aber das ist immer nur das Ergebnis. Das, was Sie davor machen, ist ja viel entscheidender, die Summe an Themen, auf die Sie einwirken, um dann dieses Ergebnis zu erzielen, das ist die eigentliche Tätigkeit. Das ist das, was Spaß und Freude macht. Ich persönlich glaube, dass Sie in Themen erfolgreich sind, in denen Sie auch Spaß haben. Wenn Sie ein Thema bearbeiten, welches Ihnen wenig Freude bereitet, dann werden Sie auch nicht so erfolgreich sein. Sie werden es vielleicht erfolgreich abschließen, aber um dann diese „Extrameile" zu gehen oder besonders erfolgreich in Themen zu sein, das gelingt in meiner Wahrnehmung dann, wenn man Freude an der Tätigkeit hat. Ziele zu erreichen, ich glaube das ist die Definition von Erfolg. Für mich ist es nicht nur das Erreichen, sondern auch das erfolgreiche Gestalten des Weges zum Ziel. Der Weg zum Ziel gehört zum Erfolg. Ich kann vielleicht dasselbe Ergebnis erzielen ohne eigenes Zutun, durch Glück, aber das ist keine Strategie.

I. Schumacher:

Was hat Sie erfolgreich gemacht? Was waren zentrale Erlebnisse, Gedanken und Beobachtungen?

C. Legat:

Es gibt ein Erlebnis. Als ich 12 Jahre alt war, habe ich die Special Olympics gesehen. Das war für mich ein prägendes Ereignis. Es gibt diesen olympischen Gedanken, dabei sein ist alles. Bei den Special Olympics gibt es das Statement der Teilnehmer: „ Lass mich gewinnen. Sollte es mir nicht gelingen, dann will ich versuchen, mein Bestes zu geben." Das hat mich als Kind beeindruckt. Dieser Angang, zu sagen: „Ja, eigentlich will ich gewinnen, aber wenn mir das nicht gelingt, dann möchte ich es aber so gut wie möglich machen." Das ist für mich ein zentrales Element. Wenn ich etwas mache, dann versuche ich das bestmöglich zu machen. Mit diesem Ansatz können Sie eigentlich nur gewinnen, weil Sie sich nichts vorzuwerfen haben. Natürlich wird es immer Priorisierungen geben, das gehört auch zum Managementalltag dazu. Aber diesen Ansatz zu wählen und zu sagen, ich will gewinnen, und weil ich gewinnen will, muss ich mein Bestes geben, das ist etwas, was mich in früher Jugend geprägt hat. Das ist mein persönliches Leitmotto.

I. Schumacher:
Wie hat Ihr Lebenskonzept zu Beginn Ihrer Berufstätigkeit ausgesehen?
Hat es sich verändert und wenn ja, in welcher Weise?
C. Legat:
Ja, mein Lebenskonzept. Die Frage ist, ab wann spricht man von Lebenskonzept. Als ich 14 Jahre alt war, habe ich mich entschieden, auf das Militärrealgymnasium an der Theresianischen Militärakademie zu gehen. Man ist dort Zögling, das kommt noch aus der K.-u.-k.-Zeit. Es ist eine Institution, die eigentlich dazu dient, den Nachwuchs für das österreichische Bundesheer großzuziehen. Ich bin dort hingegangen, weil ich eigentlich Hubschrauber-Pilot werden wollte. Ich fand das spannend. Was man dort lernt, ist durchaus Kameradschaft, Zusammenhalt, Vertrauen, also auch, welche Macht Vertrauen hat im Sinne von: Wenn man jemandem vertraut, dann können daraus große Dinge entstehen. Das war so der erste Abschnitt. Am Ende habe ich mich dann entschieden, nicht beim Militär zu bleiben. Ich habe mich immer sehr für Naturwissenschaften interessiert und bin ein eher logisch-analytisch denkender Mensch. Ursprünglich wollte ich dann technische Physik und technische Mathematik studieren. Ich habe dann eine Veranstaltung an der Universität besucht. Dort wurde einem von einem etwas skurrilen Professor erklärt, dass das völlig brotlose Kunst sei und man es eigentlich gar nicht machen sollte. Ich glaube, die haben damit eine Hürde gesetzt. Ich habe mich dann für Genetik und Russisch entschieden. Russisch hatte ich an der Schule, Genetik hat mich interessiert, weil es auch logisch-analytisch ist. Dann bin ich eben zu diesem Job im CCC gekommen. Am Ende meines Studiums hatte ich die Möglichkeit, in ein kleines Forschungsteam zu gehen. Da gab es eine begrenzte Zahl von Teammitgliedern, von denen auch jeder seine Eigenwilligkeiten besaß. Das ist so in der Grundlagenforschung. Ein anderes Thema ist dort, sie können ein genialer Geist sein, auf das falsche Pferd setzen und jahrelang frustriert Forschung betreiben. Ich habe gemerkt, nachdem ich nebenbei hier in diesem Unternehmen gearbeitet habe, dass mir das Arbeiten mit Menschen sehr viel Spaß macht und dass es das ist, was ich gerne weiter machen möchte. So habe ich mich dann entschieden, meinen Weg bei CCC zu suchen. Ich bin dann vom Agenten zum Supervisor weiter zum Projektmanagement gegangen. Habe Sonderprojekte geleitet. Eines dieser Projekte war der Markteintritt in Deutschland. Den Standort in Berlin aufbauen. Später war ich dann operativer Vorstand.
I. Schumacher:
Was ist der Reiz daran, mit Menschen zu arbeiten?
C. Legat:
Der Reiz daran ist, dass jeder Mensch anders ist. Das Individuelle des einzelnen Menschen, das macht Spaß. Es ist immer ereignisreich. Wenn man mit vielen Men-

schen arbeitet, dann ergeben sich auch viele Themen. Fehler werden zwangsläufig passieren. Es gibt persönliche Hintergründe und Schicksale. Der Reiz besteht nach meiner Wahrnehmung darin, dass man gemeinsam ein Ziel erreicht, gemeinsam auf ein Ziel hinarbeitet. Ich kann mir nicht vorstellen, Einzelsportler zu sein. Das bin ich nicht. Ich glaube, dass Sie im Team Erfolge ganz anders erleben als ein Einzelsportler. Ich habe in der Vergangenheit eine Auszeichnung als European Call Center Professional of the Year erhalten, das ist ein tolles Gefühl, aber wenn sie das vergleichen mit Dingen, die wir als Team erreicht haben, dann kann ich mich an den Teamerfolgen länger erfreuen. Da haben mehrere mitgearbeitet, und aus den Themen, an denen man gearbeitet hat, ergeben sich dann einfach auch wieder andere Blickwinkel durch unterschiedliche Personen. Ich glaube, wer von sich behauptet, dass er als Einzelner stärker ist als ein Team, tja, das ist eine gewagte Aussage.

I. Schumacher:
Würden Sie sich im positiven Sinne als neugierigen Menschen einschätzen?
C. Legat:
Ja, ich bin schon neugierig. Ich bin interessiert. Für mich gehört dazu, dass man offen durchs Leben geht. Für mich gehört auch dazu, dass ich jeden Tag, wenn ich hier reinkomme, nach wie vor genügend Verbesserungspotenzial sehe, das macht mir Spaß. Dieses Verbesserungspotenzial gilt es gemeinsam zu realisieren. Diese Offenheit spiegelt sich bei uns im Konzept wider. Wie wir die Standorte auswählen und auch aufbauen, dass wir keine getrennten Büros für Teamleiter und Projektmanager haben. Selbst der Vorstand sitzt mitten im Team. Weil wir diese Interaktion, das Offene und die Kommunikation damit fördern wollen. Die Grundidee der offenen Kommunikation, der Transparenz, aber eben auch der Neugier. Wenn ich dort mittendrin sitze und etwas höre, von dem ich denke, da gibt es Potenzial, dann kann ich meiner Neugier freien Lauf lassen und hinterfragen. Ich glaube, Neugier gehört auch immer so ein bisschen dazu, wenn Sie erfolgreich sein wollen. Sie wollen ja nicht den Status quo abbilden, sondern Sie wollen sich weiterentwickeln.

I. Schumacher:
Was würden Sie als Ihre drei Hauptstärken bezeichnen?
C. Legat:
Meine drei Hauptstärken. Das ist eine sehr beliebte Frage, die stellt man selbst gerne in Bewerbungsgesprächen. Integrität, das ist sicher eines der Themen, Authentizität. Mit den beiden geht einher das Thema Verlässlichkeit, dass man sich auf Aussagen verlassen kann. Das ist ein ganz wichtiges Element. Das sind für mich die drei Hauptstärken.

I. Schumacher:
**Was sagen Sie zu sich selbst, wenn Sie sich in einer schwierigen Situation
befinden? Was sagt Ihre innere Stimme?**
C. Legat:
Die Stimme sagt auf der einen Seite, du schaffst das, auf der anderen Seite
ist diese Stimme sehr selten. Dass diese Stimme sich so selten meldet, führe ich
tatsächlich auf dieses Schlüsselerlebnis in meiner Kindheit zurück. Wenn man versucht, Themen gut zu machen oder bestmöglich zu machen, dann gibt es immer
Lösungen. Natürlich kann es passieren, dass es von anderen Themen torpediert
wird, dass sich Ausgangssituationen ändern. Aber speziell in unserer Branche ist
es so – und das habe ich bei CCC erlebt –, dass, wenn Sie eine gewisse Flexibilität,
und damit meine ich eine geistige Flexibilität, wenn sie die besitzen und an den
Tag legen, dann gibt es Lösungen. Bei uns im Unternehmen sprechen wir nicht von
Problemen. Wir sprechen von Herausforderungen, und wir versuchen bewusst in
unserer Kommunikation eher eine positive Kommunikation zu verwenden. Hintergrund ist, wenn Sie sich auf das Problem fokussieren, dann sind Sie stark auf das
konzentriert, was nicht funktioniert und darauf, warum es nicht funktioniert, anstatt
sich mit der Lösung zu beschäftigen. Was ich mit meinen Mitarbeitern versuche,
das geben wir auch schon sehr früh dem einzelnen Mitarbeiter mit: Das Problem
zu erkennen ist wichtig, das ist die erste Stufe, aber es geht darum, die Lösung zu
finden. Es geht um die Richtung, wo wollen wir hin. Dieses Wo-wollen-wir-Hin,
wenn das der Grundgedanke ist, dann gibt es diese innere Stimme in meiner Wahrnehmung nicht so häufig. Sie gehen dann ja sehr fokussiert vor. Sie wissen, was Ihr
Ziel ist, und Sie fragen sich, wie komme ich dorthin. Wenn man es dann mal nicht
erreicht, dann ist das so. Ich halte mich aber dazwischen nicht mit den Steinen, die
mir in den Weg gelegt wurden, auf. Stimmen höre ich eher selten.
I. Schumacher:
Gibt Ihnen das eine Form von Gelassenheit?
C. Legat:
Ja, ich glaube das ist eine der Eigenschaften, die mir zugeschrieben werden. Ich
bin ein ruhender Pol, und wenn es Themen gibt, die vielleicht zur Beunruhigung
führen könnten oder Eskalationspotenzial haben, da bin ich eher jemand, der ruhig
und gelassen bleibt. Das kann für andere manchmal gleichgültig wirken, aber das
ist es nicht. Aktionismus schadet in solchen Situationen eher.
I. Schumacher:
Was sind denn Ihre Treiber? Beruflich wie privat?
C. Legat:
Sie haben mich nach meinem Lebenskonzept gefragt, das habe ich noch nicht
komplett beantwortet. Natürlich verändert sich das Lebenskonzept, und zwar in
dem Moment, wenn Sie Kinder bekommen. Früher war mein Arbeitsalltag sieben

Tage die Woche, ich bin nach wie vor sieben Tage verfügbar, wenn es brennt. Dann muss das auch am Wochenende bearbeitet werden, aber mit Kindern ändert sich das ein bisschen. Da versucht man schon Freiräume zu schaffen. Ich hatte einen amerikanischen Geschäftspartner, der sehr viel beruflich unterwegs war, der hat mir erzählt, dass sein Kind, als es zwei Jahre alt war, zum Telefon Daddy gesagt hat. Mit dem Vater hat es immer nur über das Telefon gesprochen. Da wollte ich nicht hin. Ich habe mich entschieden, Freiräume zu schaffen. Treiber ist für mich ein schwieriges Wort. Sagen wir Motivatoren. Das ist schon dieser Grundgedanke, Spaß an dem zu haben, was man macht. Für mich war immer wichtig, dass ich gestalten kann. Das ist ein wesentliches Element meiner Rolle in diesem Unternehmen. Diese Entscheidungsfreiheit zu haben, gestalten zu können. Für mich ist das wichtig, um mich im Unternehmen weiterzuentwickeln. Da gehört Veränderung dazu, da gehört dazu, Themen zu hinterfragen, dieser gestalterische Spielraum, den wir vorfinden, das ist für mich das Wesentliche. Was hier auch spannend ist, wir lernen als Unternehmen sehr viele andere Unternehmen kennen. Wir bewegen uns in dem Spannungsfeld „Wir als Unternehmen, als Marke in der Partnerschaft mit anderen Unternehmen". Wenn Sie sich hier umschauen, hier ist vieles in der Farbe schwarz gestaltet. Wir machen das so, weil wir uns im Hintergrund halten. Wir und unsere Mitarbeiter beantworten Kundenanfragen für ein anderes Unternehmen. Wir haben Kundenanfragen für Samsung, für Payback, für Versicherungsunternehmen. Das ist auch ein interessanter Aspekt, und zwar aus zwei Gründen. Das eine ist das Spannungsfeld für den einzelnen Mitarbeiter, er hat eine hohe Identifikation mit dem Unternehmen, für das er tätig ist, also für den Partner, mit dem wir arbeiten. Auf der anderen Seite haben wir eine CCC-Kultur, die uns auszeichnet und die wir leben, das macht es spannend. Aus meiner Perspektive, was ich daran sehr interessant finde: Sie bekommen mit, wie eine Vielzahl von Unternehmen agiert, welches Selbstverständnis diese Unternehmen haben im Umgang mit ihren Kunden und welche Ansätze da gewählt werden. Sie bekommen einen sehr breiten Einblick in verschiedenste Unternehmen, in unterschiedlichste Märkte. Ein Treiber ist so gesehen vielleicht auch die Neugier, in den verschiedenen Märkten und für die verschiedensten Unternehmen tätig zu sein.

I. Schumacher:
Welche Gefühle und Stimmungen prägen derzeit Ihren Arbeitsalltag und können Sie diese für sich nutzen?

C. Legat:
Gefühle und Stimmungen – über Gefühle zu sprechen, ist natürlich immer schwierig als Mann, aber mir wird das gelingen. Freude. Freude zum einen, wenn wir unsere Ziele und KPIs erreichen. Freude auch dann, wenn wir positives Feedback bekommen. Diese Freude versucht man natürlich auch mit dem Team zu teilen. Es ist auch ganz wichtig in einem Outsourcing-Umfeld wie dem unseren, dass

Mitarbeiter nicht nur für ein Unternehmen tätig sind, sondern auch für Menschen. Am Ende des Tages arbeiten hier Menschen für Menschen für Menschen. Was meine ich damit? Unsere Mitarbeiter arbeiten für unsere Auftraggeber, das sind Menschen, sie erbringen einen Kundenservice, eine Dienstleistung für diejenigen, die bei uns anrufen oder eine E-Mail schreiben. Da ist es wichtig, dass man diese Leute kennt oder Statements von den Leuten kennt. Es ist eine Wertschätzung, das ist, wenn wir über Leadership sprechen, eines der wichtigsten Themen. Die Wertschätzung des einzelnen Mitarbeiters ist ein zentrales Element. Es gibt diese goldene Regel: „Geh mit dem Mitarbeiter so um, wie du willst, dass mit dir umgegangen wird." Wenn unsere Mitarbeiter auf der einen Seite den Auftraggeber kennenlernen und auf der anderen Seite so ein paar Grundregeln berücksichtigen, dann entsteht ein erfolgreiches Umfeld, und da entstehen dann auch Gefühle, die dazu führen, dass weitere Erfolge entstehen. Wenn es jedoch zu emotional wird, dann kann es auch in Richtung Enttäuschung gehen. Wenn ein Mitarbeiter über einen längeren Zeitraum hinweg für einen unserer Kunden tätig war und diese Kundenbeziehung endet irgendwann, dann trifft es den Mitarbeiter. Der Mitarbeiter hat ja im Laufe der Zeit eine Beziehung zum Kunden aufgebaut. Gefühle und Stimmungen, da haben wir das komplette Spektrum. Das ist eben das Spannende, wenn man mit Menschen arbeitet. Der Mensch existiert ja nicht von neun bis fünf Uhr, sondern der hat ja auch ein Privatleben und der bringt ja auch Themen mit. Bei der Anzahl an Mitarbeitern, die wir haben, gibt es eben auch schwere persönliche Schicksale, die dann auch auf eine Teamleistung einwirken. Genauso gibt es andere, schöne private Hintergründe, die zur Teamstimmung beitragen. Generell versuchen wir hier ein Umfeld zu schaffen, in dem sich der Mitarbeiter wohlfühlen kann. Wir haben keine abgetrennten „Sprechkabinen". Wenn ein Mitarbeiter ein schwieriges Gespräch hat, dann hören Sie das. Sie hören ja, wie der Mitarbeiter argumentiert, wie er kommuniziert. Da ist es manchmal ganz hilfreich, wenn der Mitarbeiter, der daneben sitzt und gerade kein Gespräch hat, einfach nach dem Gespräch Anteil nehmen kann oder die Führungskraft sagen kann: „Okay, ich habe mitbekommen, du hast ein schwieriges Gespräch gehabt. Wollen wir kurz darüber sprechen?" Das hilft, damit diese negativen Gefühle nicht in das nächste Gespräch hineingenommen werden.

I. Schumacher:

Im Laufe Ihres beruflichen Werdegangs sind Sie auch auf Schwierigkeiten und Hindernisse gestoßen. Können Sie sich an diese erinnern und können Sie da ein Muster erkennen?

C. Legat:

Schwierigkeiten. Es hat sich bisher eigentlich immer alles ganz positiv entwickelt. Ich habe nicht die beruflichen Herausforderungen gehabt, die man vielleicht in anderen Unternehmen hat. Das soll nicht heißen, dass ich es im Leben leicht hatte, aber ich glaube, es liegt im Auge des Betrachters, was man als Schwierigkeit einstuft. Was andere als Schwierigkeit ansehen, das ist für mich eine Herausforderung. Wenn Sie viel mit Menschen arbeiten, dann kommt ein Punkt hinzu. Wenn Sie alles alleine machen, können Sie nicht enttäuscht werden. Ein Enttäuschungspotenzial haben Sie immer. Langjährige Arbeitsbeziehungen können sich auseinanderleben – oder jemand tut Dinge, bei denen Sie sich dann fragen, warum der das jetzt macht. So etwas würde ich dann als Thema ansehen. Ein Muster zu erkennen, das ist eine interessante Fragestellung. So ad hoc fallen mir da keine konkreten Beispiele ein.

I. Schumacher:

Befinden wir uns aus Ihrer Sicht im Moment in einem Kulturwandel in Bezug auf Führung und wenn ja, was aus der alten Kultur sollte erhalten bleiben und was sollte sich ändern?

C. Legat:

Wir haben als Unternehmen immer versucht, unsere Partner zu verstehen, deren Kultur zu verstehen und uns unsere eigene Kultur zu erhalten. Unsere eigene Kultur hat sich nicht so sehr verändert. Eine Kultur braucht eine gewisse Zeit, um sich zu entwickeln, zu entstehen. Unser Unternehmen ist jetzt 16 Jahre alt. Da hat sich sicher auch vieles verändert, wir sind von einem Einzelunternehmen zu einem Konzern geworden und damit geht natürlich auch ein gewisser Kulturwandel einher. Wenn Sie das eher gesellschaftspolitisch betrachten, dann hängt das von den jeweiligen Märkten ab. Unterschiedliche Märkte, damit meine ich, es macht einen Unterschied, ob Sie in der Türkei über die Kultur sprechen, die man dort im Arbeitsalltag hat, oder in Rumänien oder in Deutschland. Ich denke, was wir behalten sollten, wenn wir über Kultur und Führung sprechen, ist, dass wir eine klare Vorbildfunktion als Führungskraft haben. Der Mitarbeiter orientiert sich an seiner Führungskraft, er sieht, was ihm vorgelebt wird. Man kann nicht Wasser predigen und Wein trinken. Was wichtig ist, und das ist vielleicht noch nicht in allen Unternehmen so ausgeprägt, das ist die Offenheit. Es gibt in vielen Unternehmen die sogenannte Open Door Policy, das finde ich gut. Der Austausch ist wichtig, und ich glaube, was entscheidend ist, ist das Thema Verlässlichkeit.

I. Schumacher:
Was bewirkt nach Ihrer Ansicht eine Verhaltensänderung bei Menschen?
C. Legat:

Die Frage ist ja, was Sie ändern wollen. Ich glaube, dass jeder Mitarbeiter oder, besser gesagt, jeder Mensch seine Stärken und Schwächen hat. Ich glaube, der Fokus sollte nicht so sehr auf der Verhaltensänderung liegen, sondern vielmehr darauf, wie die Stärken besser eingesetzt werden können und wie man den Mitarbeiter darin unterstützen kann. Eine gewisse Veränderung kann man sicher erzielen, aber in erster Linie hat das immer von der Person selbst auszugehen. Es gibt dieses chinesische Sprichwort: „Wer ein Warum im Leben hat, erträgt jedes Wie." Was ich damit meine: Wenn ich dem Mitarbeiter herleite und darstelle, warum wir uns zu gewissen Themen so verhalten oder warum wir bestimmte Vorgaben haben, dann wird er dieses Wie oder diese Verhaltensänderung eher aushalten bzw. durchführen, als wenn ich das über negative Motivation versuche durchzusetzen. Es ist entscheidend, dass ich dem Mitarbeiter beschreibe, worum es geht. Wenn ich mit einem Mitarbeiter gemeinsam ein Gespräch angehört habe, dann ist der Mitarbeiter in der Regel so selbstkritisch, dass er am Ende von so einem gemeinsamen Coaching eher nur das Negative sieht. Da muss man als Führungskraft auf die positiven Aspekte hinweisen. In der Regel sind die Menschen relativ selbstkritisch, grenzenloses Selbstvertrauen haben ganz wenige, das ist zumindest meine Wahrnehmung.

I. Schumacher:
Angenommen Sie hätten 15 min weltweite Sendezeit und Sie würden in allen Sprachen verstanden. Was würden Sie jungen Führungskräften mit auf den Weg geben?

C. Legat:
Was ich ihnen mitgeben würde, das ist zum einen, die Menschen in den Mittelpunkt ihres Handelns zu stellen. Es gibt viele Unternehmen, die eine tolle Technologie oder tolle Konzepte entwickelt haben. Das mag alles gut sein, aber warum sind die erfolgreich? Die sind deshalb erfolgreich, weil sie sich am Menschen orientieren. Es wird ja nichts produziert, weil die Sonne scheint oder weil es regnet, sondern weil am Ende des Tages der Mensch im Mittelpunkt steht. Wenn man den Menschen in den Mittelpunkt seines Handelns stellt, unabhängig davon, ob das der Endkunde oder der Mitarbeiter ist, wenn man sich daran orientiert und versucht zu verstehen, welche Stärken er hat, welche Bedürfnisse, dann kann ich eine Menge bewegen. Ich persönlich bin auch der Meinung, dass ich von jedem Menschen, den ich treffe, etwas lernen kann. Wenn man Menschen so behandelt, wie man selbst behandelt werden möchte, dann führt das dazu, dass Vertrauen aufgebaut wird. Wenn ich die Beziehungsebene und die Sachebene darstelle, dann ist die Beziehungsebene ein Fluss und die Sachebene ist ein Schiff. Je breiter der Fluss ist, umso größer kann das Schiff sein, das darüber fährt. Als Führungskraft hat es mir zu gelingen, eine Beziehung aufzubauen mit meinen Mitarbeitern. Wenn mir das gelingt, dann kann ich auch die Inhalte transportieren, die für den Unternehmenserfolg relevant sind.

I. Schumacher:
Ja, dann vielen Dank, das war die letzte Frage. Herzlichen Dank für das Gespräch.

8.3 Worum es hier geht

Wenn man den Menschen in den Mittelpunkt seines Handelns stellt, unabhängig davon, ob das der Endkunde oder der Mitarbeiter ist, wenn man sich daran orientiert und versucht zu verstehen, welche Stärken er hat, welche Bedürfnisse, dann kann man eine Menge bewegen. Christian Legat

Junge Branchen wie die Beratungs- und Call-Center-Szene wissen, dass ihre Hauptressource der Mitarbeiter ist. Die Kompetenz des Mitarbeiters ist der Garant für den Unternehmenserfolg. Die „besten" Mitarbeiter zu rekrutieren und an das Unternehmen zu binden, ist eine der wesentlichen Aufgaben einer Führungskraft in einem solchen Kontext. Ein Unternehmen muss eine präzise Anforderungsanalyse erarbeiten, um zu wissen, wen es braucht. Diese Analyse sollte jedoch nicht nur berücksichtigen, ob der zu suchende Mitarbeiter über die fachlichen Qualitäten verfügt. Es ist von entscheidender Bedeutung, ob ein Mitarbeiter von seiner Persönlichkeit, von seiner eigenen Veranlagung her überhaupt in ein Unternehmen passt. In einer offenen Kultur mit einem hohen Maß an Eigenverantwortung werden sich Mitarbeiter wohlfühlen, die gerne selbst gestalten und entscheiden. Mitarbeiter, die ein hohes Maß an Sicherheit benötigen, um sich zu entfalten, werden dagegen ein traditionelles Unternehmenskonzept bevorzugen. Führung ist abhängig von der Art des Unternehmens und der Form der Tätigkeiten, die innerhalb des Unternehmens ausgeführt werden. Die Führungs- und Kommunikationsstrukturen werden durch Art und Inhalt der Tätigkeit bestimmt. Auch die Mitarbeiter selektieren sich durch diese Art der Differenzierung. Gleichzeitig entstehen unterschiedliche Unternehmenskulturen. Wenn heute viele Unternehmen auf Organisationen wie Apple oder Google schauen, dann sollten sie dabei vor Augen haben, ob sich diese Konzepte eins zu eins auf sie selbst übertragen lassen und ob dies überhaupt sinnvoll und wünschenswert ist. Zuerst muss ein Unternehmen wissen, wer es selbst ist und wofür es steht. Womit beschäftigt sich das Unternehmen? Welche Ziele hat das Unternehmen? Welche Art Mitarbeiter hat das Unternehmen? Welche Führungskräfte hat das Unternehmen? Wie sieht die gewachsene Kultur aus? Welche Fehlerkultur wird gelebt?

Eine wichtige Frage im Kontext von Unternehmenskultur ist Edgar Scheins Frage nach dem Kulturansatz:

Wird Wahrheit im naturwissenschaftlichen Sinne entdeckt oder wird sie im geisteswissenschaftlichen Sinne im Diskurs ermittelt?

Die Antwort auf diese Frage gibt einen großen Einblick in die vorherrschende Kultur eines Unternehmens, denn sie gibt Aufschluss darüber, welcher Kommunikationsstil vorherrscht. Im ersten Fall wird eine Kommunikation geführt, die sich klarer Anweisungen und Richtlinien bedient. Der Führungsstil wird eher autoritär sein. Im zweiten Fall wird offene Kommunikation geführt. Es findet ein transparenter Austausch statt, der Führungsstil wird eher partizipativ sein. Die Frage nach der Kultur eines Unternehmens ist von großer Bedeutung, denn die Kultur entscheidet darüber, ob die Unternehmensmitglieder, also die Mitarbeiter aller Hierarchiestufen, zufrieden und mit Freude ihrer Tätigkeit nachgehen. Die interne Kultur entscheidet darüber, ob sich ein Mitarbeiter mit dem Unternehmen identifiziert und sich ihm zugehörig fühlt. Das heute überall geforderte Commitment wird entscheidend durch die Kultur gefördert. Kultur wird durch Menschen geprägt. Kultur ist nichts, was man in geschlossenen Veranstaltungen innerhalb ausgewählter Zirkel beschließen und dann auf Plakate drucken kann. Kultur entsteht im Miteinander von Menschen. Menschen, die sich mit ihrer Organisation identifizieren, die Freude an ihrer Tätigkeit empfinden und sich mit ihren Kollegen und Vorgesetzten wohlfühlen, sind leistungsstärker. Dieser Zusammenhang ist den meisten Führungskräften bewusst. Weit weniger bewusst scheint jedoch die eigene Verantwortung beim Gelingen dieses Anspruches zu sein. Führungskräfte sind wichtige Gestalter der Unternehmenskultur. Die Persönlichkeit, das Führungsverhalten, der Kommunikationsstil, die Feedbackkultur, all diese Faktoren bestimmen die Kultur. Führungskräfte stehen hier in der Pflicht, sich dieser Verantwortung bewusst zu werden und an sich zu arbeiten, um die eigene Rolle bestmöglich auszufüllen.

8.4   Was hat das mit mir zu tun?

Den Menschen in den Mittelpunkt des eigenen Handelns stellen.

Wenn man nach dieser Maxime führt, dann steht die Interaktion mit dem Mitarbeiter, dem Kollegen, dem Vorgesetzten im Fokus. In Abhängigkeit davon wird die Kommunikation geprägt. Es entsteht eine Kommunikation, die durch Wertschätzung geprägt ist. Was bedeutet Wertschätzung? Den Wert eines anderen Menschen wahrzunehmen und zu respektieren. Der andere hat die gleiche Wertigkeit wie man selbst. Keiner ist mehr wert als der andere, unabhängig von Status und Position. Auch die Meinung des anderen ist auf diese Weise zu betrachten. Eine Führungskraft hat nicht automatisch recht, weil sie in der Führungsposition ist. In der disziplinarischen Führung kann die Führungskraft die Argumente der Mitarbeiter aufgrund der eigenen Stellung ablehnen. Es stellt sich die Frage, ob disziplinarische Führung eigentlich den Kriterien von Führung entspricht. Findet Führung nicht im disziplinarfreien Raum statt? Wenn dem so ist, dann muss ein Manager mit den Meinungen und Argumenten seiner Mitarbeiter wertschätzend umgehen, denn er kann nur führen, wenn er seinerseits die Wertschätzung durch seine Mitarbeiter erfährt. Wie aber soll Wertschätzung entstehen, wenn die eigene Meinung gering geschätzt wird, wenn man auf Ablehnung durch den Vorgesetzten stößt? Wenn die Kommunikation nicht offen ist, sondern durch Anweisungen geprägt ist, dann lernt der Mitarbeiter, dass seine Sicht der Dinge nicht relevant ist, sie wird als nicht wertvoll angesehen. Menschen, die dauerhaft auf diese Weise geführt werden, entwickeln sicherlich keine große Wertschätzung für ihren Vorgesetzten. Das Verhältnis zwischen Führung und Mitarbeiter sollte durch Vertrauen geprägt sein. Vertrauen muss man sich erarbeiten und es muss wachsen. Es handelt sich demnach um einen Prozess, einen interaktiven Prozess, denn beide Seiten müssen auf dieses Konto einzahlen.

Sie können als Führungsperson nicht davon ausgehen, dass Ihre Mitarbeiter Ihnen folgen und Ihnen vertrauen, nur weil Sie sich in der Hierarchie eine Stufe über ihnen befinden. Sie müssen sich das Vertrauen verdienen. Das gelingt nicht durch Zahlen und Strategien, die beweisen fachliche Kompetenz und diese ist keinesfalls zu unterschätzen. Aber wenn der Fokus nur darauf liegt, dann bleibt das Menschliche auf der Strecke. Sie können Ihre Inhalte aber ohne Berücksichtigung des zwischenmenschlichen Aspektes nicht so transportieren, dass Ihre Mitarbeiter davon überzeugt werden. Die Überzeugungsarbeit bedarf der Beziehung zwischen Ihnen und Ihren Mitarbeitern. Als Führungskraft sind Sie darauf angewiesen, Beziehungsarbeit zu leisten.

Paul Watzlawick hat in seinen Axiomen darauf hingewiesen, welcher Zusammenhang zwischen Inhalts- und Beziehungsaspekten besteht. In seinem zweiten Axiom sagt er:

Jede Kommunikation hat einen Inhalts- und einen Beziehungsaspekt, derart, dass Letzterer den Ersteren bestimmt und daher eine Metakommunikation ist.

Was bedeutet das?
Zunächst einmal ist der Inhalt einer Mitteilung immer eine Information. Jede Mitteilung trägt den Aspekt der Beziehung zwischen Sender und Empfänger in sich und sie enthält sowohl den Inhalts- als auch den Beziehungsaspekt. Wie stehen diese beiden Ebenen nun zueinander? Der Inhaltsaspekt vermittelt die Information, die „Daten", und der Beziehungsaspekt gibt Aufschluss darüber, wie diese Daten zu verstehen sind. Der Beziehungsaspekt stellt eine Kommunikation **über** eine Kommunikation dar und bildet somit eine Metakommunikation. Um sich auf die Ebene der Metakommunikation begeben zu können, bedarf es eines Bewusstseins der eigenen Person sowie des Gegenübers.

Der Schlüssel zum Vertrauen und somit zu einer gelingenden Beziehung zwischen Führungsebene und Mitarbeiter liegt demnach in der Kommunikation. Kommunikation im Sinne von Verhalten und nicht als angewandte Rhetorik. Leider wird dies häufig falsch vermittelt und auch angewendet. In Führungs- und Kommunikationstrainings wird der Fokus auf eben diese Art der Kommunikation gelegt, auf Rhetorik, auf Strategien zur Überzeugung. Was man damit erreicht, ist die Manipulation des Gegenübers. Manipulation bildet sicherlich nicht die Basis für eine vertrauensvolle Beziehung. Da man über das Mittel der Manipulation aber seine Ziele erreichen kann, ist es für viele Manager das probate Instrument, und Manager, die es besonders geschickt einsetzen können, werden dafür bewundert. Wenn es nur um die Zielerreichung gehen soll, dann ist dieses Verhalten adäquat und sinnvoll. Aber sollte es nicht zunehmend um das „Wie" der Zielerreichung gehen? Die Krisen der vergangenen Jahre haben gezeigt, dass der Gewinn um jeden Preis gefährlich ist. Der Ruf nach Moral und Ethik wird laut. Wenn sich jedoch etwas zum Besseren verändern soll, dann müssen Unternehmen sich auf wirklich neue Wege begeben und in erster Linie dafür sorgen, dass die Menschen, die für sie arbeiten, gute und vertrauensvolle Beziehungen eingehen können.

Versuchen Sie nicht Ihre Mitarbeiter zu lesen. Versuchen Sie sie zu verstehen!

8.5   Coachingfrage zum Thema „Beziehung und Vertrauen"

Wie gelingen vertrauensvolle Beziehungen? Was können Sie tun, um Vertrauen zu schaffen?

Die sechs Facetten von Vertrauen sind:

Stabilität

Entwicklung

Verantwortungsvolle Beziehung

Nutzen (Sicherheit, Vorhersagbarkeit, Integrität)

Visionskraft

Kompetenz

Stabilität Sie müssen wissen, woher Sie kommen und wer Sie sind. Sie müssen in sich ruhen und in Ihrem Wertesystem verankert sein. All dies müssen Sie für Ihre Mitarbeiter sichtbar machen.

Entwicklung Sie müssen zeigen, dass Sie sich entwickeln können und lernfähig sind. Zeigen Sie, dass Sie sich selbst führen können.

Verantwortungsvolle Beziehung Sie müssen in der Lage sein, eine attraktive und verantwortungsvolle Beziehung anbieten zu können.

Nutzen Ihre Mitarbeiter müssen sehen, dass sie etwas davon haben, Ihnen zu folgen. Geben Sie Ihren Mitarbeitern Sicherheit, Berechenbarkeit, Integrität, Kompetenz.

Visionskraft Ihre Mitarbeiter müssen verstehen können, wonach Sie streben. Sie müssen Ihr Ziel verstehen und annehmen können.

Kompetenz Ihre Mitarbeiter müssen Sie als kompetent wahrnehmen.

Verantwortungsvolle Beziehungen gestalten. Darum geht es, aber es nur zu wollen, genügt nicht. Wie kann es gelingen, solche Beziehungen herzustellen?

Einer der wichtigsten Ansätze hierzu ist eine der vier Lebensanschauungen aus der Transaktionsanalyse nach Eric Berne und David Harris. Die Lebensanschauungen bilden das sogenannte OK-Corral. Die Lebensanschauung, die zu gelingenden Beziehungen beiträgt, ist folgende:

Ich bin o.k. – Du bist o.k.

Das mag Ihnen simpel erscheinen, ist es aber nicht. Wenn Sie versuchen, nach dieser Maxime zu leben, werden Sie sehr schnell merken, dass Sie an Ihre Grenzen stoßen. Immer dann, wenn Ihnen jemand begegnet, der andere Überzeugungen als Sie besitzt, wird es schwierig, nach diesem Satz zu leben. Diese Aussage besagt nichts anderes als echte Toleranz. Es ist einfach, tolerant zu sein, wenn es einem nicht wehtut, solange die eigenen Werte und Ideale nicht berührt werden. Aber Toleranz zeigt sich ja erst dann, wenn einem eine andere Sichtweise entgegengebracht wird.

Was steckt dahinter, wenn man es nicht schafft, tolerant mit dem „Anderen" umzugehen? Es bedeutet, die eigene Sicht und die eigene Wahrheit für „richtiger" als die des anderen einzustufen. Wenn die eigene Sicht die richtige ist, dann neigt man dazu, auch recht haben zu wollen. In diesem Moment ist die Einstellung „Ich bin o.k. – Du bist o.k." nicht mehr existent.

Das Erste, was Sie tun müssen, ist, diese Lebenseinstellung zu verinnerlichen. Sie müssen diese Einstellung haben wollen. Es ist die Einstellung, die laut Transaktionsanalyse eingeübt, gezielt aufgesucht und aktiv eingenommen werden kann. Die Bedingung hierfür ist eine gereifte Persönlichkeit. Nur eine reife Persönlichkeit ist dazu in der Lage, aus der Selbstreflexion heraus, die eigenen Impulse zu erkennen, sie zu kontrollieren und bewusst in eine andere Position zu wechseln. Die Transaktionsanalyse spricht dann von einem „Erwachsenen-Ich".

Ein weiterer wesentlicher Punkt, der zum Gelingen von Beziehungen unbedingt dazugehört und der meist nicht erwähnt wird, ist der des Interesses am anderen. Viele Manager kommen ins Coaching, weil sie nach Tools zur Manipulation der Mitarbeiter suchen – und viele hoch bezahlte Coaches liefern solche Tools. Niemand nennt das Manipulation, sondern es wird von Strategien und Techniken zur Überzeugung gesprochen. Auch beliebt ist die Aussage, den Mitarbeiter „lesen" zu wollen.

Bei solchen Formulierungen wird deutlich, dass das Gegenüber zum Objekt gemacht wird. Ein Mensch ist aber kein Objekt, er hat Gefühle, Gedanken, Werte, Überzeugungen und vieles mehr. In dem Moment, in dem Sie sich für Ihr Gegenüber und all das, was es an „Gepäck" dabei hat, interessieren, brauchen Sie keine Tools mehr. Dann bauen Sie eine Beziehung auf.

8.6 Coachingtool zur Heranführung an die Haltung: Ich bin o.k.- Du bist o.k. mithilfe der Übung „Inseln der Kompetenz"

„Ich bin o.k. – Du bist o.k." ist eine der grundlegenden Voraussetzungen für Feedback. Es drückt eine wertschätzende Haltung aus, bei der mit Achtsamkeit mit dem anderen umgegangen wird.

Die folgende Übung ist für Teams gedacht und sollte unbedingt unter professioneller Anleitung durchgeführt werden. Sie können sie jedoch für sich im privaten Umfeld mit Ihrem Partner, Kindern, guten Freunden durchführen. Die Übung stammt von Manfred Gellert und Claus Nowak und ist dem Buch: „Ein Praxisbuch für die Arbeit in und mit Teams" entnommen.

Sie benötigen Moderationskarten in unterschiedlichen Farben und Klebeband. Jeder der Teilnehmer markiert im Raum eine Fläche, seine „Insel".

Der erste Schritt der Übung dient der Erkennung des Selbstbildes. Notieren Sie Wissen, Können, Verhalten und Eigenschaften, die Sie sich bereits zuschreiben, und solche, die Sie noch entwickeln möchten, auf einzelnen Moderationskarten. Diese Karten legen Sie in Ihre Insel.

Im zweiten Schritt geht es um das Fremdbild. Jeder der Teilnehmer betrachtet die Inseln der anderen Teilnehmer und gibt jedem auf Moderationskarten ein Feedback zu folgenden Aspekten:

Was ich an dir mag/schätze.

Was du weiter ausbauen solltest.

Wo ich bei dir Verbesserungspotenzial sehe.

Die Karten werden mit dem jeweiligen Absender versehen auf die Inseln gelegt.

Danach gehen Sie bitte in Gespräche miteinander, um sich über das gegebene und erhaltene

Feedback auszutauschen. Diese Gespräche finden unter vier Augen statt. Die Übung erfordert ein hohes Maß an Achtsamkeit und sprachlicher Feinfühligkeit. Sie können „Wahrheiten" immer auf verschiedene Art und Weise mitteilen. Hier sollte es darum gehen, den anderen mit dem eigenen Feedback zu „beschenken". Wenn dies gelingt, können Sie auch unangenehme Botschaften übermitteln. Wichtig ist, nicht ausschließlich Positives zu vermitteln und den anderen in seinem Selbstbild zu bestätigen, sondern auch durch kritische Anmerkungen korrigierend das Selbstbild des Gegenübers zu betrachten.

Da, wo der Schmerz sitzt, ist die Erkenntnis am größten.

Wenn wir uns entwickeln wollen, brauchen wir Menschen, die uns wertschätzend gegenübertreten und uns aus dieser Haltung heraus den Spiegel vorhalten.

Teil III
Aufgaben und Ziele

Entscheidung und Selbstbestimmtheit 9

Petri Kokko, zum Zeitpunkt des Interviews
Sales Director bei Google Deutschland

Inhaltsverzeichnis

Zusammenfassung

In diesem Kapitel geht es um die Fähigkeit einer Führungskraft, Entscheidungen zu treffen und damit das Unternehmen erfolgreich zu machen.

Wenn es darum geht, die Aufgaben einer Führungskraft zu benennen, dann ist das Thema „Entscheidungen" sicherlich eines der wichtigsten. Führung ist im Wesentlichen die Aufgabe, Entscheidungen zu treffen. Aus einer Vielzahl von Optionen muss ein Manager meistens in kürzester Zeit die „eine" richtige auswählen. Diese Entscheidungen haben immer eine weitreichende Bedeutung für das Unternehmen, die Mitarbeiter, die Führungskraft selbst. Es bedeutet also, dass eine Führungskraft mit jeder Entscheidung eine immense Verantwortung übernimmt.

Entscheidungen zu treffen bedeutet, einen Überblick zu haben, der einen in die Situation versetzt, überhaupt beurteilen zu können, was da zu entscheiden ist. Dann muss man den Mut zur Entscheidung haben, und schließlich muss man auch die Mitarbeiter und Kollegen von der Richtigkeit der eigenen Entscheidung überzeugen. Es handelt sich daher um eine komplexe Angelegenheit.

© Springer Fachmedien Wiesbaden 2015
B. Kaschek, I. Schumacher, *Führungspersönlichkeiten und ihre Erfolgsgeheimnisse*,
DOI 10.1007/978-3-658-04434-3_9

9.1 Vita

Petri Kokko ist bei Google Deutschland Sales Director für den Bereich Retail. Zuvor war er als Global Director Learning & Development sowie als finnischer und schwedischer Country Manager für Google tätig. Vor seinem Wechsel zu Google arbeitete Herr Kokko als General Manager für Nike Finnland und als Managing Director für eine Omnicom Werbeagentur. Herr Kokko hat einen Abschluss von der HANKEN School of Economics in Helsinki. Er ist auch ein bekannter finnischer Eiskunstläufer. Petri Kokko und seine Partnerin gewannen bei den European Figure Skating Championships 1995 die Goldmedaille. Im selben Jahr gewannen sie die Silbermedaille bei den World Figure Skating Championships und waren zweifache Teilnehmer der Winterolympiade.

9.2 Interview

I. Schumacher:
Erste Frage: Welche ist die zentrale Frage Ihrer Arbeit als Führungskraft?
P. Kokko:
Welche ist die zentrale Frage? Ich glaube, das ist, mein Team erfolgreich zu machen. Weil ohne mein Team kann ich nichts erreichen. Ohne Team kann man nichts verändern. Also, das Team muss stark sein. Das Team kreiert den Erfolg.
I. Schumacher:
Wie groß ist das Team?
P. Kokko:
130 bis 140 Leute.

I. Schumacher:
So viele? Wie viele Direct Reports gibt es?

P. Kokko:
Ich habe sechs Direct Reports.

I. Schumacher:
Was bedeutet denn für Sie persönlich Erfolg?

P. Kokko:
Also, für mich ist Erfolg, wenn ich sehe, dass meine Leute sich weiterentwickeln und tolle Erfolge haben. Für mich ist Erfolg, wenn ich sehe, dass mein Team Erfolg hat.

I. Schumacher:
Woran erkennen Sie den Erfolg?

P. Kokko:
Im Sales ist es ziemlich einfach, wir haben ziemlich klare Zahlen, die wir erreichen möchten. In anderen Funktionen, die ich hatte, da ist es schwieriger, den Erfolg zu beurteilen. Letztendlich kommt der Erfolg schon davon, dass unsere Kunden Erfolg haben, denn wenn die Kunden erfolgreich sind, dann sind wir es auch. Vor allem langfristig können wir da wirklich etwas bewegen. Der Erfolg wird eigentlich von anderen Leuten gemessen. Man kann nur Erfolg haben, wenn die Leute um einen herum Erfolg haben.

I. Schumacher:
Was, glauben Sie, hat Sie persönlich erfolgreich gemacht? Was waren zentrale Erlebnisse, Gedanken und Beobachtungen?

P. Kokko:
Da gibt es ein paar Dinge. Erstens, ich arbeite schon wahnsinnig viel. Ich mag das auch sehr. Ich habe kein Problem damit, ich habe kein Problem mit meiner Work-Life-Balance, auch wenn ich zwölf Stunden am Tag arbeite. Es gefällt mir. Ich habe mir auch immer solche Sachen ausgesucht, die ich interessant finde. Das ist sicherlich wichtig. Darauf richtet sich dann mein Fokus. Zweitens, ich glaube, ich habe ein ziemlich gutes Auge für Talente. Das hilft mir, gute Leute rund um mich zu haben, um dann gemeinsam erfolgreich zu sein. Drittens ist sicherlich, dass ich die Fähigkeit habe, eine Mission zu kommunizieren, das hilft, damit dann alle die Nase in der gleichen Richtung haben. Aber es geht wirklich zurück zu dem Punkt: harte Arbeit in all diesen verschiedenen Bereichen.

I. Schumacher:
Wie sah Ihr Lebenskonzept zu Beginn Ihrer Berufstätigkeit aus und hat es sich verändert? Wenn ja, in welcher Weise?

P. Kokko:
Ich habe ja meinen Beruf geändert mitten in meinem Leben. Ich war 18 Jahre lang Berufssportler. Dann bin ich zurück zur Uni gegangen und dann habe ich

einen neuen Beruf angefangen. Da war ich 30 Jahre alt. Seitdem baue ich an meiner nächsten Karriere. Das hat sich schon sehr stark verändert. Gleichzeitig, die drei Dinge, die ich vorher genannt habe, sind schon die Dinge, die ich durch die verschiedenen Karrieren mitbringe.

I. Schumacher:

Wenn man so einen krassen Wechsel durchführt, was sind dann Dinge, die in diesem ersten Berufsleben zum Erfolg geführt haben und die man jetzt auch wieder einsetzen kann für die zweite Karriere?

P. Kokko:

Ich glaube, wahrscheinlich ist der größte Vorteil, dass ich stark bin im Sinne von „Learning Mind". Ich sage auch meinen Leuten immer, wenn ich nicht mehr lerne, dann werde ich verrückt, dann muss ich mich zu einer neuen Position bewegen. Ich komme von einer Sportart, bei der es im Wettbewerb darum ging, wer am meisten gelernt hat. Diese Lernfähigkeit bringe ich ein in verschiedene neue Situationen, neue Positionen. Ich habe auch jetzt hier bei Google schon verschiedene Dinge gemacht. Ich war zwei Jahre in HR und habe auch hier schon große Veränderungen durchgemacht. Ich glaube, das geht zurück auf diese Lernfähigkeit.

I. Schumacher:

Was sagen Sie zu sich selbst, wenn Sie in einer schwierigen Situation sind? Was ist Ihre innere Stimme?

P. Kokko:

Die innere Stimme ist, dass der andere vielleicht aufgibt bei dieser Herausforderung!

I. Schumacher:

Also die anderen hören auf, aber sie gehen weiter?

P. Kokko:

Ja, genau. Es könnte ja sein, dass alle anderen genau bei dieser Herausforderung aufgeben. Da wäre es wirklich schade, wenn ich dann auch aufhören würde.

I. Schumacher:

Okay, das ist spannend.

P. Kokko:

Sie verstehen, was ich meine.

Das ist wie beim Bergsteigen. Ich bin fast oben, und dann höre ich kurz vorm Ziel auf, nur weil die anderen aufgeben. Da muss man weitermachen, da muss man durch.

I. Schumacher:

Was würden Sie als Ihre drei Hauptstärken bezeichnen?

P. Kokko:

Sicherlich die Lernfähigkeit und dass ich vor harter Arbeit nicht zurückschrecke. Flexibilität in allem, was ich tue. Das hat auch wieder mit der Lernfähigkeit zu tun.

I. Schumacher:

Ja. Es gibt ja dieses schöne deutsche Wort „Disziplin", hat das damit zu tun?

P. Kokko:

Ja, schon. Sicherlich. Das lernt man als Sportler sehr stark. Das kommt sicherlich daher. Vielleicht ist das ein Teil meiner Natur, dass ich überhaupt nicht darüber nachdenke, ob das eine Stärke ist. Ich mache, was ich mache. Mein Trainer hat immer gesagt: You live from decisions or conditions. Das finde ich ganz toll, das habe ich auch an mein Team weitergegeben. Ich habe für mich eine Entscheidung getroffen. Jeden Tag, den ich hier im Büro bin, gehe ich ins Gym. Die Disziplin kommt daher. In den zwei Jahren, die ich hier bin, war ich vielleicht einen Tag nicht im Gym. Solche Entscheidungen mache ich mit mir selbst ab, und oft mache ich diese Entscheidungen auch öffentlich, sodass der Druck für mich noch höher ist.

I. Schumacher:

Ja, aber das heißt, Entscheidung ist das Wesentliche, einmal gesagt, dann ist das so.

P. Kokko:

Ja, genau.

I. Schumacher:

Im Laufe Ihres beruflichen Werdegangs sind Sie ja auch auf Schwierigkeiten und Hindernisse gestoßen. Wie sahen die aus? Gibt es da ein Muster?

P. Kokko:

Gute Frage, ich habe sehr viele Schwierigkeiten gehabt durch die zwei Karrieren. Ich versuche mich immer zu verkaufen in Jobs, von denen ich am Anfang nicht weiß, wie ich das machen soll. Das heißt, ich komme oft in Situationen, in denen ich nicht weiß, was ich tun soll und wie ich das lösen soll. Manchmal dauert es zu lange, sich hineinzuarbeiten. Ich glaube, da muss man wirklich sehr fokussiert und konzentriert sein, und dann natürlich wieder das, was ich schon gesagt habe, die Lernfähigkeit. Es geht darum, zu überlegen, was die wichtigen Sachen sind, und sich darauf zu konzentrieren. Es ist schwierig zu sagen, ob es da ein Muster gibt. Aber das ist ungefähr das, was ich meine. Ich suche mir dann Leute, die etwas von der Sache verstehen und die Dinge beherrschen.

I. Schumacher:

Da muss ich jetzt aber mal nachfragen: Sie gehen aktiv in Aufgaben rein, von denen Sie wissen, dass Sie das noch gar nicht richtig beherrschen. Das ist der „Kick" dabei?

P. Kokko:

Ja!

I. Schumacher:

Und dann schauen Sie, wie Sie das hinbekommen?

P. Kokko:
Genau!
I. Schumacher:
Okay.
P. Kokko:
Gleichzeitig ist da auch der Gedanke, wenn ich zu lange in etwas tätig bin, was ich schon sehr gut mache, dann langweile ich mich.
I. Schumacher:
Ja, das habe ich mir gedacht.
Das kenne ich selbst.
Was sind denn Ihre Treiber, sowohl im Beruflichen wie im Privaten?
P. Kokko:
Das ist schon, etwas Neues zu erleben, neue Sachen zu lernen. Gleichzeitig bin ich ein starker Idealist, ich glaube, dass wir die Verantwortung haben, diese Welt zu verändern und sie besser zu hinterlassen für unsere Kinder. Ich glaube schon, dass ich dazu beitragen kann. Ich kann meinem Team helfen, meinem Unternehmen, meiner Gesellschaft, meinem Land. Ich glaube schon stark daran, dass wir sehr viel bewegen können.
I. Schumacher:
Also ein Idealismus.
P. Kokko:
Ja, sehr stark, sehr stark!
I. Schumacher:
Welche Gefühle und Stimmungen prägen zurzeit Ihren Arbeitsalltag und können Sie diese nutzen für die Arbeit?
P. Kokko:
Ich verstehe nicht ganz, was Sie da meinen. Aber ich glaube, wie ich es sehe, Emotionen sind ein Weg, Kommunikation zu verstärken. Dann ist die Frage, wie benutzt man Emotionen, um wirklich Kommunikation in Gang zu bringen. Das versuche ich sehr stark zu berücksichtigen, das heißt jetzt nicht, dass ich emotional bin, aber ich benutze Emotionen in der Kommunikation. Es ist schon wahnsinnig wichtig, dass Menschen zufrieden mit ihrem Job sind, erst dann kann man etwas bewegen.
I. Schumacher:
Aufgrund welcher Kriterien betrachten Sie Ihre Arbeit als erfolgreich?
P. Kokko:
Da kommen wir wieder zurück. Wenn ich nicht zufrieden bin - Decisions or Conditions –, dann muss man Entscheidungen treffen. Wenn ich nicht zufrieden bin, dann muss ich Entscheidungen treffen.

Ja, genau! Und nicht nur in Conditions leben.

I. Schumacher:

Ja, ich kann mir das sehr gut vorstellen, wie Sie das machen. Wäre interessant, wie Sie in einem deutschen Unternehmen funktionieren würden. Bei Google funktioniert das wahrscheinlich perfekt. Das ist dieser neue Ansatz, der eben noch nicht überall so funktioniert - und auch nicht überall gewollt ist.

P. Kokko:

Ja, genau.

I. Schumacher:

Aber Google will genau das?

P. Kokko:

Ja, stimmt genau. Wir suchen uns auch Leute mit verschiedenen Hintergründen, um wirklich diese Diversity in unsere Organisation hineinzubringen und vielleicht auch ein bisschen Konflikt da reinzubringen, damit sich etwas bewegt. Aber ich sehe das auch, ich bin bei Kunden und da sitzen fünf Leute und vier von denen sagen kein Wort. Der eine sagt, was gemacht wird, und die anderen folgen einfach. Ich hatte gerade letzte Woche so ein Meeting, wo ich rausgegangen bin und gedacht habe, das war auch mal wieder sehr interessant. Man spürt sehr viel von der Kultur eines Unternehmens, wenn man da reingeht. So wie Sie jetzt spüren, welche Kultur hier herrscht.

I. Schumacher:

Absolut. Das ist ganz wichtig. Ich komme ja auch aus dem Sales. Das braucht man ja, wenn man reinkommt, dass man weiß: Wo bin ich und was geht hier ab? Heute als Organisationsentwicklerin ist das genauso.

P. Kokko:

Ja, genau.

I. Schumacher:

Ja, noch mal. Aufgrund welcher Kriterien und Ergebnisse betrachten Sie ihre Arbeit als erfolgreich oder nicht?

P. Kokko:

Wie schon vorher gesagt, ich glaube sehr stark daran, dass unser Erfolg durch andere Menschen zustande kommt. Das heißt, dass meine Teammitglieder, meine Peers usw. nur erfolgreich sein können durch meine Unterstützung. Das ist das, woran ich meinen eigenen Erfolg messe. Gleichzeitig geht es im Sales um ganz klare Zahlen.

I. Schumacher:

Das heißt aber, dass Sie Ihre Führungsaufgabe eher so deuten, die anderen stark zu machen, und nicht selbst im operativen Geschäft mitmischen.

P. Kokko:

Genau. Darum geht es. Klar, ich helfe schon. Ich bin auch in vielen Sachen sehr tief drin. Aber eigentlich, ich war jetzt drei Wochen im Urlaub, und – was ich ganz toll finde – in der Zeit haben meine Direct Reports die Entscheidungen getroffen. Die können nicht sagen, der Petri kommt nächste Woche, lass uns warten, bis er zurück ist. Wenn man drei Wochen weg ist, dann müssen schon Entscheidungen getroffen werden. Man kann nicht warten, verstehen Sie?

I. Schumacher:

Ja, ich verstehe genau, was Sie meinen. Ich habe in meinem letzten Leadership Workshop einen Manager gehabt, der hat gesagt: „Ja, aber dann brauchen die uns ja gar nicht mehr, wenn das so läuft."

P. Kokko:

Das wäre doch perfekt. Dann kann ich ja neue Sachen entwickeln. Das ist ja eigentlich das, was ich machen möchte. Meine Mitarbeiter können das tägliche Geschäft vorantreiben, sodass ich mehr strategisch und langfristig denken kann. Das kann ich nicht, wenn ich im Tagesgeschäft stecke. Gleichzeitig gebe ich die Möglichkeit, sich zu entwickeln, sodass ich meinen Job machen kann. Für mich ist das perfekt.

I. Schumacher:

Okay. Befinden wir uns denn zurzeit in einem Kulturwandel in Bezug auf Führung und Management? Wenn ja, was aus der alten Kultur sollte man behalten und was fehlt uns?

P. Kokko:

Ja, ich glaube, schon sehr stark. Die Industrialisierung und der Taylorismus, das existiert ja zum Teil noch – wir haben immer noch Geschäftsführer, Vorstandsvorsitzende, die stolz darauf sind, so zu führen. Die wissen alles und haben alles gemacht. Die sind Experten. Früher war das so, der größte Experte war dann der Chef. Heutzutage mit all der Information, die für jeden zugänglich ist, ändert sich das System vollständig. So, wie ich das sehe, ist es mein Job, eine Vision zu zeigen. Gleichzeitig muss ich helfen, Hürden und Schwierigkeiten von meinem Team fernzuhalten, damit es wirklich erfolgreich sein kann. Es ist nicht so, dass ich vorauslaufe und alle laufen hinter mir her. Ich glaube schon, dass wir uns in einem riesigen Wandel befinden. Was wir trotz allem brauchen, sind Führungskräfte, die tief genug drin sind in den Details, um zu verstehen, was da läuft. Manchmal habe ich das Gefühl, da kommen Berater rein, die haben keine Ahnung, die lesen nur die Zahlen, aber sie haben keine Ahnung, was dahintersteckt. Ich glaube, diese Kenntnis des Geschäfts sollte man nicht verlieren. Gleichzeitig sind wir manchmal ein bisschen zu kurzfristig. Ein Beispiel. Wenn man ungefähr alle zwei Jahre den Job wechselt, dann fehlt die Langfristigkeit. Man muss schon eine gewisse Zeit investieren, um wirklich etwas zu lernen und ein Experte zu werden.

I. Schumacher:
Was bewirkt denn Ihrer Erfahrung nach eine Verhaltensveränderung bei Menschen?
P. Kokko:
Ich glaube an eine Dreiteilung. Erstens geht es darum, den Leuten Aufgaben zu geben, von denen sie nicht wissen, wie sie sie lösen sollen. Dann müssen sie sich nämlich entwickeln. So mache ich das für mich selbst auch. Dabei muss ich meine Leute dann unterstützen. Ich muss den Mitarbeitern auch verschiedene Projekte geben, damit sie wirklich eine große Herausforderung erfahren. Dann, wenn die Herausforderung da ist, dann sehe ich schon solche Themen wie Coaching, Training usw. Das ist schon sehr wichtig. Ich würde den Leuten ein Training geben, die in Situationen sind, in denen sie nicht weiterwissen, aber nicht Mitarbeitern, die das können. Ich glaube nicht, dass man damit sehr schnell und sehr stark lernen kann. Sie wissen das besser als ich, darüber wird ja sehr viel gesprochen, wie z. B. Unternehmenstraining ausgestaltet sein sollte. Ich glaube ganz stark daran, dass unsere Mitarbeiter Herausforderungen brauchen und wir sie dann gegebenenfalls unterstützen müssen. In solchen Situationen ist ein Training sinnvoll und danach kann der Mitarbeiter mit den Anforderungen selbständig umgehen und sich neue Herausforderungen suchen. Training geben und sagen, okay, jetzt kannst du dir deine Herausforderung suchen.

I. Schumacher:
Das ist ein interessanter Punkt.
Wir kommen zur letzten Frage. Angenommen Sie hätten 15 min weltweite Sendezeit und Sie würden in allen Sprachen verstanden, was wäre Ihre Botschaft an junge Führungskräfte oder überhaupt an junge Menschen, die etwas verändern wollen?
P. Kokko:
Ich denke, drei Sachen. Eine davon habe ich schon erwähnt. Erstens wirklich, dass wir von Entscheidungen leben und uns nicht durch die Umstände bestimmen lassen. Zweitens, wir müssen trotz unseres individualistischen Weltbildes, das wir haben, sehen, dass eigentlich alle unsere Erfolge von anderen Menschen geschaffen wurden. Von unseren Kunden, von unserem Publikum, von unseren Mitarbeitern, von unseren Familien usw. Eigentlich werden wir von diesen Menschen beurteilt. Alle Erfolge kommen durch die Menschen um uns herum zustande. Drittens, wir leben in einer unheimlich tollen Zeit, in der wir individuell überall auf der Welt jederzeit eine Veränderung bewirken können. Wenn wir immer noch alle in unseren Dörfern lebten und nicht wüssten, was im nächsten Dorf passiert, das wäre sehr schwierig. Aber heutzutage, durch die Vernetzung und Globalisierung, hat man schon Möglichkeiten, wirklich große Sachen zu beeinflussen.

9.3 Worum es hier geht

To live by decisions, not by conditions! Petri Kokko

Entscheidungen zu treffen bedeutet, die Richtung vorzugeben. Eine Führungskraft muss die Richtung anweisen und vorangehen, dies ist im Begriff „Führung" impliziert. Als Führungskraft oder als angehende Führungskraft muss man sich mit der Frage auseinandersetzen, ob man dauerhaft die Kraft und den Mut besitzt, Entscheidungen zu treffen und voranzugehen. Dies ist keine Frage der fachlichen Kompetenz, sondern viel mehr eine Frage der Persönlichkeit und der inneren Einstellung. Gute Führung ist keine Gottesgabe, sondern kann gelernt werden. Als Erstes stellt sich die Frage nach dem eigenen Wollen und dann nach dem Können.

Wenn man für sich entschieden hat, dass man die Verantwortung übernehmen will, geht es im nächsten Schritt darum, sich der Anforderung der eigenen Weiterentwicklung zu stellen. Jeder Mensch hat die Verpflichtung, sich sein Leben lang weiterzuentwickeln, aber Menschen in herausgehobenen Positionen stehen noch stärker in der Pflicht. Sie nehmen Vorbildfunktionen ein, auf sie gucken die anderen und prüfen, ob sie ein geeignetes „Role Model" sind. Ein Mensch, der andere führen will, muss in erster Linie diesem Anspruch gerecht werden. Eine Führungskraft muss glaubwürdig sein in ihrem Tun und Handeln. Wenn die Gruppe der Geführten zu der Überzeugung gelangt, dass die Führungskraft diesem Anspruch gerecht wird, dann wird sie die Entscheidungen dieser Führungskraft mittragen.

Wann sind wir bereit, einem Menschen zu glauben, ihm zu folgen? Dr. Albert Mehrabian, ein US-amerikanischer Psychologie-Professor, hat dazu Studien gemacht. Herausgekommen ist die bekannte, jedoch meist fehlinterpretierte Formel: 7/38/55.

Was besagen diese drei Zahlen? Diese Zahlen geben an, wie eine Mitteilung auf uns emotional einwirkt. Mögen wir das, was uns vermittelt wird, oder lehnen wir es ab? Dies wird durch drei Komponenten bestimmt. Zu 7 % bestimmt der sprachliche Inhalt unser Mögen oder Nichtmögen, zu 38 % wird es durch den stimmlichen Ausdruck bestimmt und zu 55 % durch unsere Körpersprache, also unser Verhalten. Es geht hierbei darum, dass verbale und nonverbale Sprache miteinander in Übereinstimmung sein müssen, um das Gegenüber von der eigenen Aussage zu überzeugen. Es bedeutet nicht, dass der sprachliche, also der Sachinhalt zu vernachlässigen wäre, sondern dass wir, um den Sachinhalt zu verkaufen, uns selbst als Person mit in die Waagschale werfen müssen. Wann gelingt uns dies am besten? Wenn wir das, was wir sagen, auch meinen! „Do what you say and say what you mean" – wenn ein Mensch dies beherzigt, dann ist er in seiner inneren Mitte und dann sind die verbale und nonverbale Sprache in Übereinstimmung.

Menschen, die ihre innere Mitte gefunden haben, sind Menschen, die mit ihren Ängsten besser umgehen können. Sie wissen um ihre Selbstwirksamkeit und sind daher besser in der Lage, Entscheidungen für sich und andere zu treffen. Es sind keine angstfreien Menschen. Menschen ohne Ängste sind leichtsinnig und treffen sicherlich nicht die besten Entscheidungen. Angst ist ein lebensnotwendiges Gefühl, das den Menschen das Überleben sichert. Angst ist daher auch im Bereich der Führung ein durchaus nützliches Gefühl, denn sie mahnt zur Vorsicht. Leider haben viele Führungskräfte das Gefühl, dass Schwäche zu zeigen sich nicht mit der Stellung als Manager verträgt, und sie umgeben sich mit dem Nimbus der Stärke und Allwissenheit. An diesem Punkt beginnt eine Person ihre Authentizität und somit ihre Glaubwürdigkeit zu verlieren, denn niemand kann immer alles wissen und richtig machen. Die Frage ist, welche Art von Firmenkultur existiert in unseren Organisationen, wenn Manager Sorge haben, eigene Schwächen zu zeigen? Warum äußern Führungskräfte im Coaching die Befürchtung, im Falle von gezeigter Unsicherheit ihre Position zu verlieren? Schwäche, Unsicherheiten, Ängste offen einzugestehen, ist ein starkes Zeichen von Mut und Selbstreflexion. Es sind genau diese Eigenschaften, die eine Führungskraft auszeichnen sollten.

Wenn Führungskräfte ihre eigenen Befindlichkeiten verdrängen und ausblenden, um einem bestimmten Bild zu entsprechen, dann entsteht ein Verhalten, in dem man nicht mehr selbstbestimmt entscheidet, sondern dann wird man durch die Umstände bestimmt. Durch Umstände bestimmt zu werden, das geht immer auf Kosten der eigenen Freiheit. Fehlt die Selbstbestimmung, die Freiheit, dann kann auch keine Kreativität entstehen. All das, was eine Führungskraft ausmachen sollte, wird durch eine solche Kultur verhindert.

Die Anforderungen an Führung werden immer höher und anspruchsvoller. Mitarbeiter sollen in Eigenverantwortung arbeiten, virtuelle Teams gehören für viele Manager zu ihrer täglichen Lebenswirklichkeit. Interkulturalität ist ein zentrales Thema geworden. Die Führungskraft muss in hohem Maße mobil und flexibel sein. Wenn die Mitarbeiter, wie es in einigen Unternehmen praktiziert wird, fachlich besser sind als die Führungskraft, wie muss dann Führung gestaltet werden?

Sicherlich nicht über fachliche Kompetenz, das funktioniert dann nicht. Es müssen in solchen modernen Kontexten Menschen in der Führungsrolle stehen, die in der Lage sind, aus einer übergeordneten Perspektive auf die Situation des Unternehmens und der Mitarbeiter zu schauen. Diese Perspektive kann aber nur eine Person einnehmen, die selbstbestimmt handeln kann, die bereit ist, eigene Entscheidungen zu treffen, auch und gerade in dem Bewusstsein, dass diese Entscheidungen nicht immer zu dem gewünschten Ergebnis führen werden. Aber Entscheidungen führen in jedem Fall zu einem – wie auch immer gearteten – Ergebnis, und die Selbstbestimmtheit der Führungskraft führt dann dazu, mit dem jeweiligen

Ergebnis auf Basis weiterer eigener Entscheidungen umzugehen und weiterzuarbeiten.

Es gibt keine „richtigen" Entscheidungen, es gibt nur Entscheidungen, die auf einen Weg führen. Auf dem Weg kommt man an Abzweigungen an und muss neu entscheiden. Auch auf unpassierbare Wege gerät man und auch dann muss man sich neu ausrichten. Für all das benötigt man Kraft, Mut und Kreativität. Durch Anpassung an den Status quo erreicht man dies in den seltensten Fällen.

9.4 Was hat das mit mir zu tun?

Der Mut zur Entscheidung

Wir müssen unser gesamtes Leben hindurch Entscheidungen treffen. Das ist nicht immer angenehm, ganz sicher ist es anstrengend. Ist es nicht diese Erkenntnis, dass man selbst entscheiden muss, die einen erwachsen macht? Als junger Mensch kann man es meist nicht erwarten, in die Eigenverantwortung entlassen zu werden. Aber viele junge Menschen lernen schon bald, dass das Leben ganz angenehm war, als man sich noch nicht mit Krankenkassen, Versicherungen und Behörden beschäftigen musste. Es ist, als befände man sich in einem Dschungel, den man nicht durchschauen und noch viel weniger durchdringen kann.

Wie ein undurchdringlicher Dschungel erscheint vielen Menschen ihr Leben und sie können den Weg heraus nicht sehen. Im Coaching gibt es das Bild des „Problemwaldes", der Klient kommt mit seinen Sorgen und Nöten, seinem Problem und er berichtet darüber. Der Coach muss aufpassen, dass er sich nicht mit in diesen „Problemwald" begibt. Der Coach muss außerhalb des Waldes bleiben und versuchen, den Klienten aus dem Wald zu führen. Das wird ihm aber nicht gelingen, wenn er mit in den Wald geht, wenn er Teil des Problems wird. Der Coach muss eine andere Perspektive einnehmen als sein Klient, er muss eine „freie" Sicht haben. Die Perspektive, die er einnimmt, ist eine übergeordnete, es ist eine Metaebene. Der Coach schaut quasi von „oben" auf den Wald und kann aus dieser Perspektive die Pfade und Wege, die hinausführen, leichter erkennen.

Als Führungskraft wird es zunehmend Ihre Aufgabe sein, genau diese Perspektive einzunehmen. Ihre Qualifikation wird immer stärker darin zu suchen sein, wie gut es Ihnen gelingt, einen Perspektivwechsel vorzunehmen. Die Perspektive zu wechseln, den Blickwinkel eines anderen einzunehmen oder gar von außen auf ein Thema zu schauen, verändert das, was man sieht. Es werden andere Details sichtbar, andere Zusammenhänge werden erkennbar. Die Aussage: „Die Führungskraft als Coach" bekommt so eine andere Dimension.

Wenn es nicht mehr primär die fachliche Qualifikation ist, die zur Führungsaufgabe befähigt, was ist es dann?

Die Antwort liegt im Bereich der Persönlichkeit. Ihre Fähigkeit zur Abstraktion, zum vernetzten Denken, zum Pragmatismus, zum Perspektivwechsel, darum wird es zunehmend gehen.

9.5 Coachingfrage zum Thema „Entscheidungsstärke und Selbstbestimmtheit"

Wie gelingt es, einen Perspektivwechsel durchzuführen? Wie kann ich die Metaebene einnehmen? Wie kann ich Entscheidungen strukturiert und sicher treffen?

Wenn man die Metaebene einnehmen will, muss man in der Lage sein, einen inneren Perspektivwechsel zu vollziehen. Das bedeutet, die vertrauten Einstellungen und Blickwinkel aufzugeben und sich bewusst auf Unbekanntes einzulassen. Dies bedeutet eine Herausforderung. Idealerweise trainiert man dieses Verhalten im Rahmen eines angeleiteten Coachings. Der Coach gibt mit seinen Fragen das Gerüst des Prozesses vor, in dem sich die veränderte Haltung vollziehen soll. Es gibt jedoch die Möglichkeit, diesen Prozess für sich selbst ohne Anleitung von außen in Gang zu setzen. Im folgenden Teil finden Sie eine Anleitung, die Ihnen dabei helfen kann.

9.6 Coachingtool zur Entwicklung einer neuen, übergeordneten Perspektive: Retropolation

Retropolation (aus „Change Management", Klaus Doppler und Christoph Lauterburg)

Die Retropolation ist ein Verfahren, das ursprünglich an der Harvard University entwickelt wurde, um Strategieprozesse einzuleiten. Das Verfahren hilft dabei, Zugang zu vernetzten Zusammenhängen und zu längerfristigen strategischen Überlegungen zu finden.

Was Sie tun müssen.

„Sie befinden sich im Jahr ... (circa fünf Jahre voraus) und blicken zurück auf heute/Ihre heutige Situation. Sie beschreiben Ihre damalige Situation, den Weg, den Sie/Ihr Unternehmen seither genommen haben/hat, sowie Ihren heutigen Zustand."

Als Hilfestellung dienen Ihnen folgende Punkte:
Die damalige Ausgangslage
Die Fragen, die Sie sich gestellt haben
Die Alternativen, die geprüft wurden
Die Schlüsse, zu denen Sie gekommen sind
Die konkreten Schritte der Umsetzung
Die Schwierigkeiten, denen Sie begegnet sind und wie Sie sie überwunden haben
Die Rolle, die die Unternehmensleitung in diesem Prozess gespielt hat
Wie Sie heute strategisch positioniert und organisatorisch aufgestellt sind
Wie Sie den Markt bearbeiten
Womit Sie Ihr Geld verdienen
Welche aus heutiger Sicht die entscheidenden Erfolgsfaktoren sind
Bitte bringen Sie die Ergebnisse Ihrer Arbeit auf zwei bis maximal drei Seiten
zu Papier und bereiten
Sie eine zehnminütige Präsentation vor.

Unterschiedliche Ziele managen

10

Uwe Schumacher, zum Zeitpunkt des
Interviews Vorstandsvorsitzender der
Direct Line Versicherung AG

Inhaltsverzeichnis

Zusammenfassung

In diesem Kapitel erfahren Sie etwas darüber, wie Sie Ihre Ziele noch besser
in den Blick bekommen und schließlich dafür sorgen, diese auch zu erreichen.

Führung bedeutet ja auch, Entscheidungen zu treffen, voranzugehen, Einfluss zu nehmen, Vorbild zu sein. Damit all dies gelingt, muss eine Fuhrungs-
kraft einen Plan, eine Strategie haben. Sie muss eine Idee von der Richtung
haben, in die sie führen will oder auch muss. Am Beginn einer Führungskarriere
muss der Wille zur Führung stehen. Wenn dies gegeben ist, muss ein Ziel vorhanden sein. Ein Ziel, zu dem man hinführen will.

Wille und Ziel bestimmen dann die Strategie. Alles Ringen um die richtige
Strategie bleibt müßig, wenn das Ziel nicht klar ist. Die Aufgabe einer Führungskraft besteht an erster Stelle aus Menschenführung und an zweiter Stelle
aus Strategiearbeit. Daraus lässt sich schließen, dass der jeweils individuelle
Umgang einer Führungskraft mit den Mitarbeitern sowie ihre Zielsetzung und
alles damit verbundene Handeln von entscheidender Bedeutung sind.

© Springer Fachmedien Wiesbaden 2015   167
B. Kaschek, I. Schumacher, *Führungspersönlichkeiten und ihre Erfolgsgeheimnisse*,
DOI 10.1007/978-3-658-04434-3_10

10.1 Vita

Uwe Schumacher ist seit 13 Jahren Vorstand, seit vier Jahren Vorstandsvorsitzender der Direct Line Versicherung AG. Direct Line ist eine 100-prozentige Tochter der Royal Bank of Scotland und bietet Autoversicherungen im Direktvertrieb an – telefonisch und besonders über das Internet. Als Gründungsmitglied hat er das Unternehmen bis zur heutigen Größe von fast 400 Mitarbeitern entwickelt. Davor war er neun Jahre als Berater und Projektmanager in einem großen Beratungshaus zu versicherungsfachlichen, IT-technischen und organisationalen Themenstellungen tätig. Er hat an der Universität Hamburg Informatik, Physik und Wissenschaftspublizistik studiert. Er ist verheiratet und hat drei Kinder.

10.2 Interview

B. Kaschek:
Welche ist die zentrale Frage bei Ihrer Arbeit als Führungskraft?
U. Schumacher:
Die zentrale Frage ist aus meiner Sicht: Wie bringe ich die Menschen, die für mich und für mein Unternehmen arbeiten, dazu, mit höchstem Einsatz für das Unternehmen und mit größter Zufriedenheit für sich selbst zu arbeiten.
B. Kaschek:
Haben Sie dazu eine Art Rezept? Wie kann man das erreichen?
U. Schumacher:
Einer meiner Grundsätze ist es, jeden meiner Mitarbeiter idealerweise das machen zu lassen, was er – im Rahmen des Unternehmens, in dem er arbeitet –, was

er da am liebsten tun möchte. Das wird nicht dazu führen, dass alle Tätigkeiten und Aktivitäten im Unternehmen abgedeckt werden. Aber wenn ich es zumindest schaffe, dass alle Leute zuvorderst an den Dingen arbeiten, die sie selbst auch gerne machen wollen, dann glaube ich, ist sowohl den Mitarbeitern als auch dem Unternehmen am meisten gedient. Die dann noch offen bleibenden Lücken muss ich dann beispielsweise durch Anordnung im allerletzten Fall oder in der Diskussion mit den Mitarbeitern, was die Aufteilung der Arbeiten anbelangt, abdecken.

B. Kaschek
Wie kann ich mir das in der Praxis konkret vorstellen? Wie gehen Sie da heran?

U. Schumacher:
Generell ist es so, dass ich zunächst über Mitarbeiter, die ich schon länger kenne und mit denen ich schon länger zusammenarbeite, ein gewisses Vorwissen habe über deren Kompetenzen und auch deren Präferenzen. Bei Mitarbeitern, die neu sind, bemühe ich mich diejenigen einzustellen oder für mich zu gewinnen, die die Aktivitäten – die Arbeit –, welche ich im Unternehmen durchzuführen habe, die diese Tätigkeiten von sich aus gerne machen wollen.

B. Kaschek:
Was bedeutet für Sie Erfolg bei Ihren Aufgaben als Führungskraft?

U. Schumacher:
Erfolg heißt für mich, dass Ziele, die ich mir selbst gesetzt habe und die zusammen mit meinem Arbeitgeber, meinem Shareholder, vereinbart worden sind, dass diese Ziele erreicht werden. Der Erfolg ist besonders schön, wenn ich das auch noch mit einer persönlichen Zufriedenheit verbinden kann. Und wenn ich das erreicht habe, dadurch, dass ich in einem Umfeld arbeite oder gearbeitet habe, das auf mich positiv gewirkt hat oder in dem ich mich auch jeden Tag gerne bewegt habe.

B. Kaschek:
Welche sind aus Ihrer Sicht überhaupt Erfolgskriterien?

U. Schumacher:
Zunächst einmal glaube ich, dass eine Voraussetzung für Erfolg ist, dass man sich vorher ein Ziel gesteckt hat. Dieses Ziel zu erreichen ist der Erfolg. Das ist die Grundbedingung dafür, dass sich etwas für mich als Erfolg anfühlt. Ansonsten wäre das ein zufälliges Eintreffen, was ich aber nicht in dem Sinne als Erfolg bewerten würde.

B. Kaschek:
Bedeutet das, dass Erfolg immer auf Leistung beruht? Auf eigenem Zutun?

U. Schumacher:
Das ist, glaube ich, richtig. Ich würde es nicht darauf beschränken, dass Erfolg sich nur darauf begründet, aber es ist in der Tat ein wichtiger oder ein notwendiger Bestandteil.

B. Kaschek:
Wie kommen Sie zu den Zielen, die Sie sich stecken?
U. Schumacher:
Die Ziele werden praktisch dadurch ermittelt, dass ich zusammen mit meinem Aufsichtsrat diese Ziele festlege. In welchem Bereich diese Ziele liegen, ergibt sich aus dem Umfeld, in dem ich arbeite. Beispielsweise sind das Zahlengrößen zum einen, Zahlen die sich beschreiben lassen als Gewinn oder als Umsatz. Darüber hinaus sind es aber auch weitere Größen, die sich an der Organisation festmachen und die z. B. umschrieben werden durch Begriffe wie Engagement der Mitarbeiter oder Orientierung am Kunden.

B. Kaschek:
Was, glauben Sie, hat Sie erfolgreich gemacht? Was waren dabei zentrale Erlebnisse, Gedanken, Beobachtungen?
U. Schumacher:
Ich denke, dass es zunächst einmal wichtig ist, eine fachliche Grundlage zu haben, die ich durch mein Studium erworben habe. Aber es wäre verkürzt zu sagen, dass alles nur auf dieser Grundlage beruht. Rückblickend muss ich sagen, es ist eine notwendige Voraussetzung. Aber wenn diese gegeben ist, macht sie in der praktischen Anwendung nur noch einen kleineren Teil aus. Ein zweiter wichtiger Punkt ist der eigene Wille, Erfolg zu haben bzw. weiterzukommen, mehr zu erreichen, Dinge stärker selbst beeinflussen zu können. Ein dritter Punkt ist der, dass ich glaube – gerade wenn man mit anderen zusammenarbeitet –, dass es sehr wichtig ist, sich für diese anderen Menschen zu interessieren, mit diesen Menschen auch zusammenarbeiten zu wollen und sie nicht nur als Werkzeug oder als Erfüllungsgehilfen zu benutzen. Sie auch Dinge selbst machen zu lassen, auf deren Vorschläge zu hören und ihre Beiträge ernst zu nehmen. Ich glaube, ein vierter Punkt ist der, dass es sehr wichtig ist – für mich sehr wichtig war –, um Erfolg zu haben, selbst auch immer mit gutem Beispiel „vorbildhaft" voranzugehen.

B. Kaschek:
Gibt es da bestimmte Erlebnisse, an denen Sie das festmachen können?
U. Schumacher:
Ein Erlebnis, das stärker fachlich gebunden ist, an das ich mich erinnere, war im Zusammenhang mit der Veränderung eines IT-Systems. Es ging darum, einen Grundsatz, den dieses System beinhaltete, zu verändern. Da habe ich festgestellt – durch größere Widerstände aus meinem Kollegenkreis –, dass es da einen Punkt gab, wo ich in einem Meeting mit ungefähr 10 Leuten zusammen war und sich langsam eine Stimmung für meine Idee entwickelte. Dieser konkrete Moment, als ich das erste Mal spürte, dass sich möglicherweise eine Mehrheit der Anwesenden für meine Idee aussprechen würde, das war für mich ein wichtiger, ein besonderer Punkt, an den ich mich erinnere. Das war für mich ein Moment, der Erfolg bedeutete.

B. Kaschek:
Was haben Sie getan, damit das passieren konnte?
U. Schumacher:
Ich hatte mich im Vorfeld, also über etliche Monate, sehr stark und zunehmend auch mit Leidenschaft, würde ich sogar sagen, für diese Sache eingesetzt.
B. Kaschek:
Wie sah denn Ihr Lebenskonzept zu Beginn Ihrer Berufstätigkeit aus und hat es sich im Laufe der Jahre verändert? Wenn ja, in welcher Weise?
U. Schumacher:
Es wäre vermessen zu sagen, ich hätte zu Beginn meiner Berufstätigkeit schon ein konkretes Konzept für meinen beruflichen Weg gehabt. Zu Beginn meiner beruflichen Tätigkeit war es so, dass ich feststellte – durch Praktika, durch studentische Jobs -, dass ich es sehr interessant finden würde, in einem Beratungsumfeld zu arbeiten. Als ich dann in dieses Beratungsumfeld kam, waren die Einflüsse, die dort durch die Projekte und durch die unterschiedlichen Kollegen und Situationen auf mich einwirkten, so stark, dass ich doch über eine gewisse Zeit kein berufliches Konzept für die nächsten Jahrzehnte aufgebaut habe, sondern dass ich dort stärker auf das Beratungsumfeld und auf das nächste und das übernächste Projekt fixiert war.

Ich denke, dass bei mir das berufliche Konzept erst stärkere Konturen gewonnen hat, als ich aus dem Beratungsumfeld herausgekommen und in eine Linienorganisation eingetreten bin. Da war ich Mitte 30. Da hat sich dann der klassische Weg als eine Möglichkeit angeboten. Im umfassenden Sinne des Lebenskonzepts würde ich sagen, hatte ich ein klassisches Lebenskonzept. Das deckte den privaten Teil ab und sah so aus, dass ich eine Familie gründen wollte, dass ich Kinder haben wollte, dass ich mir ein familiäres Leben aufbauen wollte. Das war das eine. Das andere war zu dem Zeitpunkt vielleicht ein noch etwas abstrakter beruflicher Lebensplan. Rückblickend kann ich sagen, dass sich die Kernpunkte in befriedigender Weise realisiert haben. Wenn ich auf mein bisheriges Leben zurückblicke, dann kann ich sagen, dass sich der privat-familiäre Lebensplan eingestellt hat und dass ich in einem gewissen Rahmen auch auf ein beruflich erfolgreiches Leben zurückblicken kann.

Wie haben sich diese Dinge geändert? Ich würde sagen, im privaten Bereich hat es keine einschneidende Veränderung gegeben. Im beruflichen Bereich ist es so, dass ich das ständige Schielen und Blicken darauf, welche Stufe man noch erklimmen kann, eingestellt habe. Da hat sich eine gewisse innere Zufriedenheit mit dem Erreichten eingestellt.

B. Kaschek:
Was sagen Sie sich selbst, wenn Sie in einer schwierigen Situation stecken? Was sagt da Ihre innere Stimme?

U. Schumacher:

Ich habe so viele schwierige Situationen durchgemacht – ich werde auch die jetzige schwierige Situation überwinden. Wenn es etwas ist, was menschenmöglich machbar ist, dann bin ich davon überzeugt, dass ich das eben auch schaffen werde. Die Frage ist vielleicht nur, ob ich beim Ergebnis am oberen oder am unteren Ende des Möglichen herauskomme.

B. Kaschek:

Was würden Sie als Ihre drei Hauptstärken bezeichnen?

U. Schumacher:

Zuhören können, Pragmatismus – pragmatisch denken zu können, Menschen in meinem Umfeld zu fördern und ihnen die Möglichkeit zu geben, sich frei zu entfalten. Dazu kommen dann noch Disziplin, Ausdauer und der unbedingte Wille zum Erfolg.

B. Kaschek:

Im Laufe Ihres beruflichen Werdegangs sind Sie auch auf Schwierigkeiten und Hindernisse gestoßen. Wie sahen diese Hindernisse aus? Gab es da eventuell ein Muster?

U. Schumacher:

Die Frage nach dem Muster habe ich mir noch nicht gestellt. Ich glaube, die Dinge sahen im Wesentlichen so aus, dass sich Entwicklungen nicht so vollzogen haben, wie ich es mir gewünscht hätte. Da hat es z. B. im Beratungsumfeld Projekte gegeben, in die ich hoffte, hineinzukommen, in die ich aber nicht hineinkam, oder umgekehrt, dass ich in Projekte abgeordnet wurde, die mir zumindest zu Beginn als nicht interessant erschienen. Ich denke, in der Linienfunktion – wenn ich da über Probleme oder Hindernisse spreche – waren das Situationen, die weniger im fachlichen, sondern mehr im Bereich der Zusammenarbeit, im Bereich der Menschen, mit denen ich zu tun hatte, lagen. Da gab es Situationen, in denen man das Gefühl hatte, dass die Dinge, die man machen möchte oder von denen man meinte, sie machen zu müssen, um seinen eigenen Erfolg zu fördern oder seine Aufgaben zu lösen, dass man dort auf mehr Leute stieß, die einen nicht unterstützt haben, sondern die einen eher behindert haben.

Einen bestimmten Typus gab es dabei nicht. Darüber habe ich bisher noch nicht wirklich nachgedacht. Aber ich glaube, einen bestimmten Typus Mensch gab es da nicht. Das sind eher situativ sehr unterschiedliche Menschen gewesen.

Ich habe z. B. festgestellt, dass es wichtig ist und mir mehr liegt, Dinge in Einzelgesprächen vorzubereiten, und nicht darauf zu setzen, dass sich in einem großen Meeting, in einer großen Besprechung eine wegweisende Entscheidung fällen lässt. Wenn man diese Entscheidung anstrebt, dann sollte man sie in etlichen einzelnen Gesprächen vorbereiten.

B. Kaschek:

Ihr Umgang mit solchen Schwierigkeiten beruht als darin, auf bilateraler Ebene in Einzelgesprächen eine Lösung zu finden?

U. Schumacher:

Ja. Ich glaube, dass es mir persönlich leichter gelingt, im Einzelgespräch andere Menschen von meinen Vorstellungen oder meinen Ideen zu überzeugen, als dass es mir in einer mittleren Gruppe von drei bis zehn Leuten gelingen würde.

B. Kaschek:

Was meinen Sie, woran das liegt?

U. Schumacher:

Ich glaube, dass es in der kleinen Runde stärker darauf ankommt, ehrlich, authentisch und vertrauensvoll zu wirken. Es ist leichter, das Vertrauen des Gegenübers zu gewinnen. Bei einem gleichzeitigen Gespräch mit mehreren Personen kommt es stärker auf rhetorische Aspekte an als auf Vertrauen und auf fachliche Argumente. Meine Stärken liegen eher in diesen Dingen: vertrauensvoll, authentisch und fachlich.

I. Schumacher:

Was treibt Sie bei der Erfüllung Ihrer Aufgaben als Führungskraft an?

U. Schumacher:

Wenn ich mich erst mal für eine Aufgabe entschieden habe, dann ist es schlicht und ergreifend das Gefühl, dieses Ziel erreichen zu wollen oder diese Aufgabe fertigzustellen. Das heißt, der wesentliche Punkt ist bei mir zunächst einmal, mich voll hinter das Ziel zu stellen. Wenn es so weit ist, dass ich sage „Ja, das ist mein Ziel!", dann geht es darum, daran zu arbeiten, dieses Ziel zu erreichen. Das voranzutreiben, geht dann schon mit einem gewissen Automatismus vonstatten, der mich einfach antreibt und der dafür sorgt, dass das, was ich einmal als Ziel oder als richtig erkannt habe, der das einfach erreichen will, weil es mir quasi „eingeimpft" ist, an einem Ziel festzuhalten.

B. Kaschek:

Also eine gewisse Beharrlichkeit?

U. Schumacher:

Ja, kann man so sagen. Beharrlichkeit – aber auch, es als Ideal anzusehen, ein Ziel, das man als richtig erkannt hat, dann eben auch erreichen zu wollen und es auch zu schaffen.

I. Schumacher:

Was passiert, wenn auf dem Weg dahin das Ziel plötzlich verblasst oder Sie feststellen, dass es nicht erreichbar ist?

U. Schumacher:

Bei Letzterem kommt mir mein Pragmatismus zugute, der dann dafür sorgt, dass das vielleicht zu hoch gesteckte Ziel oder auch falsche Ziel in ein neues Ziel, in der Situation als erreichbar bewertetes Ziel umgewandelt wird.

B. Kaschek:
Das betrifft den Fall, dass es nicht erreichbar ist. Aber es kann ja auf dem
Weg dahin auch passieren, dass man merkt, es ist vielleicht gar nicht das rich-
tige Ziel.
U. Schumacher:
Ich glaube zunächst mal, dass diese Unsicherheit über ein Ziel häufiger aufkommt, als es allgemein zugegeben wird. Gerade wenn man einer größeren Gruppe oder Organisation vorsteht, wird man häufiger vom Zweifel um die Richtigkeit
der angestrebten Ziele ergriffen. Ich glaube auch, dass nicht jedes leichte Verblassen oder jeder Zweifel dazu führen darf, das Ziel infrage zu stellen oder gar zu
verändern. Man sollte auch hier mit der vorher angesprochenen Beharrlichkeit an
einem Ziel, auch über das eine oder andere Verblassen, festhalten.
  Man sollte aber auch Antennen dafür entwickeln und bewahren, dass sich das
Umfeld ändern kann und dass sich Ziele auch ändern können. Gerade bei Pro-
jekten ist das ganz wichtig. Auf diese Antennen muss man achten. Dinge können
sich anders entwickeln und damit muss man sich auseinandersetzen. Bei dieser
Auseinandersetzung muss man sehr wohl unterscheiden zwischen den normalen
Zweifeln, der gerade über einen längeren Zeitraum ganz natürlich eintretenden
Verblassung des Ziels und andererseits wirklich substanziellen Dingen, die dann
zu einer Änderung des Zieles führen müssen.
B. Kaschek:
Fällt es Ihnen leicht, Ziele zu verändern?
U. Schumacher:
Wenn ich jetzt nur Ja oder Nein antworten dürfte, dann würde ich sagen: Nein,
es fällt mir nicht leicht. Die Veränderung von Zielen fällt mir deshalb nicht leicht,
weil ich Stabilität brauche und auch vermitteln möchte. Was ich vermeiden möch-
te, das ist, jede Woche eine „neue Sau durchs Dorf zu treiben". Für mich ist es ein
Wert, eine Kontinuität oder einen sicheren Rahmen für Tätigkeiten zu bilden. Das
sorgt bei mir dafür, dass ich versuche, Ziele nicht so häufig zu ändern. Einer meiner
Treiber ist so gesehen die Verlässlichkeit und auch die Sicherheit.
B. Kaschek:
Welche Gefühle und Stimmungen prägen Ihren derzeitigen Arbeitsalltag
und inwiefern können Sie diese für sich nutzen?
U. Schumacher:
Eine Stimmung, die mich derzeit prägt, ist die des Aufbruchs und die der derzeit
vor sich gehenden Veränderungen in meinem Umfeld. Kann ich diese Gefühle für
mich nutzen? Ja, die kann ich nutzen, weil die dafür sorgen, dass ich mit Tatkraft,
Willensstärke und auch mit Freude an die Arbeit gehe und Dinge neu ausrichten
kann.

B. Kaschek:
Dann bedarf es also manchmal der Veränderung, um diese Schaffenskraft neu zu wecken?

U. Schumacher:
Ob es der Veränderung bedarf, kann ich nicht sagen. Bei mir ist es im Moment so. Ob man aber diesen Zustand nur durch Veränderungen hervorrufen kann, das weiß ich nicht.

B. Kaschek:
Aufgrund welcher Kriterien betrachten Sie Ihre Arbeit als erfolgreich?

U. Schumacher:
Ich bin jemand, der geprägt ist durch Zahlen. Von daher ist der erste Indikator für mich das Erreichen von gewissen Kennzahlen. Sind bestimmte vereinbarte Zahlen erreicht worden? Gewinnerwartung, Umsatzerwartung, sind die erreicht worden oder nicht. Dazu kommen dann Dinge wie: Habe ich in meinem Team, in meiner Organisation die Zusammenarbeit, die Kultur verbessern können? Aber auch das macht sich teilweise in Zahlen bemerkbar, wie z. B. in der Kündigungsquote oder in der Krankheitsquote.

B. Kaschek:
Viele sagen, wir befänden uns derzeit in einem Kulturwandel in Bezug auf Führung und Management. Ist das auch aus Ihrer Sicht so? Und wenn ja, was aus der alten Kultur sollte behalten werden und was sollten wir ändern?

U. Schumacher:
Ich denke, dass wir uns schon in einer Veränderung im Hinblick auf das Thema Führung befinden. Vor 20 Jahren war alles noch sehr autoritär geprägt. Das Führungsverständnis war auf Einzelpersonen und Entscheidungen von Einzelpersonen ausgerichtet. In den letzten beiden Jahrzehnten ist dies einer Führungskultur gewichen, die stärker auf Führungsteams setzt. Dabei kommt es für die Qualität und die Richtigkeit der Entscheidung nicht nur darauf an, ob der, der hierarchisch ganz oben sitzt, etwas so sieht, sondern auch, ob Sichtweisen der ersten und zweiten Führungsebene bei der Entscheidung durchaus das Rennen machen können. Das ist, glaube ich, der wesentliche Punkt.

Diese Sicht wird flankiert durch eine Reihe anderer Effekte, wie z. B., dass jetzt auch nicht zahlengetriebene Entscheidungskriterien eine größere Rolle spielen. Dingen wie Zusammenarbeit und Emotion wird ein größerer Raum gegeben. Auch das Thema Frauen in Führungspositionen bekommt eine andere Wertigkeit. Das ganze Thema wird von viel mehr Seiten und aus anderen Perspektiven betrachtet und bekommt neue Impulse. Das alles trägt zu dieser Veränderung bei.

Was sollte bei all diesen Veränderungen gleich bleiben? Ich glaube, bei aller Entwicklung von Entscheidungen durch Teams ist es dennoch wichtig, ein kleines Gremium an der Spitze von Organisationen zu haben. Dieses Gremium gibt letzten Endes nach außen die Richtung der Organisation vor und dient auch nach innen als Orientierungspunkt. Alle Mitglieder dieses Gremiums müssen sich dann natürlich auch mit den getroffenen Entscheidungen identifizieren. Aber diese Entscheidungen müssen im Gegensatz zu früher nicht immer unbedingt von ihnen selbst gekommen sein.

B. Kaschek:

Was bewirkt Ihrer Erfahrung nach eine Verhaltensänderung bei Menschen?

U. Schumacher:

Im Wesentlichen sind das eigene Erlebnisse. Eigene Negativerlebnisse wahrscheinlich noch stärker als eigene positive Erlebnisse. Wenn man selbst durch eine schwere Situation gegangen ist und feststellt, dass mit den Mitteln oder mit den Verfahren, mit denen man bisher gearbeitet hat, man diese Situation nicht durchstehen oder nicht verändern konnte, dann merkt man: Man braucht ein anderes Vorgehen. Wenn sich dieses andere Vorgehen dann in der Konsequenz als wirkungsvoll erweist, dann nimmt man das in seinen Erfahrungsschatz auf.

B. Kaschek:

Angenommen, Sie hätten 15 min weltweite Sendezeit und würden in allen Sprachen verstanden: Was würden Sie jungen Führungskräften sagen, was wäre Ihre Botschaft?

U. Schumacher:

Schauen Sie auf sich selbst und gehen Sie mit gutem Beispiel voran! Verlangen Sie von anderen keine Dinge, die Sie selbst nicht bereit sind zu geben! Überlegen Sie sich, wie Sie selbst funktionieren, bevor Sie auf andere losgehen! Hören Sie auf andere! Hören Sie anderen zu! Verlieren Sie nicht die Bodenhaftung, sondern bleiben Sie in Ihrer Organisation verwurzelt und pflegen Sie Kontakte zu Mitarbeitern aller Ebenen! Versuchen Sie nicht, eine Rolle zu spielen!

10.3 Worum es hier geht

Wenn ich mich erst mal für eine Aufgabe entschieden habe, dann ist es schlicht und ergreifend das Gefühl, dieses Ziel erreichen zu wollen oder diese Aufgabe fertigzustellen. Das heißt, der wesentliche Punkt ist bei mir zunächst einmal, mich voll hinter das Ziel zu stellen. Wenn das so weit ist, dass ich sage „Ja, das ist mein Ziel!", dann geht es darum, daran zu arbeiten, dieses Ziel zu erreichen. Das voranzutreiben geht dann schon mit einem gewissen Automatismus vonstatten, der mich einfach antreibt und der dafür sorgt, dass das, was ich einmal als Ziel oder als richtig erkannt habe, der das einfach erreichen will, weil es in mir „eingeimpft" ist, an einem Ziel festzuhalten.

Uwe Schumacher

Nur wer sein Ziel kennt, findet den Weg. (Laotse)

Dieses Zitat spiegelt perfekt wider, worum es bei der Führungsaufgabe geht. Die Strategie einer Führungskraft leitet sich aus dem jeweiligen Ziel ab. Dies gilt ebenso für gesamte Organisationen. Das Unternehmensziel bestimmt die Strategie. Das Ziel ist demnach die maßgebliche Einflussgröße, nicht die Strategie. Wie häufig werden aber Ziele nur unsauber definiert oder spontan aus einer schwierigen Situation heraus fixiert. Wie stark nimmt das sogenannte Tagesgeschäft Einfluss auf die Zielformulierung. Es gibt viele Einflussgrößen bei der Thematik „Zielsetzung". Unrealistische oder zu vielfältige Ziele machen es schwierig oder gar unmöglich, ans Ziel zu gelangen. Auch mangelnde Zielfokussierung verhindert die Zielerreichung.

Was ist überhaupt ein Ziel? Wir gehen mit diesem Begriff selbstverständlich um, aber was genau meinen wir, wenn wir von Zielen sprechen?

Ein Ziel ist ein in der Zukunft befindlicher, erstrebenswerter Zustand. Es ist ein Zustand, der anders ist als der, in dem man sich befindet. Das heißt, das Moment der Veränderung ist im Ziel implementiert. Auf dem Weg vom „Ist-Zustand" zum „Soll-Zustand" wird etwas hinter sich gelassen und ein neuer, „besserer" Zustand erreicht. Dieser angestrebte „bessere" Zustand ist die Zielvorgabe. Ein Ziel ist demnach ein im Vorfeld definierter wünschenswerter Zustand, der durch eine Reihe von Handlungen erreicht werden kann und soll.

Erfolg ist dann das Erreichen des angestrebten Zustandes aufgrund eigenen Handelns. Es ist also von entscheidender Bedeutung, Ziele zu definieren, anzustreben und durch eigene Aktivität zu erreichen.

Die Zielerreichung stellt sich selten problemlos dar. Noch komplizierter wird das Thema der Ziele und der Zielerreichung durch den Umstand, dass eine Führungskraft in der Regel nicht nur ein Ziel verfolgen muss. Es existieren vielfältige Zielvorgaben auf unterschiedlichen Ebenen und sie lassen sich nicht ohne Probleme miteinander verbinden. Unterschiedliche Ebenen bedeuten häufig unterschiedliche Interessenlagen. Es kommt zu sogenannten Zielkonflikten. Führung bedeutet demnach auch, Zielkonflikte zu managen. Zielkonflikte zu managen gelingt nur, wenn die Führungskraft in der Lage ist, das Gesamtsystem zu erkennen, und sie aufgrund dieser Kompetenz Prioritäten setzen kann.

Das große Ganze zu „erkennen", ist die eigentliche Herausforderung einer Führungskraft. Nicht nur bis zur eigenen Nasenspitze zu sehen und zu denken, sondern eine Gesamtperspektive einnehmen zu können, darum geht es. Wie gelingt es, diese Perspektive zu gewinnen? Wie kann man ein System erkennen und für sich erschließen? Wie kann man es schaffen, scheinbar widersprüchliche Ziele miteinander zu verbinden?

Zunächst ist es wichtig zu verstehen, dass Organisationen komplexe Systeme sind. Ebenso ist jeder einzelne Mensch ein eigenes System. Eine Führungskraft hat es also mit einem Geflecht von Systemen zu tun und bildet in sich wiederum ein eigenes System. Diese unterschiedlichen, untereinander interagierenden Systeme miteinander zu vernetzen, das ist die größte Herausforderung für eine Führungskraft.

Was sind Systeme und was besagt die Systemtheorie?

Ein System ist nach Ludwig von Bertalanffy der Versuch, Komplexität zu organisieren. Ein System steht in einem dynamischen Austausch mit seiner Umwelt. Laut der Systemtheorie treten anstelle geradlinig-kausaler Erklärungen zirkuläre Erklärungen. Es werden nicht isolierte Objekte betrachtet, sondern die Relationen zwischen den Objekten sind Gegenstand der Beobachtung. Dies zu verstehen, bedeutet einen Perspektivwechsel vorzunehmen, denn wenn man systemisch denkt und handelt, dann gibt es kein objektives „Richtig" oder „Falsch" und keine zweiwertige Wahrheit. Diesen Weg zu gehen, bedeutet, vertrautes Handeln und Denken zu verlassen und sich auf neues unbekanntes Terrain zu begeben. Unsere schnelllebige globalisierte Welt lässt der Führungskraft keine andere Chance mehr. Je besser eine Führungskraft den Systemgedanken verinnerlicht hat und je mehr sie in der Lage ist, vernetzt zu denken, desto größer ist ihre Aussicht auf Erfolg in dem Sinne, die „richtigen" Ziele zu setzen.

Wenn man verstanden hat, dass es nicht den einen richtigen Weg gibt, nicht die eine Wahrheit, dann tut sich eine Welt der ungeahnten Möglichkeiten auf. Diese Vielzahl an Optionen kann erschrecken, sogar verängstigen, aber sie bedeutet auch Freiheit. Die Freiheit zu wählen.

Die Relationen zwischen den Objekten zu sehen, also die Beziehung zwischen Unternehmensziel und Mitarbeiterinteressen, die Beziehung zwischen Unternehmen und Kunden, die Beziehung zwischen den jeweiligen Abteilungen einer Organisation, die Beziehung zwischen Führung und Mitarbeitern, die Beziehung zwischen Kollegen, die Beziehung zwischen Organisation und Umwelt, die Beziehung zwischen der privaten Welt des Mitarbeiters und seiner beruflichen Welt, all dies sind Einflussgrößen auf den Unternehmenserfolg. In der Regel werden diese Faktoren nicht in ihrer Relation zueinander wahrgenommen. Es wird zu kurz gedacht. Wenn in Unternehmen streng nach dem Ursache-Wirkungs-Prinzip gedacht und gehandelt wird, bleiben viele Dinge außerhalb der Wahrnehmung. Wenn man innerhalb eines Systems etwas tut oder auch nicht tut, dann hat man es immer mit einer Vielzahl von Reaktionen an unterschiedlichen Stellen zu tun. Diese Vielfalt an Reaktionen zu erkennen und möglichst schon im Vorfeld mit in die eigene Entscheidung einzubeziehen, das ist die Kunst der Führungskraft.

10.4 Was hat das mit mir zu tun?

Ziele zu besitzen, Ziele zu setzen, das sind alltägliche Anforderungen an eine Führungskraft. Nicht nur als Führungsperson, sondern generell gilt für Menschen, dass sie sich Ziele stecken sollen. Im Ziel ist der Weg zur Zielerreichung schon angelegt, man muss ihn „nur" entdecken. Leider ist dies meist einfacher gesagt als getan. Warum aber ist es denn tatsächlich so wichtig, auf Ziele zuzugehen? Kann man nicht auch sehr gemütlich, vielleicht sehr viel entspannter ohne Ziele leben? Das Ziel bedeutet Veränderung, es beinhaltet einen Wechsel von einem Zustand in einen anderen. In diesem Sinne steht das Ziel für Fortschritt, keine Ziele zu haben bedeutet dann Stillstand. Es liegt in der menschlichen Natur, weiter- zustreben und Dinge voranzutreiben. Es gibt den klugen Satz: „Der Weg ist das Ziel." Dieser Satz drückt aus, worum es gehen muss. Im Ziel ist der Weg schon enthalten. Es gibt immer mehrere Wege, welcher Weg gewählt wird, ist vom jeweiligen Individuum abhängig. Den eigenen Zielweg zu erkennen und sich auf die Reise zu machen, das ist die eigentliche Herausforderung. Nicht darauf zu schauen, wie es andere machen, sondern den eigenen Weg finden. Natürlich ist es wichtig, Vergleiche zu ziehen, Erfahrungen auszutauschen, um sich vor Fehlern zu schützen. Aber letzten Endes geht es um die Entscheidung, den eigenen individuellen Weg zu gehen. Das bedeutet immer auch, Fehler zu machen. Auch diese Fehler gehören zum Menschen, auch sie sind individuell. In seinen Erfolgen will der Mensch einmalig sein, in seinen Fehlern möchte er in der Masse untergehen.

Das Ziel trägt den Weg bereits in sich. Es geht darum, diesen Weg für sich zu entdecken. Michelangelo hat dieses Phänomen erlebt, als er den David geschaffen hat, für ihn war die Skulptur in dem Marmorblock anwesend. „Ich habe nur alles weggenommen, was nicht David war." Michelangelo war sich „sicher", das „Richtige" zu tun, weil er intuitiv wusste, dass der David in dem Marmorblock anwesend war. Diese Form des „Wissens" haben moderne Menschen verloren. Es ist aber genau dieses Wissen, das man braucht, um den Mut zur eigenen Entscheidung, zum eigenen Ziel, zum eigenen Weg zu entwickeln.

10.5 Coachingfrage zum Thema „Zielmanagement"

Wie kann man lernen, die eigenen Ziele zu finden und zu verfolgen? Wie denkt man systemisch?

Zum Thema „Ziele" und „Zielmanagement" gibt es viele Tools, die dabei helfen, strukturiert mit Zielen umzugehen. Grundsätzlich ist es wichtig, beim Thema Ziele und Zielmanagement strukturiert vorzugehen. Die folgenden Tools sollen Ihnen dabei helfen. Hier geht es darum, der Führungskraft dabei zu helfen, Ziele nicht wahllos und eher diffus zu setzen und zu verfolgen, sondern ein echtes Zielmanagement zu entwickeln und optimal zu gestalten.

10.6 Coachingtool „Zielspirale"

Für einen Manager ist es sehr bedeutsam, wie genau er seine Ziele definiert und mit welcher Genauigkeit er sie dann auch erreicht. Für solch ein zielorientiertes Management gibt es eine Tools, viele, die aus dem Projektmanagement kommen.

Ein Tool zum Thema „Zielmanagement" ist die „Zielspirale". Um diese Methodik anzuwenden, müssen Sie folgende Schritte durchführen:

1. Ziele suchen
2. Die Ziele definieren
3. Die definierten Ziele verinnerlichen
4. Einflussfaktoren analysieren
5. Eventuelle Hindernisse überwinden
6. Die Ziele in die Tat umsetzen
7. Die Ziele reflektieren und überprüfen
8. An dieser Stelle beginnen Sie vor vorne und überarbeiten Ihre Ziele

Die strukturierte Vorgehensweise zwingt Sie dazu, sich und Ihre Ziele immer wieder zu hinterfragen.

Eine ganz andere Methode ist die folgende Übung. Sie stammt von Walt Disney und wird gerne in der kreativen Welt des Marketings angewendet. Hier geht es mehr um Emotionen und weniger um Struktur. Machen Sie ein Brainstorming, bei dem es um Ihre Ziele geht. Lassen Sie alle Ideen, die Ihnen kommen, durch drei Instanzen laufen. Die drei Instanzen oder Ratgeber sind:

• Der Träumer
• Der Rationale
• Der Kritiker

Diese Übung lässt Sie drei verschiedene Perspektiven einnehmen – und aus diesen Perspektiven heraus müssen Sie argumentieren. Schreiben Sie die jeweiligen Pro- und Kontra-Argumente auf Kärtchen und pinnen Sie diese an eine Metaplan-Wand oder arbeiten Sie mit Flipcharts. Es ist wichtig, diese drei Haltungen und Perspektiven zu visualisieren, so bekommen sie mehr Gewicht. Seien Sie ehrlich mit sich selbst und finden Sie heraus, welche der drei Rollen Ihnen am meisten liegt. Wenn Sie erkennen, in welche Richtung Sie tendieren, dann sagt dies nicht nur über Ihr Ziel etwas aus, sondern auch über Sie selbst.

Wenn Sie diese Übung mit verschiedenen Zielen durchführen, können Sie am Ende feststellen, ob Sie generell eine bevorzugte Perspektive einnehmen. Sind Sie jemand, der gerne Luftschlösser baut, oder sind Sie lieber „Devils Advocat"? Es ist gut zu wissen, welche Präferenz man hat. Dies gibt einem Aufschluss darüber, welche Sichtweise man gerne aus den Augen verliert. Der, dessen „Stimme" Sie am meisten stört, sollte Gehör finden.

Gestaltung, Kreativität und Einfluss

11

Iris Klunk, zum Zeitpunkt des Interviews
Vorstand der Talanx AG

Inhaltsverzeichnis

Zusammenfassung

In diesem Kapitel erfahren Sie etwas über die Freude am gestalterischen Aspekt der Führungsaufgabe und wie Sie dieses kreative Moment entdecken und für sich nutzen können.

Welche Motivation steckt hinter der Führungsaufgabe?

Nach Ansicht vieler Menschen, die nicht selbst führen, ist die Motivlage einer Führungskraft durch die Anreize Status und Geld hinreichend erklärt.

Wer führt, weiß, dass es diese Treiber *nicht* sind. Wenn man mit Menschen spricht, die mit Führungsaufgaben betraut sind, dann kommt man immer sehr schnell auf das Thema „Gestaltung" zu sprechen. Menschen, die führen, wollen etwas bewegen. Es handelt sich also um Menschen, die von einer Idee getragen werden, die im besten Falle mit Idealen und Idealismus diese Aufgabe der Führung ausüben. Die Idee, etwas zu bewegen, zu gestalten, etwas zum Besseren zu führen, das treibt die meisten Führungskräfte.

© Springer Fachmedien Wiesbaden 2015
B. Kaschek, I. Schumacher, *Führungspersönlichkeiten und ihre Erfolgsgeheimnisse*,
DOI 10.1007/978-3-658-04434-3_11

11.1 Vita

Iris Klunk studierte Wirtschaftswissenschaften an der Universität Köln und arbeitete anschließend bei der Wirtschaftsberatung Horbach. Seit 16 Jahren ist sie nun für die Bancassurance-Gesellschaften im Talanx-Konzern tätig, die sich erfolgreich auf die Beratung und den Verkauf von Versicherungsprodukten über Bank-, Post- und Sparkassenschalter spezialisiert haben. Sie leitete dort verschiedene Abteilungen und war maßgeblich an der Gründung und Entwicklung der internationalen Bancassurance Kooperationen beteiligt. Aktuell hat Iris Klunk den Vorstandsvorsitz der TARGO Versicherungen und PB Versicherungen in Hilden sowie der Neue Leben Holding in Hamburg inne und ist zudem Mitglied des Vorstands der Talanx Deutschland AG.

11.2 Interview

I. Schumacher:
Was, würden Sie sagen, ist die zentrale Frage bei Ihrer Arbeit als Führungskraft?
I. Klunk:
Die zentrale Frage ist, wie schaffe ich es, die Menschen um mich herum so zu befähigen, dass sie die fachlichen Aufgaben, die sie verantworten, nicht nur gut, sondern auch mit weiteren Entwicklungen umsetzen können. Meine Aufgabe ist es, ein Umfeld zu schaffen, in dem sie sich entfalten und entwickeln können. In dem offen miteinander diskutiert werden kann. In der Diskussion mit dem Vorstand passiert es, dass die Beiträge oder die Meinung des Vorstands als Entscheidung angesehen werden. Das noch mal aufzubrechen ist manchmal schwierig. Das ist aber mein Bestreben. Die Mitarbeiter sind fachlich viel tiefer in den Themen, haben im Zweifel auch mehr Zeit, sich mit einzelnen Dingen zu beschäftigen, und da muss meines Erachtens auch Besseres dabei herauskommen.

I. Schumacher:

Ja, das ist dieses „Old School". Der Chef weiß das am besten.

I. Klunk:

Definitiv nicht. Ich hoffe, dass der Chef es gut hinbekommt, dass er es vernünftig koordiniert und von der großen strategischen Linie her einen klaren und weiteren Blick hat, um zu antizipieren, was mag für die Zukunft gut und richtig sein. Aber er weiß es sicher nicht in allen Bereichen, also würde ich für mich jedenfalls nicht in Anspruch nehmen, allein zu wissen, was das Richtige ist.

I. Schumacher:

Was bedeutet für Sie Erfolg in Ihrer Tätigkeit?

I. Klunk:

Ein Aspekt von Erfolg findet sich in den Unternehmenskennzahlen wieder. Im Unternehmensergebnis, oder bei uns in der Versicherungsbranche haben wir gebuchte Bruttoprämien oder Neugeschäftskennzahlen, an denen sich Erfolg messen lässt. Ein anderer Faktor von Erfolg ist, wenn man sieht, dass Mitarbeiter sich von unten im Unternehmen hocharbeiten bis zu Nachwuchs-Führungskräften, bis hin zu gestandenen Führungskräften. Bei uns ist das üblich und auch möglich, bis in die Vorstandsetage zu gelangen. Das empfinde ich als Erfolg, und was ich noch als Erfolg empfinde, ist – das merke ich, wenn ich z. B. auf Führungskräftetagungen mit allen zusammen bin –, dass auch noch Spaß dabei ist. Spaß an den Themen sowie ein gemeinsamer Spirit, etwas bewegen zu wollen. Es sind also mehrere Aspekte, die für mich Erfolg ausdrücken.

I. Schumacher:

Was hat Sie erfolgreich gemacht? Was waren zentrale Erlebnisse und Beobachtungen auf Ihrem Weg?

I. Klunk:

Das ist eine gute Frage. Insgesamt, wie sich so ein Berufsweg entwickelt, da müssen verschiedene Dinge zusammenkommen. Ganz klar natürlich das Können und auch Wollen oder Engagement. Auf der anderen Seite aber auch jemanden zu haben, der an einen glaubt und das Zutrauen hat, immer mehr Verantwortung zu übertragen. Und sicher auch noch eine kleine Portion Glück, dass man dann auch zur richtigen Zeit am richtigen Platz ist, dass sich so ein Fenster auftut und eine Position frei wird oder eine Aufgabenstellung da ist. Das gehört dazu. Was war es bei mir? Ich bin jemand, der sehr schnell begeistert werden kann für Aufgaben und Themen und ähnlich wie Sie dann auch mit Herzblut ans Werk geht. Die Sachen anpackt. Ich bin keine reine Theoretikerin, analysiere aber vor der Umsetzung und arbeite mich in die Themen ein. Ich versuche es immer so herunterzubrechen, dass es praktikabel ist. So habe ich auch die strategische Unternehmensentwicklung geleitet. Strategie nur auf irgendeiner PowerPoint-Folie in einer Schublade

vergammeln zu lassen, war nie mein Thema. Wir haben immer direkt mit ange-
packt und haben z. B., als wir die internationale Strategie entwickelt haben, auch
die Projekte in Ungarn, der Türkei und in Russland umgesetzt. Das heißt, wir haben dort Gesellschaften gegründet, sie aufgebaut und in den ersten Jahren entwickelt. Kleine neue Einheiten, die einen ganz guten Geschäftserfolg haben. In der
Zeit habe ich es immer gut verstanden, Dinge relativ schnell zu erfassen und dann
mit Fantasie und Kreativität was daraus zu machen. Auf der anderen Seite ist es
mir gelungen, Menschen mitzunehmen. Das heißt ein Team aufzubauen und mit
Leuten zu arbeiten, die sich einem ein Stück weit verpflichtet fühlen, die gerne mit
Ihnen gemeinsam arbeiten und Erfolg haben wollen. Fleiß gehört auch dazu. Es
gibt immer wieder Zeiten, da wechseln sich Arbeiten und Schlafen ab. Gerade in
heißen Projektphasen bleibt nicht so viel Privatleben. Die spannende Frage ist, wie
schafft man es, aus dieser Spirale wieder herauszukommen. Das geht alles immer
nur eine Zeit lang gut – und irgendwann ist es dann auch zu viel.

I. Schumacher:

**Ja, das funktioniert auch nur, wenn einem das, was man da tut, auch Spaß
macht.**

I. Klunk:

Definitiv. Ich bin damals nicht bewusst angetreten und habe gesagt, mein Ziel
ist es, Vorstand zu werden. Ich bin immer angetreten und habe mich überzeugen
lassen von der Aufgabe, die gerade an- stand, und fand das schon spannend und
interessant, irgendwann mehr und mehr Gestaltungsspielraum und auch Entscheidungsspielraum zu haben. Das ist es, was mich auch heute noch mehr reizt als in
irgendeiner Form formale Titel. Die Titel sind schön, und sie haben natürlich damit
ein anderes Entree oder werden auch anders wahrgenommen, aber das Tolle dahinter ist, dass sie gestalten können.

I. Schumacher:

**Das, was Sie da sagen, das strahlen Sie auch aus. Sie strahlen eine große
Offenheit für Neues aus und lassen sich darauf ein.**

I. Klunk:

Das muss auch so sein. Ich arbeite selbst auch mit dieser Art Menschen am
liebsten zusammen. Ein Team sollte aus ganz unterschiedlichen Leuten bestehen,
und es ist gut, dass sie nicht alle gleich sind. Dadurch kommen verschiedene Stärken, Sichtweisen und Talente zusammen. Es ist toll, wenn Sie auf Menschen stoßen, die Sie auch begeistern können. Das macht schon viel mehr Spaß, als wenn sie
immer zunächst fünf Bedenken wegräumen müssen.

Die Authentizität, darauf kommt es an. Das ist aber auch das Spannende als
Frau in der doch noch häufig männerdominierten Umgebung, gerade im Vorstands-
bereich.

I. Schumacher:
Das ist für mich ein ganz spannendes Thema. Letzten Endes ist es ja doch immer noch eine Männerwelt.

I. Klunk:
Ja, da haben Sie recht, aber ich finde, da kann man einen guten Weg finden. Gemischte Teams funktionieren nachweislich auch besser. Das würden auch die meisten Vorstandskollegen bestätigen. Die Welt ist ja auch gemischt. Auch in einem Unternehmen ist die Belegschaft gemischt. Womit ich ein Problem habe: Der Mann darf tough sein, aber die Frau gilt dann gleich als zickig.

I. Schumacher:
Wie sah Ihr Lebenskonzept zu Beginn Ihrer Berufstätigkeit aus? Hat es sich verändert und wenn ja, auf welche Weise?

I. Klunk:
Das hat sich sicher verändert. Zu Beginn meiner Berufstätigkeit, direkt nach dem Studium, war ich froh, überhaupt einen Job gefunden zu haben. Damals habe ich schon noch geglaubt, dass ich irgendwann Mutter werde und vielleicht nicht ganz aus dem Berufsleben aussteige, aber eine andere Balance hätte. Jetzt bin ich immer noch voll berufstätig, bin nicht Mutter geworden, lebe allerdings in einer ganz glücklichen Partnerschaft und habe sicherlich ein anderes Lebensmodell, als ich es mir damals überlegt habe. Bin aber total glücklich damit. Es ist alles in Ordnung. Es kommt nicht immer so, wie man es plant. Manche Sachen kann man nicht planen. Von daher hat sich mein Lebenskonzept schon verändert. Ich gehe richtig auf in meinem Beruf. Versuche aber jetzt gerade wieder ein Stückchen mehr Balance zu finden, nachdem die letzten fünf bis sechs Jahre schon ziemlich heftig waren. Es hat sich vieles getan. Auch in meiner persönlichen Entwicklung und Karriere. Aber jetzt muss ich auch sehen, dass ich wieder ein etwas ausgewogeneres Maß finde. Zeit für Freunde ist wichtig, Familie ist wichtig und auch Freizeit ist wichtig. Ich merke immer wieder, es ist echt nicht so leicht, dies in den Alltag einzuplanen. Wenn ich es jedoch nicht plane, wer sonst?

I. Schumacher:
Das ist ein ganz wichtiger Punkt. Es kommt keiner, der einem die Dinge abnimmt. Man ist selbst für sein Leben verantwortlich.

I. Klunk:
Ich habe zwei Lebensmottos, nach denen ich lebe. Das eine ist, dass jeder für sein Tun und seinen Erfolg selbst verantwortlich ist. Das zweite ist, nur sprechenden Menschen kann geholfen werden. Wenn ich als Mitarbeiter oder als Privatmensch nicht äußere, was mir wirklich wichtig ist, dann habe ich Glück, wenn es der andere trifft, aber in vielen Fällen habe ich dann auch kein Glück. Ein offenes Gespräch tut immer gut. Grundsätzlich ist es wichtig, sich auf Augenhöhe

zu begegnen. Dann kann man sich fast alles sagen. Auch Kritik äußern oder eine schlechte Botschaft überbringen und dennoch aufeinander zugehen und das Thema nicht aussitzen. Wenn man sich da treu bleibt und es versucht, kann man vieles schaffen. Das Faszinierende daran ist, dass das Dazulernen nicht aufhört. Es geht immer weiter.

Ich habe in meinem Leben häufiger gedacht, ich steige jetzt gerade in Schuhe, die im Moment noch 'ne Nummer zu groß sind. Das sind dann immer sehr unruhige Lebensphasen, bis ich mich wieder komfortabler zurechtfinde. Im Moment bin ich wieder etwas mehr in meiner Komfortzone. Mir geht es gerade richtig gut.

I. Schumacher:
Was würden Sie als Ihre drei Hauptstärken ansehen?
I. Klunk:
Einmal, dass ich gerne mit Menschen umgehen und arbeiten mag. Dass ich sie wertschätze und als Person wahrnehme. Dass ich Dingen auf den Grund gehen kann und dabei auch nicht lockerlasse. Ich setze mich mit den Themen auseinander und bilde mir dann eine Meinung. Und ich muss nicht immer alleine recht haben, sondern höre mir gerne andere Meinungen an und lasse mich auch überzeugen.

I. Schumacher:
Im Laufe Ihres beruflichen Werdegangs sind Sie auch auf Schwierigkeiten gestoßen. Wie sahen diese Schwierigkeiten und Hindernisse aus und können Sie ein Muster erkennen?
I. Klunk:
Schwierigkeiten mögen einmal gewesen sein, dass der vor mir liegende Aufgabenumfang mir Sorgen gemacht hat, nach dem Motto: „Wie bekomme ich das gepackt?" Schwierigkeiten gab es in individuellen persönlichen Beziehungen mit Kollegen, die einem nicht geholfen haben, die einen manchmal auch bewusst gegen die Wand laufen ließen oder Steine in den Weg gelegt haben. Das sind spezielle Menschen. Irgendwann wusste ich es dann auch. Einige begleiten mich durch längere Phasen meines Berufslebens hindurch. In solchen Fällen habe ich mich auch gefragt, was ich selbst dazu beitrage, dass es zu solchen Situationen kommt. Ich würde heute deutlich anders mit der einen oder anderen Situation umgehen, wenn ich es rückblickend betrachte. Das konnte ich damals noch nicht. Da war ich teilweise so perplex, was mir da gerade passierte. Heute würde ich dies souveräner wegstecken. Aber das sind wertvolle Erfahrungen.

I. Schumacher:
Was sind Ihre Treiber im Beruflichen und im Privaten?
I. Klunk:
Im Beruflichen treibt mich sehr, dass ich Gestaltungsmöglichkeiten habe, dass ich auch Entscheidungsfreiheit habe, Dinge zu bewegen. Dass ich etwas aufbauen

und entwickeln kann und dann auch ein Ergebnis sehe. Dass ich Mitarbeiter mitnehmen kann und diese in ihrer Entwicklung sehe. Das macht unglaublich Spaß,
auch wenn die Möglichkeit besteht, junge Menschen aus dem eigenen Team weiterzuentwickeln und ein Netzwerk aufzubauen, indem diese in andere Bereiche
und Teams gehen. Auf dieses Netzwerk kann ich zugreifen, wenn ein Projekt oder
eine Aufgabe ansteht. Das treibt mich beruflich. Privat – ich brauche die Familie
und den Freundeskreis. Das ist das, was mich erdet. Was mich aber auch fit macht
und motiviert. Ich habe noch aus der Schulzeit einen Freundeskreis. Da gibt es
feste Rituale, die wir einhalten. Auch mit der Familie.

I. Schumacher:
Aufgrund welcher Kriterien und Ergebnisse betrachten Sie Ihre Arbeit als
erfolgreich?

I. Klunk:
Einmal an den Kennzahlen, das muss auch sein, das gehört dazu. Zweitens an
der Rückmeldung, die ich bekomme von den Mitarbeitern. Wir haben zum Beispiel zweimal im Jahr ein Mitarbeitergespräch. Da gebe ich mein Feedback zu
der Person, aber ich möchte auch eine Rückmeldung bekommen. Da darf gerne
auch was Kritisches angemerkt werden. Nur so kann in der Zusammenarbeit etwas
verändert werden. Aber wenn da positive Dinge kommen, freue ich mich natürlich
und würde das auch unter Erfolg einordnen. Manchmal habe ich selbst ein gutes
Gefühl, z. B. nach einer Präsentation, dass es gut gelaufen ist. Manchmal kann ich
es aber nicht gut einschätzen und dann eine ehrliche Rückmeldung zu bekommen,
das hilft schon sehr.

I. Schumacher:
Befinden wir uns Ihrer Ansicht nach in einem Kulturwandel in Bezug auf
Führung und Management? Wenn ja, was sollte aus der alten Kultur erhalten
bleiben?

I. Klunk:
Ich weiß nicht, ob man das so generell sagen kann, aber ich glaube schon, dass
es verschiedene Kulturen gibt. Es gibt eine traditionelle Kultur, in der der Chef
eines Unternehmens eher patriarchisch orientiert, fast inhabergeführt vorgeht. Entscheidungen werden von einer oder wenigen Personen getroffen. Da wird eine
klare Richtung vorgegeben. Negativ daran kann sein, dass es nicht immer die al-
lerbeste Lösung ist. Damit entsteht ein Managerbild, das etwas abgerückt daher-
kommt, mit separaten Etagen und entsprechenden Attributen. Das mag es immer
noch geben, aber es gibt auch eine neuere Generation von Managern. Diese sind
deutlich unkapriziöser, sachorientierter und sie gehen viel mehr in den Dialog mit
den Mitarbeitern und Führungskräften. Sie schotten sich nicht ab. Ich weiß nicht,
ob das ein Trend ist, aber das sehe ich zumindest. Auch in meinem direkten Umfeld. Das ist ein anderes Managementbild und das macht Spaß.

I. Schumacher:
Was bewirkt nach Ihrer Erfahrung eine Verhaltensveränderung bei Menschen?

I. Klunk:
Da könnte ich aus den klassischen Changekonzepten herleiten, dass der Leidensdruck schon sehr groß sein muss, bis dann die Selbsterkenntnis da ist und man dann aktiv damit beginnt, etwas zu ändern. Dass sich jemand von rechts auf links im Erwachsenenalter dreht, das ist schwierig. Dass man aber bestimmte Dinge anders angeht, vielleicht auch andere Einsichten zu bestimmten Fragestellungen gewinnt mit zusätzlicher Erkenntnis und vielleicht auch Lebensalter, das glaube ich schon.

I. Schumacher:
Wie nutzen Sie das als Führungskraft?

I. Klunk:
Es ist immer Überzeugungsarbeit, dass eine Veränderung notwendig ist und dass diese auch sinnvoll und gut sein kann. Das ist ja noch die leichtere Baustelle, wenn ich allerdings am individuellen Verhalten einer Person etwas verändern will, weil dieses so nicht ins Team passt, nicht in die Unternehmenskultur, da wird es dann schon schwieriger. Da hilft das Team aber mit. Als Führungskraft hilft nur, darüber zu reden. Beispiele helfen, es muss so explizit und prägnant wie möglich sein, um aufzuzeigen, worum es geht. Dinge überhaupt anzusprechen, anstatt es einfach hinzunehmen, das hilft.

I. Schumacher:
Angenommen Sie hätten 15 min weltweite Sendezeit und würden in allen Sprachen verstanden, was wäre Ihre Botschaft an junge Führungskräfte?

I. Klunk:
Packen Sie die Dinge an. Trauen Sie sich selbst etwas zu. Bleiben Sie sich selbst treu. Und man muss schon etwas für den Erfolg tun.

11.3   Worum es hier geht

Ich bin immer angetreten und habe mich überzeugen lassen von der Aufgabe, die gerade anstand, und fand das schon spannend und interessant, irgendwann mehr und mehr Gestaltungsspielraum und auch Entscheidungsspielraum zu haben. Das ist es, was mich auch heute noch mehr reizt als in irgendeiner Form formale Titel. Iris Klunk

Freude am Gestalten, Einfluss nehmen, etwas bewegen wollen. Das ist eines der wichtigsten Motive bei Führungskräften. Nicht jeder empfindet es als beglückend, in dieser Weise zu arbeiten. Es bedeutet ein Mehr an Anstrengung und Verantwortung. Man muss in der Lage sein, eine andere, übergeordnete Perspektive einzunehmen. Diese übergeordnete Perspektive nennt man Metaebene.

Um die Metaebene einnehmen zu können, bedarf es eines hohen Maßes an Abstraktionsfähigkeit. Man muss in der Lage sein, die Dinge von sich als Person losgelöst und aus der Distanz betrachten zu können. Quasi der Blick von oben auf die Situation, auch wenn man selbst Teil dieser Situation ist. Was man dann sieht, ist wie ein Muster im Raum. Die Dinge bekommen eine andere Dimension und damit mehr Klarheit. Aus der Metaebene heraus kann ich Zusammenhänge besser erfassen und bin in die Lage versetzt, Ergebnisse und Folgen aus der jeweiligen Situation schon vorab zu sehen. Es ist ein Perspektivwechsel, den ich in mir selbst vollziehe und der es mir möglich macht, Zielbilder zu entwickeln.

Diese Zielbilder sind es, die eine Führungskraft braucht. Sie braucht sie, um ein „Warum" für ihr eigenes Tun zu erhalten. Sie braucht sie, um ihre Mitarbeiter mitzunehmen. Diese Zielbilder sind die viel zitierten Visionen oder neuerdings die Inspirationen, die von Führungskräften erwartet werden. Eine Führungskraft, die ein Zielbild vor Augen hat, die über ein „Warum" für ihre Ideen verfügt, eine solche Führungskraft führt anders. Ein solcher Mensch ist inspiriert durch das eigene Zielbild, und diese Inspiration vermittelt sich anderen, denn nur wenn eine Idee hinter einer Anordnung steckt, wird die Anordnung plausibel. Anordnungen um der Anordnung willen leben nicht, bleiben leer und werden daher auch nur unwillig ausgeführt. Es ist die Idee einer Führungskraft, die sie motiviert, und nur eine motivierte Führungskraft kann den Funken auf die Mitarbeiter überspringen lassen.

11.4   Was hat das mit mir zu tun?

Es geht also um das Warum des eigenen Tuns. Es geht um die Idee, das Zielbild, das man besitzt, es geht um die Motivation des eigenen Handelns. Mit dem eigenen Handeln will man Einfluss nehmen und gestalten. Man will etwas bewegen.

Etwas bewegen zu wollen wird in der heutigen Zeit nicht einfacher, sondern im Gegenteil immer schwieriger. In großen Konzernen sind Sie eingespannt in Strukturen und Prozessen, die Ihnen kaum oder sogar gar keine Freiheiten lassen. Eine simple Dienstreise kann zur Odyssee durch die vom Controlling vorgegebenen Prozesse werden. Manches, was da heute in Unternehmen geschieht, lässt einen den Kopf schütteln, so unsinnig erscheint es. Das „Warum" hinter solchen Anweisungen ist meistens nicht mehr eindeutig zu erkennen und wird von den meisten Personen auch nicht verstanden. Interessanterweise entsteht aus einer solchen reglementierten Kultur eine ganz neue Art der Kreativität, motiviert durch die Notwendigkeit, die hindernden Prozesse zu umgehen. Aber ist es das, was die

Unternehmen wollen? Ist es das, womit eine Führungskraft ihre Zeit verbringen will und sollte? Nein, es behindert. Es verhindert die notwendige Kreativität, um die geeigneten Zielbilder zu entwickeln. Es bindet Energie und Kraft an ungeeignete Themen, anstatt sich mit den wesentlichen Themen der Führungsaufgabe zu beschäftigen.

Kreativität ist das Stichwort. Wenn man gestalterisch tätig sein will, benötigt man Kreativität. Um kreativ zu sein, muss man Zeit und Ruhe haben. Es lässt sich nicht erzwingen. Die Ansage: „Jetzt sei mal kreativ!" ist in hohem Maße unsinnig, denn Kreativität kann sich nur im freien Raum entwickeln.

In vielen Unternehmen wird zunehmend auch das Thema „Kreativität" gemanagt. Sichtbar gemacht durch Begrifflichkeiten wie „Betriebliches Vorschlagsmanagement". Wer hat da noch Ideen? Das Wortungetüm erstickt den kreativen Prozess durch sein alleiniges Vorhandensein.

Was kann man also tun, um die so erwünschte Kreativität und somit die notwendigen Innovationen herbeizuführen?

Jeder Mensch ist kreativ. Kreativität bezieht sich nicht auf die eng umgrenzten Gebiete der Kunst, Musik und Dichtung. Kreativität findet überall dort statt, wo es um Problemlösung, Gestaltung von Prozessen, Strategieentwicklung, Umgang mit neuen Situationen und Gestaltung von Beziehungen geht. Die Forderung nach mehr Kreativität wird immer lauter, gleichzeitig müssen Menschen jedoch in immer engeren Strukturen und unter immensem Druck funktionieren. Diese Umstände sind kontraproduktiv für die Kreativität. Wenn man Kreativität erwartet, dann muss man damit leben, dass Fehler gemacht werden. Das Prinzip der Kreativität ist es ja, Neues zu probieren und aus den Fehlschlägen zu lernen. Wenn man dies zulassen kann, wenn man eine entsprechende Fehlerkultur implementiert, dann kann Kreativität entstehen.

In komplexen und schnelllebigen Kontexten kann niemand wirklich immer wissen, was die „richtige" Entscheidung ist. Es ist auch fraglich, ob es so etwas wie die richtige Entscheidung überhaupt gibt. Was eine Führungskraft aber benötigt, um in solchen Situationen erfolgreich zu sein, sind Ideen. Ideen entspringen der Kreativität einer Person.

Als Führungskraft befinden Sie sich in der Position, den Rahmen für Ihre Mitarbeiter zu schaffen. Sie gestalten das Miteinander und die Arbeitsbedingungen. Wenn Sie innovative Mitarbeiter haben wollen, dann müssen Sie die Möglichkeit zur Innovation schaffen. Für Sie bedeutet das, selbst kreativ mit Situationen und Menschen umzugehen.

Für manche Menschen ist das einfach, weil sie den Kontakt zu ihrem kreativen „Ich", dem „freien Kind" nicht verloren haben. Viele sind jedoch so sehr im „Eltern-Ich" angekommen, dass das spielerische ihnen fremd geworden ist. Die

Begrifflichkeiten „Eltern-Ich" und „Kind-Ich" entstammen der Transaktionsanalyse. Dieses Modell bildet menschliches Verhalten ab und bietet Möglichkeiten der Veränderung an. Das heißt, Menschen sind nicht „gefangen" in ihrem „So-Sein", jeder verfügt über die Möglichkeit, sein Verhalten zu modifizieren. Das Kind im Menschen wird mit zunehmendem Heranwachsen immer weiter zurückgedrängt, bis es nicht mehr bewusst spürbar ist. In unserem geprägten Verhalten bricht es durch, dann leider unbewusst und nicht immer nach unseren Wünschen. Den Kontakt zum eigenen kindlichen Ich wieder bewusst herzustellen und sich „kindlich" verhalten zu können, ist für das Thema Kreativität von großer Bedeutung.

Als Kind ist es ganz selbstverständlich, sich im Spiel mit der Umwelt auseinanderzusetzen, sich im Spiel zu verlieren und seine Fantasie einzusetzen. Es geht dann nicht darum, etwas richtig zu machen. Bewertung findet in diesem Zusammenhang nicht statt. Das Spiel selbst macht den Sinn. Dieses Selbstverständliche des Spielens wird zerstört, sobald das Moment der Beurteilung in das Blickfeld des spielenden Kindes gerückt wird. Das geschieht durch Eltern, Erzieher und Lehrer.

Sind Sie nicht auch für ein gemaltes Bild spätestens in der Grundschule mit einer Note „belohnt" worden? In diesem Moment erfährt der kreative, schöpferische Mensch eine Bedingung, die er bisher nicht kannte. Seine „Kreationen" werden vergleichbar gemacht. Von diesem Moment an versucht das Kind, der Norm gerecht zu werden. Dies geschieht auf Kosten der Kreativität.

Der Drang und die vermeintliche Notwendigkeit von Normen und Regeln haben unsere Fähigkeit zur Kreativität verkümmern lassen. Heute kann man zunehmend Seminare zum Thema „Kreativität" besuchen, um wieder Zugang zur eigenen Kreativität zu finden. Es ist traurig, dass wir heute solche Maßnahmen ergreifen müssen, um zu unserem ursprünglichen Wesen zurückzufinden.

11.5 Coachingfrage zum Thema „Entwicklung der eigenen Kreativität"

Wie kann ich Zugang zu meinen kreativen Anteilen bekommen? Wie kann ich meine Kreativität fördern und trainieren?

Eine der erfolgreichsten Kreativitätstechniken ist das „Mindmapping". Diese Technik wurde von Tony Buzan, einem britischen Mentaltrainer, entwickelt. Mindmapping ist eine Visualisierungstechnik und kann für nahezu jedes Thema angewendet werden. Beim Mindmapping werden beide Gehirnhälften angesprochen und genutzt, sodass ein komplexes Denken entsteht.

Mindmapping eignet sich zur Ideenfindung, aber auch für die Strukturierung von Wissen und Fähigkeiten. Mithilfe dieser Technik kann die Planung von Projekten erleichtert sowie Strategiearbeit geleistet werden.

11.6   Coachingtool zur Ermittlung der eigenen kreativen Anteile: „Mindmap"

Wie wenden Sie Mindmapping an?

Sie benötigen ein ausreichend großes Blatt Papier, es kann gerne ein Flipchartbogen sein. In die Mitte des Blattes malen Sie ein Bild oder Kästchen, mit dem Sie das Hauptthema Ihres zu erstellenden Mindmaps angeben. Ein Beispiel für eine Mindmap zeigt Abb. 11.1

Das zentrale Thema steht fest und Sie denken nun von diesem Begriff ausgehend weiter. Für jeden Aspekt, der Ihnen zu diesem Begriff einfällt, zeichnen Sie eine Linie, die vom Hauptbegriff zu diesem neuen Begriff verläuft. Diese Linie unterliegt keinerlei Regeln, malen Sie diese, wie es Ihnen in den Sinn kommt.

Von diesen Linien können nun wieder neue Linien abgeleitet werden zu weiteren Unterpunkten, die Ihnen zu diesem Begriff einfallen.

Benutzen Sie unterschiedliche Farben und nach Möglichkeit auch Bilder oder Symbole, um Ihre Gedanken besser zu visualisieren.

Lassen Sie Ihren Gedanken freien Lauf und denken Sie nicht über die Strukturierung nach. Je mehr Sie sich auf den freien Gedankenfluss einlassen, desto stärker ist der Kreativitätsfluss.

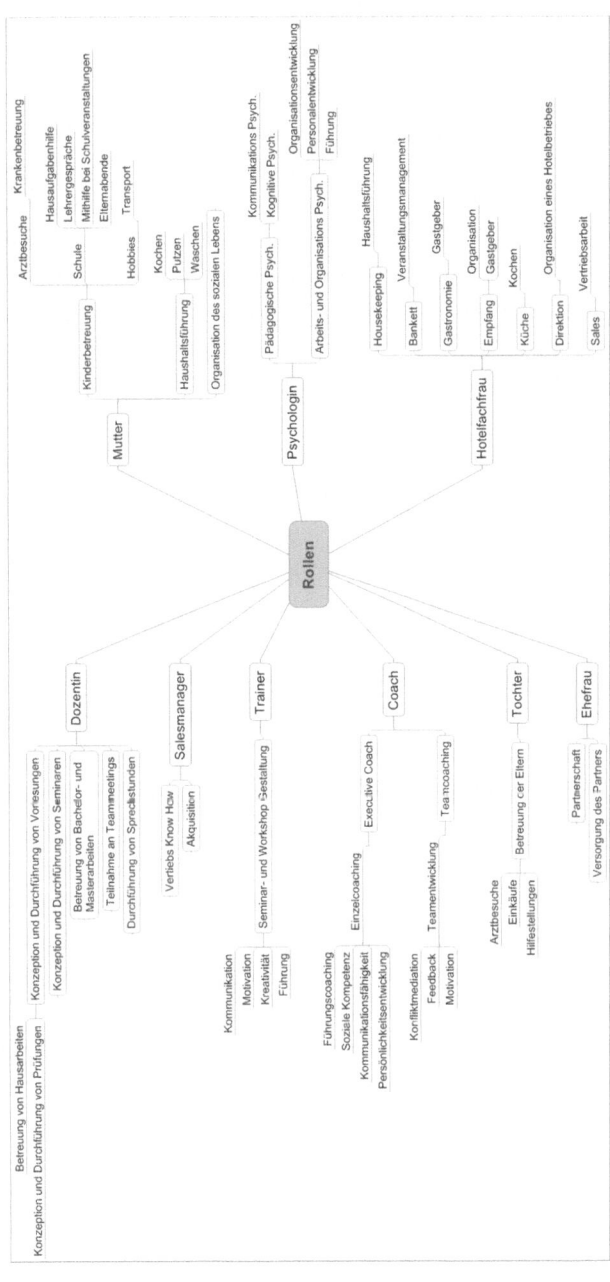

Abb. 11.1 Beispielhaftes Mindmap

Vom alltäglichen Umgang mit Problemen, Herausforderungen & CO

12

Markus Drews, zum Zeitpunkt des Interviews
Vorstandsvorsitzender der HDI Vertriebs AG

Inhaltsverzeichnis

Zusammenfassung

Als Manager stehen Sie vielfach vor großen Herausforderungen, manchmal auch vor großen Problemen. In Zeiten, die immer schwieriger werden, auch, weil die Arbeitswelten immer komplexer werden, stellt sich damit naturlich die Frage, wie man dieser Komplexität Herr werden kann. Umgehen kann man sie wahrscheinlich nicht; man muss sich den Aufgaben stellen. Und wie man diese Aufgaben angeht, entscheidet oft über Erfolg oder Scheitern.

In den allermeisten Fällen ist es sinnvoll, systematisch an eine Aufgabe heranzugehen. Von den vielen Methoden, die es zur Lösung von Problemen gibt, bieten wir Ihnen hier die sogenannte 8D-Methode an. Das ‚D' steht für Disziplinen. Es bedarf also acht Disziplinen, um ein Problem zu lösen.

© Springer Fachmedien Wiesbaden 2015
B. Kaschek, I. Schumacher, *Führungspersönlichkeiten und ihre Erfolgsgeheimnisse*,
DOI 10.1007/978-3-658-04434-3_12

12.1   Vita

Markus Drews wurde am 06.10.1967 geboren. Er ist seit 2010 Mitglied des Vorstandes der Talanx Deutschland AG in Hannover und Vorstandsvorsitzender der HDI Vertriebs AG. Davor war er Gesellschafter und Geschäftsführer der SMARTcompagnie GmbH, Managementberatung in Heidenrod. Er bekleidete außerdem Managementfunktionen bei der Deutsche Makler Akademie gGmbH, Wiesbaden, sowie bei der AXA Deutschland, Köln. Er war Leiter Vertrieb Finanzmakler Deutschland bei der DWS Investments, Frankfurt am Main.

Von 2007 bis 2010 war er Lehrbeauftragter des Landes Baden-Württemberg. Er hat ein Studium der Betriebswirtschaftslehre mit dem Abschluss ‚Diplom-Betriebswirt' absolviert.

12.2   Interview

I. Schumacher:
Welche ist die zentrale Frage bei Ihrer Tätigkeit als Führungskraft?
M. Drews:
Für mich persönlich ist die zentrale Frage, ob und inwieweit ich bereit bin, die Verantwortung zu übernehmen für das, was ich tun soll. Also hier tun will oder in Zukunft tun soll. Das ist so ein Punkt, den ich ganz gerne anderen Leuten spiegele, wenn es zu der Frage kommt, wie man eigentlich Vorstand wird oder Führungskraft, wie man weiterkommt. Das ist für mich der zentrale Punkt. Bin ich mir selbst im Klaren darüber, ob ich eigentlich die Verantwortung übernehmen will, die da auf der nächsten Stufe auf mich wartet?

I. Schumacher:

Okay, Sie haben gesagt: „… das, was ich tun soll bzw. will." Wie sieht das konkret aus, ist es mehr ein Wollen oder mehr ein Sollen, das da auf Sie zukommt?

M. Drews:

Das meine ich ganz generell in Abhängigkeit davon, ob ich mir Gedanken darüber mache, den nächsten Schritt zu gehen auf der Karriereleiter. In dem Moment wäre das für mich die erste Frage. Weniger die Frage, ob ich das kann oder ob ich wirklich reif dafür bin, sondern die Frage: Bin ich bereit, die Verantwortung zu übernehmen, die damit zusammenhängt? Da hängt ja nicht nur eine Verantwortung für ein Unternehmen dran, sondern auch für viele Menschen, mit denen man zusammenarbeitet und mit denen man ja auch bestimmte Zielrichtungen verfolgt. Also, es ist eher so die Frage, die man sich stellen sollte, bevor man in Verantwortung geht.

I. Schumacher:

Die eigene Entscheidung, das wirklich zu wollen und nur dann – das ist jetzt meine Schlussfolgerung –, kann man das überhaupt auch angreifen?

M. Drews:

Ja, ich glaube, dass es viele gibt, häufiger wahrscheinlich sogar Männer als Frauen, die wollen zwar, aber ich weiß nicht, ob die sich immer darüber im Klaren sind, was sie eigentlich wollen. Bei dem einen oder anderen Kandidaten tritt dann die Verantwortung, die man übernimmt, etwas in den Hintergrund, denn was sie wollen, ist vielleicht eher Position, Macht, Geld, Einfluss. Was man für sich selbst geklärt haben muss, ist, ob das, was damit verbunden ist – und was für mich eben der zentrale Punkt dabei ist, nämlich die Bereitschaft, Verantwortung zu übernehmen –, ob das auch ein Thema ist, das man mit sich geklärt hat.

I. Schumacher:

Ein spannendes Thema. Vielleicht kommen wir später nochmals darauf. Aber zunächst einmal eine andere wichtige Frage für Führungskräfte: Was bedeutet für Sie denn Erfolg in dieser Rolle?

M. Drews:

Dadurch, dass ich im Vertrieb bin, ist Erfolg ganz häufig verbunden mit der Umsetzung von Zielen, die zahlenbasiert sind. Im Kern geht es aber für mich am Ende nicht darum, ob ich ein Ziel zu 100, 105, 110 % oder eben nur zu 95 % erreicht habe, sondern vielmehr darum, ob ich ein Drehmoment mit der Mannschaft, mit der ich unterwegs bin, entwickelt habe. Also sehe ich Erfolge im Sinne von Fortschritt, in Richtung bestimmter Ziele. Die Verbindung zwischen diesem Drehmoment und den Zahlen hinzukriegen, das wäre dann ein optimaler Erfolg, den man anschließend auch gebührend feiern kann. Wenn man Menschen in Bewegung bringen kann und es dann zielgerichtet dahin geht, dass man am Ende des Tages sagen kann: Wir hatten uns gemeinsam etwas vorgenommen, z. B. ein Jahresziel, und wir haben es dann auch erreicht. Leider sind wir im Vertrieb immer auch in so einer Tretmühle, dass, kaum dass man ein Jahresziel erreicht hat, ein neues Jahr wieder bei null losgeht. Ganz häufig kommt man gar nicht dazu, einen Erfolg oder auch mal einen Misserfolg zu reflektieren.

Noch etwas. Ich habe heute Morgen einen Beleg für Erfolg in der Presse gelesen. Wenn ich lese, dass ein namhafter Wettbewerber jetzt auf die Idee kommt, eine Vertriebsgesellschaft so zu bauen, wie wir das vor vier Jahren gemacht haben, dann finde ich, dass das ein Erfolg ist; den verbuche ich. Da freue ich mich drüber, ohne dass ich jetzt irgendwie einen weiteren Vorteil daraus ziehen könnte, aber das ist einfach so eine externe Bezeugung dessen, dass man nicht alles falsch macht.

I. Schumacher:
Was hat Sie persönlich erfolgreich gemacht? Was waren zentrale Erlebnisse, Gedanken und Beobachtungen, die Sie dazu vielleicht haben?

M. Drews:
Das ist so eine Verbindung aus Mannschaftssport und auf der anderen Seite die Bereitschaft zu haben, ein Stück weit vorneweg zu gehen. Also so etwas zu sein wie ein Spielführer oder ein spielender Trainer. Ich ticke absolut in Mannschaft und in dem Bewusstsein, dass der Erfolg – auch mein persönlicher Erfolg – damit zusammenhängt, dass ich Menschen dafür motivieren kann, bei den Dingen, die ich vorhabe, mitzumachen. Dass die Menschen diese Vorhaben mittragen. Es ist ein Mannschaftssport, aber ich habe eben die Rolle, Menschen mitzunehmen und manchmal auch auf eine Reise mitzunehmen, bei der auch mir noch nicht so ganz klar ist, wohin die Reise gehen wird. Getreu nach dem Motto: Ich habe zwar auch keinen Plan, aber alle Mann mir nach! So eine Stimmung zu erzeugen, das ist meine Aufgabe. Das sind Aspekte, die mich antreiben und die mir aber auch viel Spaß in und an meinem Beruf bringen. Wenn man es schafft, Menschen mitzunehmen.

I. Schumacher:
Was, meinen Sie, braucht man oder was braucht es, damit man Menschen mitnehmen kann?

M. Drews:
Also, meiner Erfahrung nach würde ich sagen, dass es sehr viel Arbeit braucht, um überhaupt Leute zusammenzubringen und ein gemeinsames Verständnis zu entwickeln für z. B. ein Ziel, an dem man arbeitet, eine Strategie, die man umsetzen will. Ganz häufig entstehen schon aufgrund der Unkenntnis des anderen oder darüber, was der genau tut oder wie mein und sein Beitrag zum Erfolg sein kann, Schieflagen. Wenn man gemeinsame Ziele verfolgt und wenn man Leute auch beeinflussen will, da mitzumachen. Man sollte das nicht einfach von oben

runter machen, sondern indem man sie überzeugt. Dann muss man die Leute zu-sammenbringen, ihnen eine Chance geben, sich kennenzulernen, einen gemeinsa-men Geist zu entwickeln, eine gemeinsame Aufgabe so zu formulieren, dass klar ist, man packt sie, wenn man zusammen und miteinander arbeitet. Auch, wenn es ein schwerer Gang ist.

I. Schumacher:
Wie sah Ihr Lebenskonzept zu Beginn Ihrer Berufstätigkeit aus? Hat es sich irgendwie verändert, wenn ja, in welcher Weise?

M. Drews:
Ja, klar. Ich denke, das hat sich verändert, allein schon dadurch, dass ich, wie vermutlich viele andere, die nach der Schulzeit in die Versicherungsbranche ge-hen, nicht von vornherein überzeugt davon war, dass das der Traumberuf ist. Mein Traumberuf war irgendwas zwischen Polizist und Pilot, aber sicherlich nicht Ver-sicherungskaufmann. Schon gar nicht, das war jenseits von aller Vorstellungskraft, in irgendeiner Form Führungskraft zu werden.

Also, insofern hat sich das Lebenskonzept schon verändert. Von einem anfäng-lichem „Ich geh mal dahin, um Geld zu verdienen" bis jetzt zu einem: „Ich liebe meinen Beruf und das, was ich tun kann und bin immer noch jeden Tag high von dieser Branche."

Das ist eigentlich eine sehr schöne Wandlung für mich. Was sicherlich auch dazu beigetragen hat, ist, dass auch meine Frau in der Branche ist und wir uns schon in der Berufsschule kennengelernt haben, das heißt also, sie kann viel von dem, was ich tue, nachvollziehen und umgekehrt.

Natürlich hat sich in dem Lebenskonzept auch etwas verändert, weil in meinem Job einfach mehr an Mobilität erforderlich ist, als es zu Beginn meiner Berufstä-tigkeit erforderlich war.

Was sich nicht verändert hat, ist nach wie vor der Spaß daran, wie das zu Beginn meiner Karriere im Außendienst eben war, immer wieder viel mit Menschen, mit Kunden in Kontakt zu kommen. Heute Mittag z. B. ist mir ein Termin ausgefallen und dann bin ich einfach mal losmarschiert. In Köln beziehen wir gerade eine neue Geschäftsstelle, da ist am Samstag die Eröffnungsfeier, zu der ich leider nicht hin-gehen kann. Und da bin ich heute einfach mal da hingegangen und hab mir das mal angeschaut. Ich habe die Leute mit ein paar Berlinern überrascht und hab auch da einfach versucht, den Kontakt zum Normalbetrieb zu spüren.

I. Schumacher:
Was haben die Leute gesagt?

M. Drews:
Ich glaube, sie haben sich gefreut. Vor allem, weil ich versucht habe, mit den Berlinern den Überfall zu versüßen. Man hat schon deutlich gespürt, die

freuen sich auf ihre neue Filiale. Die ist toll geworden, die haben wir toll aus-
gestattet, sehr offen, sehr hell, sehr transparent, sehr modern, alles besser als
die ursprüngliche Geschäftsstelle, die wir hatten. Das neue Filialkonzept, das
wir haben, ist sehr ähnlich zu modernen Banken. Die Leute haben einen attrak-
tiveren Arbeitsplatz und wir holen Versicherungen damit so ein Stück weit aus
so einem langweiligen Flair raus. Also, die haben sich im Kern gefreut, denke
ich, weil da eine Wertschätzung ihrer neuen Räumlichkeit und natürlich ihnen
gegenüber gezeigt wurde.

Ja, aber man ist sich da auch nicht so sicher. Vielleicht haben die Leute Angst,
man wolle sie kontrollieren. Aber das ist ja gar nicht so. Das ist so eine Kluft,
die man immer wieder überwinden muss. Die Distanz, die man überwinden muss
zwischen Vorstand und Mitarbeitern. Da gibt es ein paar Leute, die sind um mich
herum, die wissen, wie ich agiere. Aber es gibt natürlich viele Leute, für die bin
ich weit weg und sie leider auch für mich. Wir erleben uns vielleicht mal von einer
Bühne runter oder in irgendeiner Telefonkonferenz, aber wir erleben uns eigentlich
selten Auge in Auge. Insofern ist das wahrscheinlich für die Kollegen auch erst mal
etwas befremdlich, wenn da auf einmal der Chef in der Bude steht.

I. Schumacher:
**Jetzt kommt eine relativ persönliche Frage, nämlich, was sagen Sie zu sich
selbst, wenn Sie in einer schwierigen Situation stecken? Was sagt Ihre innere
Stimme dann?**

M. Drews:
Die sagt: Cool bleiben. Zerlege ein großes Problem in viele kleine Einzelteile
und mache sie bewältigbar. Mache einen Plan daraus, sowohl auf der Zeitschiene
als auch dafür, was du brauchst. Dann erledige einen Teil nach dem anderen.

Ich lebe in dem Bewusstsein, dass es wichtig ist, konstant an sich zu arbeiten,
auch als Unternehmen, und immer wieder kleine Schritte in Richtung Verbesserung zu tun. Es ist eben auch wichtig, kleine Schritte zu tun, um große Probleme
zu vermeiden.

Wenn aber ein großer Brocken kommt, dann zerlege ich den in viele kleine
Einzelteile, mache sie bewältigbar, überlege, wen ich dazu brauche, um sie vom
Tisch zu kriegen. Ich versuche, große Brocken zu vermeiden. Dadurch, dass ich
permanent daran interessiert bin, besser zu werden mit meiner Organisation.

I. Schumacher:
Was würden Sie als Ihre drei Hauptstärken bezeichnen?
M. Drews:
Geduld, Dynamik im Sinne von tatkräftig sein und Bodenständigkeit.

I. Schumacher:

Im Laufe Ihres beruflichen Werdeganges sind Sie ja auch auf Schwierig-keiten und Hindernisse gestoßen. Wie sahen diese aus und gibt es da eventuell ein Muster, das Sie erkennen können?

M. Drews:

Ein Muster ... Gut, das ist jetzt nicht das eine Muster, aber ein Muster. Viel-leicht fallen mir dann noch ein paar andere ein. Das eine ist, dass ich zwei- bis dreimal in der Situation war, erkennen zu müssen, dass bestimmte Führungskräfte sich Menschen aussuchen, die ‚unter' ihnen arbeiten sollen. Die setzen sie deshalb dorthin, damit sie ihnen selbst nicht gefährlich werden. Das sind nur leider oft genau die Leute, die einen nicht weiterbringen. Mir ging es auch einmal persönlich so, dass mir ein Abteilungsleiter sagte: Neben mir wird keiner groß. Das hatte zur Konsequenz, dass ich den Job gewechselt habe. Noch nicht einmal in Bezug auf meine Karriere, aber mir war dadurch ein Stück weit die Perspektive im gemeinsamen Weiterkommen genommen worden. Was aber für mich wichtig war.

Das könnte solch ein Muster sein: Schwache Führungskräfte ziehen schwache Mitarbeiter an sich. Ich persönlich brauche Leute um mich herum, die kritikstabil sind. Die aber auch eine Kritikfähigkeit haben, um mit mir zu diskutieren und wei-terzukommen und nicht um „Ja" zu sagen. Auf der anderen Seite brauche ich aber auch nicht die ewigen Nörgler, sondern brauche um mich herum ein Stück weit „Weltverbesserer" im positivsten Sinne.

I. Schumacher:

Kann man sagen, Sie möchten Mitarbeiter, Kollegen auf Augenhöhe ha-ben?

M. Drews:

Ja, definitiv! Definitiv. Ich würde noch einen Schritt weiter gehen. Leute zu fördern, auch wenn die nicht in meiner Organisation weiterkommen, aber viel-leicht in einer anderen Organisation. Da habe ich hier im Konzern ein sehr gutes Umfeld dafür. Durchaus auch mal jemanden zu empfehlen, weil ich keine Vakanz habe, weil ich keine Perspektive in meinem Verantwortungsbereich habe. Dann jemanden in einen anderen Konzern zu empfehlen, um sich beruflich weiterzu-entwickeln. Ich bin damit immer gut gefahren, und wenn ich so von Vorgesetzten behandelt wurde, dann ist es für mich auch ein gutes Beispiel, das ich gerne lebe und weitergeben will.

I. Schumacher:

Was würden Sie sagen, sind Ihre Treiber, im Beruflichen wie im Privaten. Was treibt Sie an?

M. Drews:

Also, ganz platt würde ich sagen, der Spaß an Weiterentwicklung. Also an – wie soll man das beschreiben? Eigene Akzente zu setzen, bestimmte Richtungen vorzugeben. Spaß daran, mit anderen zusammen erfolgreich zu sein. Wettbewerbern wehtun. Das sind schon Antreiber für mich.

I. Schumacher:
Ich muss jetzt noch mal fragen, Sie haben jetzt gerade gesagt, Wettbewerbern wehtun, das haben Sie so formuliert. Da ist ja Konkurrenzdenken drin, daran haben Sie Spaß!?

M. Drews:
Natürlich! In Deutschland gibt es ca. 350 bis 400 Versicherungsgesellschaften. Wenn ich mir zum Ziel setze, mit meiner Organisation unter den Top 10 zu sein, dann muss ich mich ganz schön schnell bewegen. Eine Konsequenz ist, dass ich das natürlich auch auf Kosten von Wettbewerbern mache, die eben nicht so gut sind. Umgekehrt wäre es genauso. Insofern muss ich einen Spaß daran entwickeln. Wenn ich das nicht tue, dann sitze ich mir hier nur den Hintern platt und beschäftige mich nur mit mir selbst. Viel lieber richte ich meine Energie auf den Wettbewerb und auf den Markt.

I. Schumacher:
Ist das etwas, was Männer von Frauen unterscheidet?

M. Drews:
Nein, das würde ich nicht sagen. Ich glaube, es gibt beide Phänomene. Zumindest hier bei uns. So erwischt man sich immer wieder dabei, dass man sich sehr mit sich selbst beschäftigt. In langen Meetings, wo man sich am Ende fragt, warum haben wir jetzt eigentlich zusammengesessen? Hätten wir das nicht viel einfacher lösen können? Das ist bei Männern wie Frauen dasselbe. Da gibt es für mich kein Muster.

Ich glaube eher, dass es gerade im Vertrieb schwierig ist, Frauen dafür zu begeistern. Ich habe noch keinen Schlüssel, ich weiß noch nicht warum und woran das liegt. Zumindest im Versicherungsvertrieb ist das so. Aber auf der anderen Seite, wenn ich die wenigen Frauen, die im Vertrieb tätig sind und dauerhaft tätig sind, die sich also wirklich da reingebissen haben und durchgebissen haben, wenn man die erlebt, dann sind die sehr erfolgreich.

Ich bin ja auch davon geprägt, dass die Versicherungslandschaft absolut männerdominiert ist. Es ist schwierig, Frauen, auch wenn man sie bewusst dorthin entwickeln will, in Führungspositionen zu bringen, weil es schlichtweg zu wenige Frauen gibt, die dieses Interesse haben, die die Energie dazu haben.

I. Schumacher:
Das war das, was ich meinte. Sind Frauen vielleicht doch nicht so kampfbetont unterwegs?

M. Drews:
Also, ich glaube, jetzt mal geschlechterunabhängig, um wirklich gut zu sein im Job, muss das so eine Mischung sein aus „für etwas kämpfen" und „Spaß dran

haben". Das darf nichts Verkrampftes sein. So will ich auch nicht verstanden werden, im Sinne von ‚Wettbewerb' oder ‚Wehtun'. Das heißt nicht, mit allen Mitteln draufzuhauen. Es ist eher wie beim Fußballspielen. Der Spaß auf den Platz zu gehen, jemanden am Ende zu besiegen. Nach 90 min gibt man sich wieder die Hand. Das hat ein hohes Maß an Professionalität.

I. Schumacher:
Sie sind jemand, der siegen will!
M. Drews:
Definitiv! Da gibt es vielleicht auch branchenspezifisch Unterschiede. Wenn Sie unsere Branche, die Versicherungswirtschaft, sehen, dann sind hier viele Menschen, die arbeiten, indem sie Risiken managen. Das heißt, sie haben eine deutlich höhere – das ist meine Deutung – Risikoaversion als wahrscheinlich der Durchschnitt der Bevölkerung. Sie finden also auch viele Menschen, vor allem in der Verwaltung, Männer wie Frauen, die übervorsichtig sind. Beispiel: Ich organisiere gerade ein WM-Tippspiel im Internet. Für unsere Mitarbeiter und Vertriebspartner. Das Ding wird heißen: „Alle gegen Drews". Ich lade die Leute dazu ein und wir loben dann nachher auch Preise aus. Die Teilnahme ist freiwillig. Der wertvollste Preis ist ein iPad. Jetzt kommen unsere Kollegen aus der Complianceabteilung und sagen: Aus Sicht der Compliance ist es bedenklich, wenn Makler daran teilnehmen. Das ist lächerlich! Das ist wirklich das Ende der Wertschöpfung, dann können wir aufhören, Geschäft zu machen, wenn so argumentiert wird. Unsere Juristen sind da schon ein Stück weiter, die sagen: Alles Blödsinn, das kann man machen. Am Ende des Tages muss ich aber entscheiden: Folge ich jetzt der Empfehlung der Abteilung Compliance? Dann kann ich aber, wie gesagt, ab morgen zu Hause bleiben oder mein Handicap verbessern, denn dann kann ich kein Geschäft mehr machen. Oder folge ich der Empfehlung nicht. Das ist so dieses Übervorsichtige, was branchenspezifisch im Versicherungswesen anzutreffen ist. Hier arbeiten viele Menschen, die handeln Risiken und agieren eben sehr vorsichtig.

I. Schumacher:
Ja, verstehe. Würden Sie sagen, dass es grundsätzlich, nicht nur in der Versicherungsbranche, sondern überhaupt für Führung notwendig ist, mutig zu sein?
M. Drews:
In einem gewissen Maße schon, aber nicht übermütig. Ein Stück weit macht Führung ja auch aus, Ruhe auszustrahlen, Vorbild zu sein. Auch eine konstante Entwicklung zu leben. Also nicht rein – raus. Man sollte nicht aktionistisch handeln. Insofern ist es auf der einen Seite notwendig, mit einem guten Maß an Ruhe, Geduld und Zuversicht die Themen anzupacken, dann aber durchaus den Mut zu haben, diese Themen auch anzupacken. Es geht hier darum, nicht zu glauben, dass

man besser gar nichts macht, bevor man Fehler macht. Wenn das mit Mut gemeint ist, dann würde ich sagen: Ja, auch der Mut zum Fehlermachen ist verbunden mit Führung.

I. Schumacher:
Ja, was ich meine, ist der Mut zur Entscheidung.

M. Drews:
Der sowieso. Aber auch der Mut zur vielleicht falschen Entscheidung. Keiner kann die Zukunft vorhersehen. Das gilt auch für Führungskräfte. Aber den Weg in die Zukunft gestalten, das müssen wir. Meistens gibt es mehrere Alternativen, also insofern wird vieles unter Unsicherheit entschieden. Das muss ich machen, da muss ich den Mut haben, anschließend unter Umständen dazu stehen und zu sagen: „Das ist dumm gelaufen!" Hinterher weiß man es immer besser. Man sollte nur denselben Fehler nicht multiplizieren.

I. Schumacher:
Welche Gefühle und Stimmungen prägen im Moment Ihren Arbeitsalltag und können Sie diese für Ihre Tätigkeit nutzen?

M. Drews:
Im Moment ist es so, dass mich der Eindruck treibt, wichtige Aufgaben in den letzten Jahren erledigt zu haben. Das betrifft unseren Change in der Organisation. Das war ein tiefer Eingriff in alte Strukturen. Ein großer Change für die Mitarbeiter und Führungskräfte. Das ist so gut gelaufen, dass man sagen kann, wir haben uns eine neue Basis geschaffen. Wir haben viele unserer Probleme und Unzulänglichkeiten gelöst. Jetzt sind wir gerade am Durchschnaufen, um dann wieder neu, mit neuem Atem – wir nennen das kontrollierte Offensive – loszulegen. Wir haben während der dreijährigen Umbauphase viel Verteidigungsarbeit leisten müssen im Vertrieb. Denn wenn Sie Standorte schließen, Mitarbeiter entlassen, Prozesse neu definieren, Strukturen verändern, dann ist das immer mit Unsicherheit und immer mit Veränderungen in den Prozessen, auch mit fehlerhaften Veränderungen, verbunden. Das haben wir überwunden. Und jetzt geht es darum, Kraft daraus zu schöpfen und in eine kontrollierte Offensive zu gehen und im Markt auch wieder etwas mehr angreifen zu können. Dauerhaft hintendrin zu stehen ist auch blöd, du spielst maximal unentschieden. Und da schließt sich wieder der Kreis zu dem Thema ‚angreifen wollen, Erfolg haben wollen'.

In schwierigen Phasen – und wir sind gerade durch eine durch mit unserer Organisation –, da ist es schlichtweg notwendig, alle Mann in die Verteidigung zu schicken. Das macht nicht immer Spaß, im Vertrieb am allerwenigsten, wenn man Bestände sanieren muss, wenn man Standorte schließt, das sind ja alles unangenehme Dinge, die am Ende des Tages aber notwendig sind, damit die Organisation weiterkommt. Ich will es nicht so dramatisch machen und sagen, um zu überleben, aber auf jeden Fall, dass die Organisation weiterkommt und besser aufgestellt wird für alles, was sonst noch so auf uns zukommt.

I. Schumacher:
Zurück zum Thema ‚Führung'. Was denken Sie, befinden wir uns zurzeit in einem Kulturwandel in Bezug auf Führung und Management? Wenn ja, was sollte beibehalten werden aus der alten Kultur und was muss dringend verändert werden?

M. Drews:
Ich denke schon, dass es ein kultureller Wandel ist. Für mich ist es am ehesten der Abgleich mit der Frage: Unter welchen Persönlichkeiten bin ich in meinem Beruf gewachsen? Was davon versuche ich jetzt weiterzugeben, zu bewahren, weiterzuentwickeln oder eben auch loszuwerden?

Einen Unterschied mache ich aus, denn ich habe den Eindruck, dass Vorstände heute deutlich transparenter für den Mitarbeiter sind und sich auch deutlich intensiver erklären müssen. Manchmal habe ich den Eindruck, ich muss jeden Tag meine Leute überzeugen und auch mich persönlich immer wieder einbringen. Wohingegen früher ein Vorstand, das war das Recht der frühen Geburt, so von oben herunter verfügen konnte. Da müssen wir heute argumentieren und überzeugen. Mir selbst macht das Spaß, aber da würde ich sagen, das ist durchaus ein kultureller Wandel. Wir leben heute ein anderes Vorbild. Das ist am Ende geblieben, das möchte ich auch gerne bewahren, nämlich Vorbild sein zu wollen und in dem Bewusstsein zu sein, auch immer Vorbildfunktion zu haben. Ich sage das zu meinen Führungskräften mehr als einmal im Jahr bei passenden Gelegenheiten, dass sie sich immer wieder bewusst machen sollen, sie sind in irgendeiner Situation immer Vorbild. Was wir tun, wie wir leben, wie wir agieren, ob du gut gelaunt bist oder nicht, das trägt die Organisation sofort weiter. Das ist so. Das fängt bei einem Gruppenleiter an und hört bei einem Vorstand auf. Dessen muss man sich bewusst sein. In diesem Bewusstsein muss man leben und daran muss man Spaß haben.

I. Schumacher:
Dazu passt auch meine nächste Frage. Was bewirkt Ihrer Ansicht nach Verhaltensänderung bei Menschen? Wenn Sie Ihre Mitarbeiter entwickeln sollen, wie bekommen Sie ihre Mitarbeiter dazu, sich in bestimmter Weise zu verhalten?

M. Drews:
Das ist natürlich abhängig von der Motivationslage jedes Einzelnen. Es gibt Leute, die haben Spaß am Weiterentwickeln. Vor allem so lange, wie es sie selbst nicht betrifft. Wenn ein Change gefordert wird, ist es immer gut. Aber wenn man merkt, das geht an den eigenen Arbeitsbereich, das eigene Feld, und es gilt dieses weiterzuentwickeln, teilweise auch mit Einschnitten weiterzuentwickeln, dann verlieren viele die Lust daran.

Es gibt auch die Variante, Angst zu schüren und Feuer zu legen. Aber davon bin ich kein Anhänger. Meine Variante, mein Stil ist es, möglichst schnell und möglichst viele Leute zu ‚Betroffenen' zu machen und sie nicht in ihrer Rolle als nur ‚Beteiligte' zu belassen.

Beispielsweise haben wir hier den Change in meiner Organisation mit ganz wenig Unternehmensberatungen gemacht. Ich habe die Projekte mit meinen eigenen Mitarbeitern gefahren, zeitweise waren bis zu 200 Mitarbeiter in diesen Projekten beschäftigt. Mit mehreren Zielrichtungen. Die erste war, ich wollte mir sehr früh eine breite Basis von Trägern der Veränderung in der eigenen Mannschaft schaffen. Jeder Change führt dazu, dass eine Organisation mental erst mal in ein tiefes Loch fällt. Dann ist Trauerstimmung und dann krabbelt sie irgendwann wieder aus dem Loch heraus. Mein Kalkül war, dieses Loch nicht so tief sein zu lassen für meine Organisation. Und dadurch, dass ich viele eigene Mitarbeiter hatte, die „Bescheid" wussten, und wenige Unternehmensberater, die für uns die Welt verbessern sollten, konnten die Mitarbeiter dafür sorgen, dass wir schnell wieder aus diesem Loch herauskommen konnten. Das war ideal. Also, nicht so tief fallen und schnell wieder raus. Das Kalkül ist aufgegangen, das heißt, die gut 200 Menschen, die in den Projekten gearbeitet haben, konnten ihre Erfahrungen bei der Gestaltung von Prozessen einbringen, bei der Bearbeitung von Schnittstellen, beim Gestalten von Strukturen bei den Kostenmaßnahmen. Und diese Menschen wissen heute, dass sie nicht auf irgendeinen anderen schimpfen können, wenn etwas nicht läuft, sondern wenn ein Prozess noch nicht funktioniert, dann wissen sie, sie haben den selbst gebaut. Das ist so eher die Art und Weise, wie ich versuche, die Menschen in solchen Prozessen mitzunehmen. Ich versuche, sie in die Verantwortung miteinzubinden.

I. Schumacher:
Die letzte Frage: Angenommen, Sie hätten 15 min weltweite Sendezeit und Sie würden in jeder Sprache verstanden. Welche wäre Ihre Kernbotschaft an junge Führungskräfte oder Menschen, die etwas verändern wollen?

M. Drews:
Ich würde mir für meine Branche wünschen, und da liebe ich einfach meinen Beruf zu sehr, dass die Branche aus der Imageecke herauskommt, in der sie steckt. Sie ist viel besser als das, was aus ihr gemacht wird. Aber die Branche versteht es nicht, dies so in der breiten Bevölkerung darzustellen, wie ich es mir wünschen würde. Das ist so das große Problem. Ich wünsche mir, dass wir das in den nächsten Jahren packen, diese Branche attraktiver darzustellen, dass wir viele junge Leute dafür begeistern können, in die Versicherungswirtschaft zu wechseln, denn wir tun nicht nur für unsere Kunden, sondern für die gesamte Gesellschaft richtig gute Dinge, indem wir Risiken übernehmen, die jeder Einzelne für sich gar nicht tragen und stemmen könnte. Wir kriegen es blöderweise noch nicht vernünftig in die Ge-

sellschaft transportiert. Das finde ich schade. Das wünsche ich mir für die Zukunft, eine attraktivere Branche sowohl für die, die im Vertrieb arbeiten wollen, als auch für die, die Führungskraft werden wollen.

12.3   Worum es hier geht

Probleme gibt es genug und die meisten kommen ungefragt. Wie können größere Probleme gut angegangen und gelöst werden?
Die Anforderungen des Tagesgeschäftes sollten in der Regel keinen großen Steuerungsaufwand verlangen. Gibt es dennoch großen Steuerungsaufwand, so ist dies ein Problem, dessen Ursache vielgestalt und mehrdimensional sein kann. Das Problem kann begründet sein in der Ablauf- oder Aufbauorganisation des Unternehmens, in schlechtem Management, sogar im Geschäftsmodell als solchem, in der Führung, in den Rahmenbedingungen etc.

Auch die Führung der Mitarbeiter und Teams kann sich problematisch gestalten. Vielleicht, weil es, obwohl die Fusion schon Jahre zurückliegt, immer noch kein richtiges Miteinander gibt. Oder weil einige Mitarbeiter zu schlechte Leistung abliefern, oder weil es an den richtigen Führungskompetenzen im Management fehlt.

Es geht also um echte Probleme, nicht um kleinere Schwierigkeiten und Anstrengungen, die im Tagesgeschäft völlig normal sind.

Stößt ein Unternehmen oder eine seiner Untereinheiten auf ein solches Problem, so gibt es viele Verhaltensweisen, die zwar verständlich, meist aber nicht zielführend sind. Angefangen von der mangelnden Wahrnehmung, dass überhaupt ein Problem besteht, bis hin zu fehlerhaften Ursachenbehandlungen und anderen ungeeigneten Umgangsweisen damit, die vielleicht nur an den Symptomen, nicht aber an den wahren Ursachen ansetzen.

Aus diesem Grunde ist es sinnvoll, sich mit Methoden zu befassen, die nicht nur helfen, ein Problem zu lösen, sondern die Problemlösung überhaupt erst ermöglichen.

12.4   Was hat das mit mir zu tun?

Probleme im Management
Wie schon angedeutet, können Probleme im Management aus ganz verschiedenen Problemfeldern kommen und verschiedene Ursachen haben. Und natürlich sind solche Probleme auf systemische Weise sowohl in ihren Ursachen als auch in ihren

Wirkungen miteinander verbunden. Die am häufigsten betroffenen Problemfelder sind:

1. Wahrnehmungsprobleme
2. Emotionale Probleme
3. Kulturelle Probleme
4. Umgebungsprobleme
5. Kognitive Probleme

1. Wahrnehmungsprobleme
1. Problem: Wir betrachten und analysieren auf stereotype Weise: In der Konsequenz sehen wir das, was wir zu sehen erwarten.
2. Wir haben Probleme, das eigentliche Problem (Kernproblem) zu lokalisieren und zu analysieren.
3. Wir grenzen das Problem zu stark ab: Probleme werden zu oft viel zu einseitig und nur unter einem bestimmten Aspekt betrachtet. Eine systemische Analyse findet nicht statt.
   – Es gelingt uns nicht, das Problem von mehreren Seiten zu betrachten.
   – Informationssättigung: Wir haben Schwierigkeiten, relevante Daten von verfügbaren Daten abzugrenzen. Wir sehen vor lauter Bäumen den Wald nicht mehr.
   – Fehler bei der Verwendung aller Sinneseingaben: Zur Problemlösung werden oft alle verfügbaren Daten herangezogen, aber selten werden alle wesentlichen Informationen auch wirklich genutzt, die verfügbar wären.

Diese Wahrnehmungsprobleme wirken sich beim Management von schwierigen Situationen oder in schwierigen Phasen vor allem bei der Analyse der eigenen Situation (des Unternehmens, des spezifischen Problems innerhalb der Organisation) und bei der Findung sowie der Evaluation von Lösungen negativ aus. Dies führt in der Konsequenz zu einer falschen Standortbestimmung und zur Entwicklung nur schwacher Lösungen, die nicht bis zum Kern des eigentlichen Problems vordringen. Das Ergebnis ist eine Verschwendung bzw. der fehlgeleitete Einsatz finanzieller, personeller und zeitlicher Ressourcen.

2. Emotionale Probleme
1. In vielen Unternehmen und Organisationen gehört das Gemenge von Fehlern und Schuldzuweisungen leider zum Alltag. Dadurch entsteht häufig eine Angst bezüglich der Übernahme von Risiken: Die Furcht, einen Fehler zu machen bzw. zu versagen, ist groß, auch, weil die anderen es bemerken und instrumentalisieren könnten.

2. Häufig fehlt uns die Fähigkeit, mehrdeutige Informationen zu verarbeiten und zu akzeptieren: Die Lösung komplexer Probleme ist aber ein schwieriger Prozess, in dem Informationen auch unvollständig sein können. Teilweise werden in dem Prozess dabei aber schon Aufträge verteilt, die dazu führen, dass ungeprüfte und möglicherweise gute Ideen nicht (mehr) wahrgenommen werden.

3. Wir haben eine Vorliebe dafür, Ideen anderer zu bewerten, anstatt selbst neue zu generieren: Die zu frühe Bewertung von Ideen und Vorschlägen führt aber zu einer zu frühen Ablehnung von kreativen Ideen. Eine früh geäußerte Idee basiert naturgemäß oft auf unzureichenden Daten und kann daher leicht abgewiesen werden. Dabei ist zu berücksichtigen, dass das Finden von Gründen zur Ablehnung einer Idee viel einfacher ist als das Finden von Gründen, eine neue Idee zu akzeptieren.

4. Hühner sind uns überlegen, denn wir haben kaum die Fähigkeit, etwas auszubrüten. Wir schaffen es kaum, ein Problem zu überschlafen, weil angeblich eine Notwendigkeit zur schnellstmöglichen Lösung besteht.

Auch die genannten emotionalen Behinderungen stellen ein großes Problem im Managementbereich von Unternehmen und Organisationen dar, da sie sich ungünstig auf die Generierung neuer Ideen und Lösungsansätze auswirken. Dabei erfordert gerade die Grundfrage der Problemlösung „Welche Dinge müssen wir in dieser problematischen Situation tun?" eine offene und kompromissbereite Herangehensweise an neue – teilweise auch ungewöhnliche – Denkansätze.

3. Kulturelle Probleme

1. Jede bekannte Kultur hat ihre ausgesprochenen oder unausgesprochenen Tabus: Bestimmte Sachverhalte können daher weder wahrhaftig benannt, analysiert noch verändert werden.

2. Überbetonung des linearen, fokussierten Denkens gegenüber der Fantasie: Kinder sind nicht von ungefähr kreativer als Erwachsene. Unsere Kultur legt einen sehr hohen Wert auf zielgerichtete und damit geschlossene Denkweisen – und so werden Gedankenspiele und Fantasie quasi abtrainiert. Gerade die sind aber zu guten Problemlösungen notwendig.

3. Bei der Problemlösung schauen immer alle sehr ernst, denn sie wird als eine ernste Angelegenheit betrachtet. Humor hat keinen Platz in dem Prozess der Lösungsfindung, dabei ist dieser stark mit der Erzeugung von Kreativität und Gedankensprüngen verbunden. Die wiederum wären nützlich als Vehikel zu guten Problemlösungen.

4. ‚Gute Gründe' und Intuition: Es wird oft angenommen, dass ‚gute Gründe' (im Sinne einer sachlichen Analyse), Logik und Zahlen gut sind, Intuition und Freude hingegen schlecht. Im persönlichen Bereich werden hingegen

viele bedeutende Entscheidungen auf der Basis von Intuition und Freude getroffen – z. B. die Auswahl des Lebenspartners. Oder haben Sie dort sachlich analysiert?

5. Beharrung und Veränderung. Traditionen sind Teil unseres Beharrungsstrebens. Sie zu überwinden ist ein schwieriges Unterfangen. Das gilt insbesondere dann, wenn Mitarbeiter ihre Traditionen und deren Verbindung zu einem Problem nicht erkennen. Das heißt natürlich nicht, dass unser Beharrungsstreben per se schlecht ist. Im Gegenteil. Als Stabilität ist es geradezu der typische und beste Zustand einer Organisation. Veränderungen sind immer nur kurze Phasen. Sie sind durch Instabilität geprägt und sollten so schnell wie möglich in eine wieder stabile Phase überführt werden. Tradition als solche ist eine der Grundlagen für persönliche Beteiligung, Zugehörigkeit und Motivation.

Diese kulturellen Blockaden behindern ebenfalls die Entwicklung und Evaluation von guten Lösungsmöglichkeiten. Auch, weil sie die geistige Bewegungsfreiheit im Unternehmen stark einschränken.

4. **Umgebungsprobleme**
   1. Durch das immer noch sehr ausgeprägte Abteilungsdenken fehlt es oft an gegenseitiger Unterstützung. Bestimmte, notwendige Veränderungen in schwierigen Phasen werden oft als Gefahr für den eigenen Status betrachtet. Durch solche schwierigen Phasen und die notwendigen Anpassungen werden sowohl Mitarbeiter als auch das Unternehmen aus ihrer „Komfortzone" herausgerissen. Deshalb werden viele Manager und Mitarbeiter in einem solchen Prozess versuchen, neue Ideen zu stoppen oder sie zu ignorieren.
   2. Der Umgang mit Kritik ist auf keiner Seite wirklich so, dass man ihn konstruktiv nennen könnte. Weder bei denen, die eine Veränderungen managen sollen, noch bei denen, die davon betroffen sind. Ein altes kulturelles und persönliches Problem. Kritik wird sowohl schlecht und unprofessionell geäußert als auch schlecht akzeptiert; beides greift wunderbar ineinander und sorgt dafür, dass wir zusammen unsere Zeit vertun.

In Veränderungsphasen können auch diejenigen, die Ideen kreieren, Hindernisse für einen konstruktiven Prozess für alle aufstellen, indem sie berechtigte Kritik nicht zur Kenntnis nehmen. Gerade die Fähigkeit, Kritik zu akzeptieren, ist jedoch für die Bildung von Vertrauen und Unterstützung wichtig und führt letztendlich zu einer Verbesserung, die notwendig ist, um Ideen zu erzeugen und diese umzusetzen.

3. Manager, die eine schnelle Antwort auf alles haben, gehören leider zu den Umfeldproblemen. Einige Führungskräfte sind ja deshalb erfolgreich, weil sie wirklich sehr häufig wirklich gute Ideen haben und auch deren Umsetzung gut steuern. Aber das ist ein verschwindend geringer Prozentsatz. Sicherer ist man unterwegs, wenn man seinen Mitarbeitern auch zuhört. Die haben ja auch Ideen und kennen vor allem das Tagesgeschäft in- und auswendig. So kann die Kreativität aller zum Besten für alle genutzt werden.

Die beschriebenen Umgebungshindernisse wirken in allen Phasen der Organisationsveränderung und sind insbesondere für die Entwicklung des Klimas, in welchem der Prozess abläuft, prägend. Damit gewinnen sie für die Steuerung des Prozesses eine besondere Bedeutung. Gelingt das gut, geht es leicht; gelingt es schlecht, reibt man sich sehr auf und muss die Arbeit unter größtem Kräfteeinsatz tun.

5. Kognitive Probleme

1. Unsere kommunikativen Fähigkeiten sind ein wunderbares Feld kontinuierlicher Verbesserungsmöglichkeiten. Gerade in schwierigen Zeiten, wo die Anspannung hoch ist, wird gerne auch schlecht kommuniziert. Eine empfängergerechte Sprache ist stark daran beteiligt, dass Kreativität bei der Lösung von Problemen sich entfalten kann.

2. Mangelhafte Strategiekompetenz: Das Wort ‚Strategie‘ als solches ist für viele Manager schon ein ‚rotes Tuch‘. Vor allem deshalb, weil kaum einer wirklich versteht, was es bedeutet. Nach meiner Schätzung aus einer nun ca. 15-jährigen Beraterpraxis bei namhaften deutschen und internationalen mittelständischen und Großunternehmen, würde ich sagen, dass 90 % der Manager bereits bei der Differenzierung zwischen ‚Zielen‘ und ‚Strategie‘ ihre Schwierigkeiten haben. Daher sind auch die Problemlösungen oft so unbefriedigend. Mehr Methodenkompetenz wäre hier sehr sinnvoll aufzubauen.

3. Häufig mangelt es an vollständigen und korrekten Informationen. Dies ist eindeutiges Problem bei der Problemlösung. Nun ist es aber nicht damit getan, in eine Richtung zu gehen, in der man den Wald vor lauter Bäumen nicht mehr sieht (siehe oben), sondern es geht hier darum, eine ausgewogene Mischung aus vorhandenen Informationen und kreativen Ideen herzustellen.

Auch die kognitiven Hindernisse wirken – wie schon die Umgebungshindernisse – in allen problematischen Phasen einer Organisation und haben somit auch eine besondere Bedeutung für jeden Manager. *Nach: Oliver Recklies, März 2001.*

12.5   Coachingfrage zum Thema „Probleme lösen"

Wie kann ich größere Probleme in meinem Aufgabenbereich geschickt angehen und lösen? Zum Beispiel mit 8D – systematisch Probleme lösen.
Die oben beschriebenen Problemfelder bilden sozusagen den Hintergrund, vor dem dann Lösungsstrategien entwickelt werden können. Sie bilden auch Felder der Aufmerksamkeit zu Themen, die bei der Entscheidungsfindung einfach beachtet werden müssen. Eine systemische Blickweise ist dabei hilfreich, also Klarheit darüber, dass es keine monodirektional wirkenden Entscheidungen als Lösungen eines Problems in einem System wie einem Unternehmen geben kann.

Ein Entscheidungsproblem entsteht, wenn die Soll-Ist-Abweichung einer bestimmten Situation durch verschiedene Handlungsmöglichkeiten reduziert werden kann. Die Bestimmung der zu realisierenden Handlungsmöglichkeit kann auf sehr unterschiedliche Weise geschehen. Die Entscheidung kann durch intuitives Wählen einer Lösung:

1. durch routinemäßigen Rückgriff auf eine in der Vergangenheit realisierte Lösung,
2. durch Übernahme einer nicht hinterfragten Lösung eines Experten,
3. durch Rückgriff auf einen Zufallsmechanismus oder aber
4. auf der Basis eines systematischen und damit rationalen Denkprozesses

getroffen werden.
Alle genannten Entscheidungsmechanismen kommen in der Praxis vor. Wie kommen Sie als Manager(in) zu wichtigen Entscheidungen?
Zunächst müssen Probleme aber begriffen werden, bevor Entscheidungen über verschiedene Handlungsoptionen gefällt werden.

12.6   Coachingtool zur Lösung schwieriger Probleme

Eines von vielen Werkzeugen für die systematische, professionelle und dauerhafte Problemlösungsarbeit ist der sogenannte 8D-Ansatz. „8D" (acht Disziplinen) steht für die acht Schritte in diesem Modell. Es enthält im Wesentlichen einen Leitfaden, der aus acht Schritten besteht und strukturiert durch die Problemlösung führt. Dabei fängt man mit einer klaren und vollständigen Beschreibung und Eingrenzung des Problems (aus heutiger Sicht!) an. Danach werden Maßnahmen eingeleitet, die dafür sorgen, dass das Unternehmen (oder ein Kunde) nicht mehr mit dem Problem konfrontiert ist. Nach einer Ursachenanalyse werden Maßnahmen zur Korrektur des Fehlers entwickelt. Diese werden dann auf ihre Wirksamkeit geprüft und anschließend im Unternehmen verankert. Nach Abschluss der Problemlösung sind die gewonnenen Erkenntnisse sowohl für andere bestehende als auch für zukünftige Aufgaben verfügbar zu machen.

Anwendungsbereiche für 8D
8D kommt bei Problemen zur Anwendung, die neben der nachhaltigen Problembeseitigung auch Sofortmaßnahmen erfordern, was ja häufig der Fall ist. Das heißt, es handelt sich um Krisensituationen, bei denen schnell und professionell gehandelt werden muss. Dem Krisenfall wird durch den Schritt ‚Sofortmaßnahmen' Rechnung getragen. Korrektur- und Vorbeugungsmaßnahmen garantieren die Nachhaltigkeit.

8D wird also am besten für unerwünschte Situationen innerhalb bestimmter Prozesse eingesetzt, die Sofortmaßnahmen erfordern. Beispiele dafür sind z. B. auftretende Probleme im Rahmen einer Produkterprobung, ungeplante Anlagenstillstände in der Produktion, Arbeitsunfälle, taktische Entscheidungszwänge innerhalb gerade durchgeführter Strategien etc.

Wesentliche Merkmale von 8D

1. Bei der Problemlösung wird systematisch vorgegangen. Ein roter Faden führt durch die notwendigen Schritte zur Lösung des Problems.
2. In den einzelnen Schritten werden wirksame Werkzeuge zur Problemlösung eingesetzt.
3. Informationen und Daten werden in klarer und strukturierter Form aufbereitet.
4. Das Wissen der Fachleute wird durch den Einsatz der Modelle und Werkzeuge auf die Problemlösung fokussiert.
5. Die gesamte Problemlösung findet in koordinierter Form statt. Maßnahmen werden konsequent verfolgt.
6. Probleme werden nachhaltig beseitigt. Aus jedem Problem wird für andere und auch zukünftige Produkte bzw. Prozesse gelernt.

Langfristig kann sich auf Basis von 8D eine Kultur der systematischen und nachhaltigen Problemlösung in Abteilungen und im Unternehmen entwickeln. Kontinuierliche Verbesserungsprozesse haben dieselbe Stoßrichtung und 8D kann ein geeignetes Instrument dafür sein.

8 D-Roadmap zur Unterstützung der Problemlösungsarbeit
Um die Problemlösungsarbeit zu unterstützen, empfiehlt sich die Erstellung einer 8D-Roadmap als Leitfaden zur Problemlösung. Sie stellt die Struktur des Problemlösungsprozesses klar und übersichtlich dar. Die Grundstruktur sieht wie folgt aus:

Schritt	Hauptaufgaben	Werkzeuge	Ergebnisse
1...			
8...			

Zugeordnet zu den acht Schritten zeigt sie die Hauptaufgaben, häufig verwendete Werkzeuge und die erforderlichen Ergebnisse. Die Roadmap gibt dem Team Orientierung bei der Problemlösung. Durch die Standardisierung der Vorgehensweise soll sie das nachhaltige Lösen von Problemen zu einer Routineaufgabe im Unternehmen werden lassen.

Existiert in den Unternehmen kein solches Vorgehensmodell, dann wird bei der Problemlösung in der Regel unstrukturiert oder unvollständig vorgegangen.

8   D-Formblatt

Sobald ein Team an der Problemlösung beteiligt ist, wird man die im Zuge der Teambesprechungen festgelegten Maßnahmen und die getroffenen Entscheidungen in einem Protokoll festhalten. Dazu ist ein strukturiertes 8D-Formular geeignet. Es orientiert sich an der 8D-Systematik und enthält vor allem den einzelnen Schritten zugeordnet Maßnahmen, Zuständigkeiten, Zieltermine und Erledigungstermine. Verweise auf weitere Unterlagen, wie z. B. Berichte zu Sortierprüfungen oder Versuchsberichte, verknüpfen die vereinbarten Maßnahmen mit den konkreten Ergebnissen.

Die acht Schritte im Detail
Schritt 1: Ein Team bilden (Task Force)

Ist ein Problem erkannt, wird ein Teamleiter benannt und ein Team zusammengestellt. Der Teamleiter ist für die korrekte Durchführung der acht Schritte verantwortlich. Das Team muss über entsprechende Produkt- bzw. Prozesskenntnisse verfügen, um das Problem auch lösen zu können.

Schritt 2: Das Problem ausreichend gut beschreiben

Vor allem ausgehend von den vereinbarten Spezifikationen (z. B. in Prozessbeschreibungen, Zeichnungen, Stücklisten, Strategieinhalten) wird man den Fehler, das heißt die Abweichung von der angestrebten Vorgabe und seine Auswirkungen im System, definieren und eingrenzen können.

Zentrale Fragestellungen zur Problembeschreibung sind

1. Was ist der Fehler? Wie ist der Soll-Zustand? Wie ist der Ist-Zustand? Was ist der Unterschied zwischen dem Soll- und dem Ist-Zustand?

2. Wann ist der Fehler erkannt worden? Ist der Fehler früher schon einmal aufgetreten?
3. Was sind die Auswirkungen des Fehlers im Gesamtprozess/beim Kunden/in der Marktdurchdringung etc.?
4. Welche Teile/Teilprozesse/Teilstrukturen sind betroffen? Welche sind sicher nicht betroffen? Wie viele Teile/Teilprozesse/Teilstrukturen sind betroffen?

Zur Erfassung des Fehlers in Form von Zahlen und Fakten dienen z. B. die Fehlersammelkarte, das Histogramm und das Pareto-Diagramm.

Schritt 3: Sofortmaßnahmen treffen

Noch vor der (möglicherweise langwierigen) Suche nach den Ursachen für den Fehler müssen Unternehmensbereiche/angegliederte Prozesse/Kunden vor den Auswirkungen geschützt werden.

Zunächst müssen also sämtliche fehlerhaften Elemente aus dem Prozess entfernt bzw. verbessert werden.

Dann müssen Maßnahmen zur Sicherstellung der korrekten Versorgung (z. B. mit Material)/Abläufe mit spezifikationskonformen Materialien oder Leistungen eingeleitet werden. Bei der Versorgung eines Kunden mit Ware kann man hier z. B. an die Produktion von Ersatzteilen denken, die eventuell mit Sondertransporten geliefert werden.

Schritt 4: Ursachen analysieren

Bei der Ursachenanalyse hat sich eine zweistufige Vorgehensweise für die meisten Problemanalysen bewährt.

Zuerst sollte sich das Team einen ausreichenden Überblick über die möglichen Ursachen des Problems verschaffen. Dabei ist wichtig zu beachten, dass am Anfang eines solchen Prozesses häufig keine Eindeutigkeit gegeben ist. Es geht also zuerst nur darum, **mögliche Ursachen** für den Fehler zu identifizieren und diese dann auf geeignete Weise darzustellen. Dies kann z. B. mit den Techniken des Brainstormings erfolgen, mithilfe des Ursache-Wirkungs-Diagramms oder mit einem Mindmap.

Vielleicht kommt man bei diesem ersten Schritt auf viele mögliche Ursachen. Es müssen also die tatsächlichen Ursachen (das heißt die Kernursachen) identifiziert werden und dann ist deren Einfluss auf das Problem darzustellen. In manchen Fällen reichen dazu einfache Werkzeuge, wie z. B. das Verlaufsdiagramm. Bei Produktionsprozessen kann es aber auch notwendig sein, Versuche zur Ermittlung der Ursache-Wirkungs-Zusammenhänge durchzuführen (z. B. mittels Komponententausch).

Schritt 5: Korrekturmaßnahmen festlegen (inklusive Wirksamkeitsprüfung)

Wenn die Kernursachen identifiziert wurden, geht es darum, geeignete Korrekturmaßnahmen zu entwickeln und in einem weiteren Schritt deren Wirksamkeit nachzuweisen. Maßgabe ist, dass die Korrekturmaßnahmen die Kernursachen des Problems auch wirklich dauerhaft beseitigen. Typische Beispiele für Korrekturmaßnahmen im Produktionsbereich sind z. B. Änderungen an Werkzeugen, der Umbau von Vorrichtungen und Anlagen oder die Adaptierung von Steuerungsprogrammen.

Mithilfe einer geeigneten Wirksamkeitsprüfung ist nachzuweisen, dass durch die Korrekturmaßnahmen der in Schritt 2 beschriebene Fehler vollständig beseitigt ist. Dafür werden z. B. Fertigungsversuche, verbunden mit Prozessfähigkeitsuntersuchungen, eingesetzt. Sollten auch Produkttests erforderlich sein, sind Erprobungspläne zu erstellen und umzusetzen.

Schritt 6: Korrekturmaßnahmen organisatorisch verankern

Solche Korrekturmaßnahmen und ihre Ergebnisse gilt es für das Unternehmen zu sichern. Unter anderem kann es erforderlich sein, die Vorgabedokumente entsprechend zu aktualisieren. Dies betrifft z. B. Arbeits- und Prüfanweisungen, Control Plans, Schulungspläne, einen Salesprozess, eine Preisstrategie oder Instandhaltungspläne.

Mit der organisatorischen Verankerung der Problemlösung sind die noch laufenden Sofortmaßnahmen aufzuheben. Die zeitweilig gültigen Arbeits- und Prüfpläne werden durch die Korrekturmaßnahmen und deren Routine abgelöst.

Schritt 7: Learnings sicherstellen

Mithilfe der ersten sechs Schritte hat man das konkrete Problem nachhaltig beseitigt. Zielsetzung dieses siebenten Schrittes ist es, die gewonnenen Erkenntnisse für andere bereits bestehende und auch für zukünftige Produkte bzw. Prozesse verfügbar zu machen.

Um das Auftreten des gleichen Problems bei anderen bestehenden Produkten bzw. Prozessen oder in anderen Divisionen auszuschließen, kann man ähnliche Produkte bzw. Prozesse analysieren und prüfen, ob die gesetzten Korrekturmaßnahmen dort ebenfalls zweckmäßig wären.

Ebenso ist es natürlich sinnvoll, Maßnahmen zur Vermeidung des in den Schritten 1 bis 6 gelösten Problems bei zukünftigen Produkten bzw. Prozessen zu treffen. Das zentrale Werkzeug dafür ist die **FMEA (Failure Mode and Effects Analysis)**. Man wird Probleme bei der Fertigung in eine FMEA-Checkliste oder eine FMEA-Datenbank aufnehmen und damit sicherstellen, dass bei der Durchführung einer FMEA für neue Produkte bzw. Prozesse auch dieses mögliche Problem in Betracht gezogen wird. Darüber hinaus gibt es z. B. im Maschinenbau weitere Möglichkeiten, um die in der Produkt- und Prozessentwicklung tätigen Abteilungen in systematischer Form auf die in der laufenden Produktion gemachten Erfahrungen hinzuweisen (z. B. durch Konstruktionsrichtlinien). Dasselbe gilt – in Analogie – natürlich auch für andere Abteilungen, wie z. B. Sales.

Schritt 8: Den Problemlösungsprozess abschließen

Jetzt muss sich der Teamleiter davon überzeugen, dass alle im Rahmen des Problemlösungsprozesses vereinbarten Maßnahmen umgesetzt wurden. Der Problemlösungsprozess wird damit formal abgeschlossen. Der Teamleiter informiert sein Team über den erfolgreichen Abschluss und bedankt sich für die Unterstützung.

12.7 Nachhaltige Entwicklung dieses Themas

Als Manager sind Sie häufig stark in das Tagesgeschäft eingebunden. Die meisten Manager wissen sehr genau, dass sie eigentlich kein Mikromanagement machen sollen, sondern sich mehr um das große Ganze, um die strategische Ausrichtung ihrer Abteilung oder des Unternehmens kümmern sollen. Aber in der Praxis kommt es leider meist nicht dazu. Die Organisation der Arbeitsabläufe, die Rollen und was damit verbunden ist, die Job Descriptions als solche und das eigene Verständnis von ‚Management' führen sehr oft dazu, dass dies ein Lippenbekenntnis bleibt.

Weil dies so ist und es schwierig ist, die Organisation als Ganzes zu verändern, kommt es darauf an zu prüfen, welche Möglichkeiten es innerhalb eines relativ fest gefügten Kontextes gibt, bestimmte Veränderungen, die für sinnvoll erachtet werden, durchzuführen und bei guter Eignung als Routine einzuführen.

Zeit ist solch ein bestimmender Faktor, der zum Teil durch den Kontext verknappt wird, zum Teil durch die Auffassung des Managers darüber, was wichtig und richtig ist; diese beiden Themen spielen in der Praxis zusammen.

Die dargestellte 8D-Methode unterstützt Sie dabei, in schwierigen Situationen, in denen ein bestimmtes Problem vorliegt, dessen wirkliche Ursache möglicherweise nicht evident ist, Lösungen zu finden, die dieses Problem dauerhaft abstellen.

Ernste Probleme verursachen ernst zu nehmende Wirkungen. Daher sollte, wenigstens für diesen Bereich von unerwünschten Störungen, methodisch vorgegangen werden. Tatsächlich betroffen sind davon ca. 5 bis 20 % der Störfälle in Unternehmen. Je nachdem, welche Fehlerkultur eben bereits vorherrscht. Je arbeitsteiliger die Prozesse sind, je höher das Tempo der einzelnen, miteinander verzahnten Prozessschritte, desto größer ist das tendenzielle Risiko, dass es zu Brüchen in der Leistungskette kommt, zu Problemen, die manchmal kleine und versteckte Ursachen haben, aber über sogenannte ‚Peitscheneffekte' starke Auswirkungen erzeugen.

Wie gesagt, diese Störungen können alle Bereiche betreffen, in denen gearbeitet wird: Produktion, Logistik, Administration, Sales etc. Und es gibt alle nur denkbaren Ursachen für solche Probleme. Sie können in fehlerhaft arbeitenden Maschinen liegen, deren Steuerung einen Defekt hat – entweder weil die Software kaputt ist oder weil falsche Anweisungen eingegeben wurden. Sie können in fehlerhaften Prozessen liegen, in schlecht definierten Schnittstellen, in Systemen, die immer wieder zu Fehleinschätzungen führen usw.

Versuchen Sie daher zunächst eine Art von Warn- oder Frühwarnsystem zu installieren. Die Warnungen solcher Systeme beruhen immer darauf, dass bestimmte KPIs, die zur Leistungsmessung definiert wurden, eine Diskrepanz zwischen Soll- und Ist-Wert aufweisen. Damit identifizieren Sie frühzeitig Fehlentwicklungen. Der nächste Schritt ist dann die Ursachen- oder Problemsuche. Für diesen Schritt der Arbeit ist 8D gut geeignet. Zerlegen Sie also den Prozess der Ursachensuche für ein bestimmtes, schwerwiegendes Problem in die acht Schritte des vorgestellten Modells. Es lohnt sich, diese Vorgehensweise in die Standard-Toolbox Ihrer Managementinstrumente aufzunehmen und Ihre Mitarbeiter entsprechend darin schulen zu lassen.

Teil IV
Arbeit und ihr Sinn: Manager sein in einem schwierigen Umfeld

Über den Sinn des Tuns

13

Sylvia Becker, zum Zeitpunkt des Interviews
Geschäftsleiterin von WWF Deutschland

Inhaltsverzeichnis

Zusammenfassung

In diesem Kapitel erfahren Sie, welcher Zusammenhang zwischen Ihrer Arbeit und dem menschlichen Wunsch nach einer sinnvollen Tätigkeit besteht. Denn Führung hat sehr viel damit zu tun, ob eine Klarheit darüber besteht, welchen Sinn das Tun hat. Sowohl das individuelle Tun als auch das der Organisation. Kann ich meine eigene Tätigkeit als sinnvoll erfahren? Wie gelingt es mir, meinen Mitarbeitern diesen Sinn zu vermitteln? Oder besser noch: Wie kann ich als Führungskraft dafür sorgen, dass jeder Mitarbeiter die Möglichkeit der Sinnfindung in seinem Tun auch bekommt und entwickelt?

© Springer Fachmedien Wiesbaden 2015
B. Kaschek, I. Schumacher, *Führungspersönlichkeiten und ihre Erfolgsgeheimnisse*,
DOI 10.1007/978-3-658-04434-3_13

13.1   Vita

Sylvia Becker, Jahrgang 1965, ist verantwortlich für Finanzen, Personal und die Verwaltung inklusive IT des WWF. Nach dem Studium der Betriebs- und Finanzwirtschaft in Magdeburg und Berlin arbeitete sie in unterschiedlichen Unternehmen als Controllerin bzw. Kaufmännische Leiterin. Sie war schon als Kind von den Naturwissenschaften fasziniert und verknüpft jetzt diese Leidenschaft mit ihrem beruflichen Umfeld. Sylvia Becker ist Vorsitzende des Kuratoriums der Regenwald-Stiftung.

13.2   Interview

B. Kaschek:
Was ist für Sie die zentrale Frage in Bezug auf die Führungsarbeit bei einer NGO, die sich mit dem Naturschutz beschäftigt?
S. Becker:
Ich bin jetzt seit über sechs Jahren beim WWF, und ich erinnere mich noch sehr gut, als ich damals gefragt wurde, ob ich diese Aufgabe für eine Naturschutzorganisation übernehmen möchte, dass dies für mich wie ein Sechser im Lotto war. Ich, die schon als Kind eine große Naturverbundenheit empfand und Biologie studieren wollte, bekomme diese Chance… Es war schon immer mein Wunsch, etwas mit Natur- oder Umweltschutz zu machen, ich bin aber zuerst in die Betriebswirtschaft eingestiegen und habe später Steuerrecht studiert. Jetzt ist es für mich sehr schön, dass ich meine Kompetenzen, das, was ich studiert und worin ich Erfahrungen gesammelt habe, für die Natur und die Umwelt einbringen kann. Das gibt mir ein ganz tolles Gefühl, nicht fürs ‚Kapital' arbeiten zu müssen, sondern mich für ganz andere Werte einsetzen zu dürfen. Genau dies empfinden sehr viele der Mitarbeiter von NGOs.

B. Kaschek:

Gibt es in Ihrer Biografie bestimmte Erlebnisse, die als Initialzünder betrachtet werden können für die Bewegung in diese Richtung?

S. Becker:

Als Kind war ich sehr von den Naturwissenschaften fasziniert. Ich habe mich für alles interessiert, was mit der Evolution, den Erkenntnissen von Darwin, den Zusammenhängen in der Ökologie zu tun hatte; ich habe selbst kleine Experimente durchgeführt, ein Terrarium gehalten, kranke Tiere in der Pflege gehabt. Ich war viel in der Natur unterwegs, habe den Wald, die Felder erforscht, die Dynamiken der Jahreszeiten erlebt. Das alles hat in mir das starke Gefühl erzeugt: ‚Das will ich behüten, da will ich der Natur etwas zurückgeben.' Das hat dazu geführt, dass ich mich während meiner ganzen Laufbahn in meiner freien Zeit aktiv oder finanziell in solchen Projekten engagiert habe. Da gab es z. B. eine Mitgliedschaft in der Koala Foundation in Australien, die sich für den Schutz von Koalas einsetzt. Meine Sorge um vom Aussterben bedrohte Tiere war schon immer sehr groß, denn ich dachte, dass wir sie unseren Nachkommen nicht wegnehmen dürfen.

B. Kaschek:

Wenn Sie jetzt zurückschauen auf Ihre Biografie in Bezug auf die Führungsrolle, gibt es hier Momente, Menschen oder Erfahrungen, die für Sie prägend waren, wodurch Sie Ihre Leidenschaft für die Führungsrolle entdeckt haben?

S. Becker:

Also, die Übernahme einer Führungsrolle hat schon meine Kindheit geprägt. Ich war Klassensprecherin, schon mit sieben Jahren. Ich komme aus Thüringen und im Osten hieß es ‚Gruppenratsvorsitzende'. Ich merke heute, dass es schon damals immer meine Intention war, für Gerechtigkeit einzutreten, für die Schwachen zu sprechen und dafür zu sorgen, dass die Starken ihre Talente im Dienste der Gemeinschaft nutzen. Ich habe mich sehr früh gerne dieser Rolle gestellt. Das ging dann später weiter, im Studium und als ich meine zwei Kinder bekam. Ich war und bin immer aktiv in den Gremien der Schulen. Ich wollte auch wissen, was bei den Heranwachsenden passiert. Dieses Wissen ist für meine Führungsarbeit sehr hilfreich, um die ganzen Generationsfragen klarer und besser zu handhaben.

Aber auch in der Freizeit lässt mich die Führungsrolle nicht los. Mit einer Freundin gründete ich einen Frauenlauftreff.

B. Kaschek:

Wie war der Einstieg in alle diese zahlreichen und auch sehr unterschiedlichen Führungsrollen? Wurden Sie öfter berufen, gefragt, gewählt oder haben Sie sich auch für diese Positionen gemeldet, selbst da die Verantwortung gespürt und entsprechend gehandelt?

S. Becker:

Unterschiedlich. Beruflich habe ich mich immer für Führungspositionen beworben. Bei dem gesellschaftlichen und privaten Engagement war es gemischt.
Manchmal hat sich da keiner gemeldet, und da war mir klar: Wenn ich mich nicht
melde, übernimmt keiner diese Rolle. Und da es mir wichtig war, habe ich mich
engagiert. Dann ist es so, nachdem man sich das erste Mal gemeldet hatte, lässt
einen das Amt nicht wieder los, sondern erst, wenn z. B. die Kinder die Schule
verlassen. Ich habe es erlebt, dass die Zusammenarbeit in den Gremien gut funktioniert hat und die Leute sich gut vertreten fühlten. Bei anderen Projekten wurde ich
direkt gefragt, wegen meiner kaufmännischen oder Personalmanagement-Kenntnisse. Und nicht zuletzt, weil es mir wahnsinnig viel Spaß macht, zusammen mit
Menschen zu arbeiten, Neues zu kreieren.

B. Kaschek:

**Das, was ich höre, lässt in mir das Bild entstehen von einer Frau, die schon
immer gewohnt ist, mit Führungsaufgaben klarzukommen und sie zu übernehmen. Welche waren dennoch die Schwierigkeiten oder die Hindernisse, die
Ihnen bei der Ausübung dieser Rolle begegnet sind?**

S. Becker:

Ganz eindeutig waren es immer die Rahmenbedingungen, nicht die Menschen.
Denn ich habe es immer als schöne Herausforderung betrachtet, mit unterschiedlichen Menschen zusammen zuarbeiten, sie zu harmonisieren, Stärken und Schwächen gemeinsam zu analysieren, ihnen einen roten Faden für die gemeinsamen
Aufgaben zu geben, ihnen zu zeigen, an wen sie sich wenden können ... Aber
bestimmte Rahmenbedingungen, starre Strukturen, die verhindern, dass bestimmte, notwendige Dinge passieren – da musste ich lernen, inwieweit ich versuchen
durfte, Neues vorzuschlagen, und wo ich es am besten ließ, weil es für mich sonst
mit meinem Tatendrang sehr problematisch geworden wäre.

Manche Organisationen haben starre ungeschriebene Regeln, wie gearbeitet
wird, wie man miteinander umgeht. In so einem Umfeld kann man Leadership
nicht von innen heraus leben, denn es wird einem vorgeschrieben, wie geführt
werden muss. Und diese Regeln sind so starr und stark, dass man sich entweder
komplett anpassen muss oder besser geht. So wie ich es dann auch getan habe.

Ganz anders das Umfeld in einer Agentur mit hochkreativen Leuten, die alle
,total supertoll inspiriert' waren. Das war einerseits sehr spannend und interessant,
aber andererseits fehlten ihnen bei der Arbeit oft die notwendigen Strukturen in
den Prozessen. Flache oder keine Hierarchien, jeder arbeitet selbstständig in seinen
Verantwortungsbereichen. Von außen betrachtet sah das alles sehr chaotisch aus.
Aber mir wurde schnell klar, dass diese Menschen extrem engagiert und hoch kreativ arbeiteten. Hier Prozesse und Strukturen im herkömmlichen Sinne etablieren zu

wollen, hätte eine extreme Behinderung und Gefährdung der kreativen und generativen Prozesse zur Folge gehabt. Für mich war sehr spannend, das richtige Maß an Struktur und die richtigen Prozesse zu finden, damit bestimmte organisatorische oder kaufmännische Aspekte der Unternehmung nicht aus dem Ruder gingen. Dies war übrigens eine gute ‚Schule' für die spätere Führungsarbeit beim WWF.

B. Kaschek:
Wie würden Sie das beschreiben, was ist da wichtig, in einer NGO?

S. Becker:
Hier arbeiten die Menschen hoch engagiert und sind hoch motiviert. Die Kultur ist sehr partizipativ. Es ist wichtig, die Menschen mit einzubinden. Sie sind alle absolute Profis in ihren Bereichen und möchten auch ihr Wissen und ihre Erfahrungen überall einbringen. Manchmal muss man sie auch etwas bremsen, weil sie ihre eigenen Ressourcen durch dieses ständige ‚Powern', durch das Sich-Engagieren, oft überschätzen. Das ist eine große Herausforderung für die Führungskräfte, diese Balance aufrechtzuhalten und dabei wertschätzend zu bleiben.

Menschen zu motivieren braucht man bei uns als Führungskraft gar nicht so sehr, selbst die lange dauernden Projektzeiten, mitunter nur kleine Erfolge oder sogar Misserfolge durch Katastrophen oder politische Krisen können den unermüdlichen Einsatz für den Natur- und Umweltschutz bei den Mitarbeitern nicht schmälern. Die Herausforderung ist eher, dieses Engagement zu kanalisieren, auch im Sinne von Burn-out-Prävention, Ziele realistisch aufzustellen und nur so viel in Struktur zu bringen, wie zwingend notwendig ist.

Gerade bei NGOs ist es erforderlich, den administrativen Aufwand so gering wie möglich zu halten, weil die Mittel so effizient wie möglich eingesetzt werden müssen. Andererseits braucht man diesbezüglich unbedingt Transparenz nach außen, was wiederum Strukturen und Abläufe erfordert, die klar definiert sein müssen, und das alles so schlank und effizient wie möglich.

B. Kaschek:
Wenn wir bei den Schwierigkeiten bleiben: Ist Frau-Sein in Führungspositionen ein Thema? Welche Erfahrungen haben Sie da? Ist es vielleicht schwieriger, in Führungspositionen zu kommen, oder ist es leichter? Welche Besonderheiten gibt es hier?

S. Becker:
Für mich als Führungskraft ist es egal, ob ein(e) Bewerber(in) eine Frau oder ein Mann ist. Entscheidend ist, ob dieser Mensch für die zu besetzende Stelle geeignet ist oder nicht. Es geht darum, wie schnell die Person sich einarbeitet, inwieweit sie bereit ist, sich weiterzuentwickeln, sich in das Team zu integrieren. Ich gehe davon aus, dass man nicht alles mitbringen kann. Aber was man mitbringt, das ist Stärke, das sind Charaktereigenschaften, die man hat. Und die gut zu platzieren, das

glaube ich, ist das Wichtigste bei der Besetzung einer Stelle. Passt dieser Mensch mit allen seinen Ecken und Kanten in das Team? Wie ist es um seine Soft Skills bestellt? Denn, wenn das nicht passt, kann es sehr schnell sehr schwierig werden. Im Gegensatz zu dem ganzen Fachlichen: Wenn der Mensch engagiert ist, kann man ihm alles durch Weiterbildungen vermitteln.

Was meine persönliche Erfahrung angeht, musste ich in meinem Leben feststellen: Ich hatte es als Frau immer schwer, in eine Führungsposition zu kommen. Selbst im Osten, wo man denken würde, dass Gleichberechtigung eine Selbstverständlichkeit war. Die war zwar groß nach außen propagiert, aber in der Praxis war es so, dass man als Frau nicht jeden Studienplatz bekam, weil zuerst Männer zugelassen wurden, denn für sie waren wiederum drei Jahre Armee Pflicht. Es war schon so, dass man die Frauen geehrt und wertgeschätzt hat, das will ich nicht abstreiten. Man hatte auch ‚offiziell' nichts gegen Frauen in Führungspositionen. Aber in der Tat war der Weg bis dahin etwas steiniger für die Frauen als für die Männer.

Auch die Seilschaften, wen man kannte, bestimmten natürlich, ob und wie schnell man die Karriereleiter hinaufstieg, und auch das Parteibuch konnte Türen öffnen. Dadurch hatte es ein für sich stehender Mensch, der sich nur durch die eigene Leistung definierte, schwerer.

Andere Schwierigkeiten hatte ich im Westen; hier war die Gesellschaft noch nicht offen für Frauen und Karriere. Oft war spürbar, dass es nicht gerne gesehen wurde, dass eine Frau – noch dazu aus dem Osten – an eine Machtposition heranrückte.

Dennoch kann ich diese ganze ‚Quotendiskussion' nicht nachvollziehen. Um das mit den Worten meiner 15-jährigen Tochter zu verdeutlichen: ‚Mama, ich finde das furchtbar, ich will nicht genommen werden, weil ich eine Frau bin, sondern weil ich gut bin!' Ich bin der Meinung, dass es ausreichend Frauen gibt, die sich als Managerinnen gut profilieren könnten, denn das ist nicht geschlechterbedingt. Mir ist natürlich auch bewusst, dass wir Frauen ein paar Dinge mit uns schleppen, die aus unserer Sozialisation kommen und wie wir in der Kindheit geprägt wurden. Das hat aber nichts mit den Geschlechtergenen zu tun. Gut wäre: Wer will und wirklich motiviert ist, wer die Fähigkeiten mitbringt, sollte auch die Chancen bekommen. Egal ob Mann oder Frau. Dafür müssen Gesellschaft, Politik, Unternehmen und wir selbst die Rahmen schaffen.

B. Kaschek:
Zum Thema ‚Führungsphilosophie': Was gehört für Sie dazu?
S. Becker:
Führen bedeutet für mich in erster Linie, mit Menschen zu tun zu haben. Daher ist mir wichtig, den Menschen zu sehen, das Individuum zu sehen. Und das mit al-

len seinen Stärken, aber auch mit seinen Schwächen. Dazu gehört die Überlegung: Welchen Rahmen kann und muss ich ihm bieten, damit er seine Potenziale voll entfalten kann? Was will er erreichen, was braucht er dazu? Ich bin kein Freund von bestimmten Führungsmodellen, wie z. B. dem kooperativen Führungsstil. Denn es ist unmöglich, zu generalisieren, wenn man mit Individuen zu tun hat. Settings, die für manche unerlässlich sind, wirken auf andere verunsichernd oder gar demotivierend. Da gibt es manche, wo man gar nichts zu tun braucht, die laufen ganz gut von alleine. Und da gibt es andere, wo man ganz genau hinschauen muss, die viel Unterstützung oder Einordnung brauchen. Daher versuche ich, mit dem Einzelnen wirklich zu sehen: Was will er, wo will er hin?

Des Weiteren ist für eine gute Zusammenarbeit wichtig, dass ein Vertrauensverhältnis entsteht und dieses ständig gepflegt wird. Und das ist mein Job, den Menschen zu ermöglichen, sich zu öffnen, dass sie mir vertrauen können. Wenn Vertrauen und Offenheit da sind, dann ist es für jede Führungskraft einfach, das richtige Maß an Kontrolle und Freiheit zu finden, Brücken zu bauen, produktive Räume zu erzeugen.

Über Führung kann man viel lesen und lernen: bestimmte Kommunikationstechniken, Konfliktmanagement usw. Aber das A und O für eine Führungskraft ist meiner Meinung nach, dass sie sich selbst zur Führung berufen sieht und dass sie die Sensorik hat, um auf Menschen einzugehen, zu hören, zu fühlen, was die Menschen brauchen. Und auch die Schwächen der Menschen zu akzeptieren, zu vermitteln – die sind eben da, ich habe ja auch welche. Wichtig sind die Stärken und dass die Menschen sie voll einsetzen können. Dafür muss ich sorgen, dass die richtigen Menschen an die richtigen Aufgaben kommen, dafür, dass sie sich dort auch gut fühlen, dass sie für sich entweder eine Sicherheit oder gute Perspektiven sehen, je nachdem, was für sie mehr im Vordergrund steht.

Das ist heute eine der größten Herausforderungen, gerade für kleine und mittelständische Unternehmen. Da es nicht so viele Stellen als Geschäftsführer oder aufsteigende Perspektiven gibt, muss ich darauf achten, dass ich die richtigen Leute einstelle, dass sie auch mit Aufgaben zufrieden sind, die keine großen Perspektiven bieten, die aber für ein Unternehmen tagtäglich erledigt werden müssen und ihre Bedeutung haben.

B. Kaschek:

Zum Thema eigene Motivation: Was sind für Sie die Quellen der Kraft und der Motivation für Ihre Führungsarbeit gerade in schwierigen Zeiten oder in schwierigen Situationen?

S. Becker:

Im meinem Inneren liebe ich die Herausforderung an sich. Wenn es zu einfach wird, was ab und zu ganz nett ist, ist es für mich nicht so interessant. Ich möchte

Dinge entwickeln, Steine aus dem Weg rollen, andere Wege gehen, verändern und schützen. Das ist meine innere Motivation.

Was mich auch sehr motiviert, ist zu sehen, dass ich etwas bewege. Selbst, wenn die Veränderung nur klein ist, nur im Ansatz sichtbar ist. Das reicht mir schon, das muss gar nichts Großes sein.

Als Führungskraft ist man gegebenenfalls einsam, deshalb müssen wir selbst dafür sorgen, dass unsere ‚Batterien' sich immer wieder auffüllen, weil in der Regel keiner uns jeden Tag auf die Schulter klopft.

Viel Energie kommt für mich zurück, wenn ich sehe, dass der Mitarbeiter sich gut fühlt, mit seiner Aufgabe zufrieden ist. Schön ist auch, wenn ich merke, dass die Mitarbeiter meine wertschätzende Haltung wahrnehmen und diese erwidern, sei es auch mit Kleinigkeiten – also auch zurückgeben. Wie z. B., wenn ich höre, dass man nach mir gefragt hat, als ich krank war. Oder wenn ich merke, dass die Leute es schätzen, dass ich die Dinge ganz anders anpacke.

B. Kaschek:
Und im Privaten, wie regenerieren Sie sich?
S. Becker:
Da habe ich viele Quellen der Kraft! Das eine ist natürlich meine Familie, meine Kinder. Kinder sind für mich überhaupt das Schönste, was einem passieren kann. Ich bin von ihnen fasziniert, wie ein Gärtner, der seine Pflanzen hegt und pflegt und immer wieder staunt, wie schön sie gedeihen, sich entwickeln. Es ist einfach schön, an der Entwicklung dieser menschlichen Wesen teilhaben zu dürfen. Zu sehen, wie vollkommen sie einerseits bei der Geburt sind, alles dran ist und trotzdem so schutzbedürftig und hilflos. Man sorgt dafür, dass die Bedingungen stimmen, Licht, Nahrung, Liebe. Das ist zwar eine ständige Arbeit, man steckt ganz viel Energie hinein, aber man bekommt ganz viel zurück. Mir gibt es ein ganz tolles Gefühl, zu sehen, wie meine Kinder heranwachsen, sich zu selbstständigen starken Menschen entwickeln. Und dann die ganze Liebe und Zuneigung, das Verständnis füreinander ... Das ist eine ganz große Kraftquelle für mich.

Eine weitere Kraftquelle ist mein Garten. Wenn ich sehe, dass meine Rosen und die anderen Blumen blühen, dass alles gedeiht und die Bienen froh sind ... das gibt mir sehr viel Freude. Aber auch einfach durch den Wald zu streifen oder meine Stifte zu nehmen und zu zeichnen. Das hilft mir, mich zurückzuziehen, in mich zu gehen, den Blick nach innen zu richten, mich zu sortieren. Es ist einfach wichtig, viele verschiedene Quellen der Kraft zu haben. So nutze ich auch Sport und Bewegung als Ausgleich, in einer Gesellschaft, wo das Fundament für Bewegungsarmut bereits in der Kindheit gelegt wird. Ich regeneriere mich nicht, indem ich mich in die Hängematte lege, sondern indem ich aktiv bin.

B. Kaschek:
Welche Gefühle und Stimmungen prägen gegenwärtig Ihren Alltag, bezogen auf Ihre Führungsarbeit?
S. Becker:
Es ist, ehrlich gesagt, sehr gemischt. Einerseits fahre ich mit großer Freude jeden Morgen ins Büro und weiß, welche tollen Termine, herausfordernden Aufgaben und interessanten Begegnungen auf mich warten, mit wem ich zusammensitzen werde … Es sind Gefühle der Veränderung, der Freude, der inneren Zufriedenheit, der Motivation, weil ich spüre, ich kann wieder etwas bewerkstelligen, in gute Bahnen für das allgemeine Wohl lenken. Aber es sind da auch andere Gefühle da. Speziell bei Befindlichkeiten, die zu klären sind und die eine Menge Zeit kosten. Grundsätzlich nehme ich mir gerne diese Zeit. Das habe ich ganz bewusst beim Thema ‚Umzug‘[1] so gemacht. So ein Ortswechsel ist ein tiefer Einschnitt für die Mitarbeiter. Neben dem Tagesgeschäft war es mir wichtig, mir Zeit zu nehmen, um die Belange der Mitarbeiter zu hinterfragen, um dadurch gemeinsam Lösungen zu finden, die natürlich der Organisation, aber auch dem einzelnen Mitarbeiter gerecht werden. Im Nachgang betrachtet muss ich sagen, war es gut, so viel Zeit investiert zu haben. Und ich weiß auch, dass dies weiterhin mein Weg sein wird. Selbst wenn mich dies manchmal an die Grenzen meiner Ressourcen bringt.

B. Kaschek:
Würden Sie sagen, dass ‚gemischte Gefühle‘ zu haben ein typischer Zustand des Managerdaseins ist, den man in Führungspositionen aushalten muss?
S. Becker:
Das ist eine schwierige Frage, denn Gefühle sind was sehr Subjektives. Daher könnte ich die Frage nicht mit Ja oder Nein beantworten … Es gibt sicherlich hin und wieder Situationen in Unternehmen, wo man hin- und hergerissen ist. Ich glaube, eine Führungskraft muss auch mal ehrlich sein und zugeben: Auch ICH bin an meiner Grenze angelangt. Auch ICH habe mal ein Problem. Und muss lernen, auch mit dieser Situation umzugehen. Da ist zum Beispiel ein Mitarbeiter, den ich echt schwierig finde. Man muss da ehrlich mit sich sein. Und natürlich ist die Herausforderung: Wie gehe ich das an?
Wichtig ist es auch als Führungskraft, mal Fehler einzugestehen und, wenn notwendig, sich auch beim Mitarbeiter entschuldigen zu können. Wenn man etwas getan hat, das man im Nachgang wirklich nicht in Ordnung findet, ist es wichtig, den Mut zu haben, so etwas einzugestehen. Am Ende bekommt man dadurch auch sehr viel Respekt und wird menschlicher.

---

[1] Der WWF Deutschland hat im Jahr 2011 seinen Hauptsitz von Frankfurt am Main nach Berlin verlegt.

Denn eins ist klar: Auch wir Führungskräfte sind Menschen. Als solche sollten wir uns auch unseren eigenen Gefühlen stellen. Aber das auch wiederum in gezielter Weise, indem wir aufpassen, wie viel wir von uns preisgeben. Man riskiert sonst an Glaubwürdigkeit zu verlieren, als zu schwach hingestellt zu werden. Das ist auch für die Mitarbeiter wichtig, denn wer wünscht sich schon eine schwache Führung? Das gleicht einem Kunststück: Inwieweit, auch im Sinne der Authentizität, kann ich mich dem Moment der Schwäche hingeben, ohne aber mir oder meinen Mitarbeitern damit zu schaden?

Und das schönste Gefühl einer Führungskraft ist: Der „Laden" läuft, auch wenn ich nicht da bin!

Leider bekommt man mit den neuen Medien, die wir zur Verfügung haben, und der damit einhergehenden permanenten Erreichbarkeit sehr schnell ein Gefühl der Unabkömmlichkeit. Ich arbeite ganz konsequent daran, dass es Momente gibt, in denen ich abkömmlich bin. (Es gelingt mir, indem ich meine Geräte abschalte bzw. einfach nicht rangehe. Das heißt, ich selbst muss da sehr diszipliniert sein!) Und das lebe ich auch meinen Mitarbeitern vor. Denn sie leben auch mit dieser Verantwortung, immer erreichbar sein zu müssen. Heute signalisieren wir uns gegenseitig: Ich bin da, du kannst mich jederzeit erreichen, ich mache das für dich sofort. Und das ist eigentlich nicht okay. Denn es gibt einen Unterschied, zwischen dem Wunsch, seinen Job gut machen zu wollen, und diesem permanenten Druck, den wir uns gegenseitig machen, durch diese ständige Erreichbarkeit.

B. Kaschek:

Wollen wir ein wenig über Erfolg sprechen? Welche sind für Sie die Kriterien, die Sie verwenden, um einen Job oder eine Aufgabe als erfolgreich betrachten zu können?

S. Becker:

Ein Kriterium ist die eigene Zufriedenheit. Wenn ich mir Ziele gesteckt habe und mit meiner Leistung zufrieden bin, war das für mich erfolgreich. Natürlich muss ich die Ziele auch realistisch gesteckt haben. Das fordere ich auch von den Mitarbeitern.

Was bedeutet überhaupt Erfolg? Ich gehöre wahrscheinlich zu den wenigen Personalleitern, die nicht starr an Zielvereinbarungen festhalten. Denn die Dinge können sich übers Jahr auch verändern, und der Mitarbeiter hat vielleicht in einem Bereich eine Top-Performance gebracht, aber in anderen zwei nicht … Und sowieso, vieles lässt sich auch nicht so einfach bemessen. In Bereichen wie Buchhaltung oder Verwaltung kann man Ziele schwer quantifizieren, es gibt keine Stückzahl an verkauften Dingen oder so. Für mich als kaufmännische Geschäftsleiterin ist es wichtig, dass die Arbeitsprozesse stimmen, dass die Aufgaben in der vereinbarten Zeit akkurat erledigt werden, dass die Mittel, die die Spender uns zur Verfügung stellen, zuverlässig und effizient eingesetzt werden, dass jeder von uns verantwortungsbewusst mit den uns anvertrauten Mitteln umgeht.

B. Kaschek:

Sie meinten vorher, dass wir nur diesen einen blauen Planeten zur Verfügung haben und dass es wichtig sei, unsere Wahrnehmung dafür zu schärfen, dass dies keine Selbstverständlichkeit ist. Als Führungskraft in einer Naturschutzorganisation – wo sehen Sie Ansatzpunkte für diese Veränderung der Wahrnehmung, bei Ihrer Arbeit, in der Politik, in der Gesellschaft usw.?

S. Becker:

In meiner Rolle als kaufmännische Geschäftsleiterin habe ich natürlich den gesamten Blick auf unsere Organisation mit unseren Zielen und Aufgaben, die wir uns gegeben haben. Das sind die Projekte, die wir initiieren und betreiben, wie die Schaffung von Naturschutzparks, Antiwilderer-Projekte oder Klimaschutz-Projekte. Dann natürlich, und sehr wichtig, gibt es die Programme für Kinder und Jugendliche, die darauf abzielen, ein Bewusstsein für die Kostbarkeit unserer Umwelt zu schaffen. Da können wir viele Impulse setzen, die eine Veränderung der Wahrnehmung und des Verhaltens im Alltag bewirken: sei es Müll zu vermeiden oder zu recyclen, Energie zu sparen … Es sind eine Menge kleine Dinge, die bei manchen schon selbstverständlich sind, die andere aber erst durch solche Kampagnen lernen … All unsere Projekte und Kampagnen bieten eine so breite Palette an Ansätzen und Ideen, die den Einzelnen inspirieren und motivieren können, vielleicht noch eine Sache mehr für die Natur oder die Umwelt im eigenen Alltag zu tun. Ansätze, die Antworten geben auf die Frage: „Ja, ich würde sehr gerne etwas tun, aber was kann ich als Individuum schon bewirken?"

Auf der politischen Ebene sehen wir Mitglieder der Geschäftsleitung eine wichtige Aufgabe für uns darin, der Politik Strategien, Wissen und Lösungsansätze anzubieten, die helfen, unsere Lebensgrundlage auf unserem Planeten zu sichern. Dasselbe in der Wirtschaft. Hier zeigen wir den Unternehmen, was für eine entscheidende Rolle sie auf jeden Fall spielen, unabhängig von ihrem „Bewusstseinsgrad". Und letztendlich versuchen wir immer mehr, nach vorne zu bringen, was für eine große und wichtige Rolle der Verbraucher selbst mit seinem Kaufverhalten spielt.

Und parallel, eine Stufe tiefer, sehe ich die Ansatzpunkte, die sich mir in meinem Arbeitsbereich anbieten. Das sind sehr viele Punkte: Wie wir miteinander als WWF-Mitarbeiter umgehen, wie wir mit unseren Mitteln und Ressourcen umgehen, wie wir Nachhaltigkeit bei unserer Ausstattung definieren, bei der Festlegung unserer Vermögensverwaltungskriterien, bei dem Umgang mit Dienstleistern.

B. Kaschek:
Verhaltensveränderung scheint also die große Aufgabe, die uns als Gesellschaft bevorsteht, wenn wir nachhaltig leben wollen und sicherstellen möchten, dass die künftigen Generationen einen Planeten von uns erben, auf dem Leben noch möglich ist. Nach Ihrer Erfahrung als Führungskraft: Was würden Sie sagen ist notwendig, um eine Verhaltensveränderung in den Menschen überhaupt möglich zu machen?

S. Becker:
Ja, da sind sicher viele Dinge, die eine Verhaltensveränderung bewirken können. Meiner Erfahrung nach kann ich einiges verändern, weil ich davor eine wichtige Erfahrung, sei sie positiv oder negativ, gemacht habe. Oder weil ich merke, dass ich mit der alten Strategie nicht vorankomme. Dann natürlich gibt es äußere Zwänge oder veränderte Bedingungen, die eine Veränderung notwendig machen. Vieles in der Gesellschaft verändert sich durch die Medien, wenn es plötzlich ein Thema schafft, mediale Aufmerksamkeit zu erlangen. Das Bewusstsein für Bedrohungen kann ebenfalls eine Veränderung initiieren.

Mich persönlich allerdings interessiert mehr, wie man Veränderungen als etwas Positives betrachten kann. Gerade in der Arbeitswelt hört man sehr schnell die Äußerung: „Ja, jetzt müssen wir Dinge (oder Prozesse/Verhalten/usw.) verändern. Heißt es, dass wir bis jetzt alles falsch gemacht haben?!" Das heißt es natürlich nicht! Für mich wäre es gut, wenn wir Menschen eine offenere Beziehung zur Veränderung haben könnten und diese als etwas sehen, was uns voranbringt und uns verbessert und nicht als etwas, was alles schlecht macht, was bisher war.

Wenn man das auf eine nationale Perspektive projiziert und sich fragt: „Wie kann man die Deutschen zu einem nachhaltigeren Lebensstil anregen?", dann eben gibt es hier verschiedene Antworten. Der eine wird von der Bedrohung motiviert, der andere aber ändert etwas, weil es schön ist und es ein gutes Gefühl erzeugt, bestimmte Dinge zu schützen. Die Frage ist, was wirkt mehr: die Bedrohung, die Aussicht auf Strafe oder das gute Gefühl, Verantwortung für etwas Schützenswertes zu übernehmen? Letztendlich aber geschieht Veränderung nur, wenn der Einzelne dies wirklich will. Dazu muss aber auch ein bestimmter politischer und gesellschaftlicher Kontext kreiert werden, mit neu definierten Werten, wo der Einzelne sieht: „Okay, wenn ich mich verändere, habe ich etwas davon."

In der Führungsarbeit gilt dies übrigens genauso. Ich muss einen Kontext kreieren, in dem die Fähigkeit, positiv auf Veränderungen zu reagieren, auch positiv sanktioniert wird. Aber das allein wird nicht reichen, denn man wird es niemals schaffen, damit allen gerecht zu werden. Letztendlich muss ich als Führungskraft jeden einzelnen Mitarbeiter betrachten, muss ich sehen, welche sind seine Beweggründe, seine Treiber, und entsprechend dann für ihn einen Rahmen erzeugen, innerhalb dessen er oder sie sich verändern und entwickeln kann.

Also, ‚individuell auf jemanden eingehen zu können', das bleibt uns nicht erspart. Im Gegenteil, für mich ist das eine zentrale Aufgabe der Führungsarbeit.

B. Kaschek:

Die letzte Frage nun. Auch hier bitte ich Sie, ‚doppelt' zu beantworten, einmal als Mitglied der Geschäftsleitung einer Umweltorganisation und einmal als Führungskraft.

Angenommen, Sie hätten 15 min Sendezeit und Sie würden in allen Sprachen der Welt verstanden werden, welche Kernbotschaft hätten Sie für die Menschheit, um sie für die Ziele des WWF zu begeistern?

S. Becker:

Ich würde das wunderschöne Gefühl ansprechen, auf dieser Erde sein zu dürfen, Teil von einem wunderschönen Ganzen zu sein. Und diesen wunderbaren blauen Planeten zu schützen, zu bewahren, ihn unseren Nachkommen zu übergeben, damit sie unser Werk fortsetzen und weiterentwickeln, ihn für weitere Generationen erhalten und schützen. Es gibt nichts Schöneres, als sich dieser Verantwortung zu stellen.

B. Kaschek:

Und jetzt dieselbe Frage an die Führungskraft: Welche Kernbotschaft hätten Sie für die Führungskräfte dieser Welt?

S. Becker:

Für mich ist die wichtigste Anregung für eine Führungskraft, sich ganz ehrlich zu fragen: „Fühle ich mich wirklich zur Führungsaufgabe berufen?" Und wenn ja, die zweite Anregung ist: sich auf den Menschen zu konzentrieren, seine Motive zu verstehen, Brücken zu bauen, um konstruktiv und gemeinsam Wege zu entwickeln. Denn wir wollen den Mitarbeiter mit seinen Stärken richtig in der Organisation platzieren, sodass seine Schwächen im Hintergrund bleiben und nicht zu sehr stören können. Das Aufbauen einer offenen, vertrauensvollen und wertschätzenden Beziehung hilft dabei enorm.

13.3 Was hat das mit mir zu tun?

Das mit Abstand Beste, was das Leben uns bietet, ist hart an etwas zu arbeiten, das einen Sinn hat. Theodore Roosevelt, 7. September 1903

Der Begriff der ‚Führung' ist wahrscheinlich ebenso komplex wie der des ‚Sinns'. Über beide Begriffe ließe sich nächtelang diskutieren. Was erst, wenn beide Begriffe zusammenkommen und daraus etwas Eigenes entwickelt werden soll? Eine

Antwort auf diese Frage ist gar nicht so einfach und man sollte sich ein wenig Zeit dafür nehmen. Z. B. für diese Fragen: Welchen Sinn sehe ich in meiner Arbeit als Führungskraft? Was bewirke ich dadurch für die Organisation, in der ich bin, für die Mitarbeiter, die ich führe? Wie gelingt es mir, einen Kontext zu bauen, in dem Sinnhaftigkeit für alle greifbar, für alle erlebbar wird? Wozu soll das überhaupt gut sein?

Alle Studien, die sich mit dem Thema ‚Sinn' in der Arbeitswelt befassen, kommen zu dem Schluss, dass die Erfahrung von Sinn einer der größten Leistungstreiber ist, aber nicht nur: Auch die Freude an der eigenen Arbeit nimmt proportional mit ihrer Erfahrung als ‚sinnhaftig' zu.

Leider finden, so will es scheinen, nur wenige Menschen einen dauerhaft guten Zugang zu ihrer Arbeit, der sie dann in dieser Weise erfüllt. Dabei ist wichtig festzuhalten, dass es vermutlich nicht **die eine** Arbeit gibt, die einer nur finden müsste, die dann diesen Sinn in sich trüge und den, der sie ausübte, damit dann erfüllte. Vielmehr geht es um den Zugang zur jeweiligen Arbeit. Vielleicht haben Sie ja auch schon die Erfahrung gemacht, dass es gar nicht so sehr auf die Arbeit als solche ankommt, als vielmehr darauf, welche Befriedigung wir bei ihr empfinden. Ein Teil dieser Befriedigung entsteht durch den Sinn, den wir dabei erleben.

Nach jüngsten Untersuchungen (Zahlen von 2013) verspüren 67 % der Beschäftigten in Deutschland keine echte Verpflichtung ihrer Arbeit gegenüber, sie sind „unengagiert". 17 % sind sogar „aktiv unengagiert", das heißt, sie zeigen unerwünschtes Verhalten, das zulasten der Leistungs- und Wettbewerbsfähigkeit der Unternehmen geht. Das ist an sich schon bedauerlich, und zwar für alle Beteiligten. Darüber hinaus kostet es die Volkswirtschaft circa. 118 Mrd. €. Und es bleiben dabei natürlich auch jede Menge guter Ideen und Innovationen auf der Strecke.

Mitarbeiter kündigen innerlich aus vielfältigen Gründen. Die Befragung des Markforschungsinstituts Gallup zeigt, dass dafür wesentlich eine schlechte Organisationskultur und Führungskultur verantwortlich sind. Eine fehlende Vision, keine klaren Leitlinien, eine Kultur des Misstrauens, geringe Entscheidungskompetenzen, hohe Kontrolle und starre Hierarchien sorgen für Frustration bei den Mitarbeitern. Eine der wichtigsten Konsequenzen all der damit zusammenhängenden Phänomene ist, dass die Sinnhaftigkeit im eigenen Tun nicht mehr erlebt werden kann.

Die emotionale Mitarbeiterbindung hängt vor allem mit der direkten Führungskraft zusammen: So bemängeln viele Beschäftigte, dass sie zu wenig Anerkennung erhalten oder ihre Meinung im Unternehmen nicht gehört wird. Der Gallup-Projektmanager kam zu der Meinung: „Es wird deutlich, welchen Einfluss das Führungsverhalten, also die Erfüllung der elementaren Bedürfnisse und Erwartungen am Arbeitsplatz, auf die Verbundenheit der Mitarbeiter hat. Gute Führung orientiert sich am Menschen. In jedem Unternehmen lassen sich durch geeignete

Maßnahmen Verbesserungen erzielen, denn der Grad der emotionalen Bindung ist unabhängig vom Ausgangsniveau veränderbar. Unternehmen dürfen ihr Humankapital nicht vernachlässigen und müssen dem Führungsverhalten größere Bedeutung beimessen. Der Erfolg eines Unternehmens hängt von verschiedenen Faktoren ab. Dabei wird ein Aspekt oft übersehen: die Mitarbeiter!"

Fehlt die Wertschätzung, geht meistens auch der Sinn der Arbeit verloren. „Warum soll ich mich einsetzen, wenn ich nicht einmal weiß, wofür?" Oder: „Warum soll ich mich engagieren, wenn ich dann noch nicht einmal eine Anerkennung bekomme?" Das sind häufig gestellte Fragen vieler Mitarbeiter in Unternehmen und Organisationen.

Führungskräfte haben diesbezüglich also eine besondere Verantwortung. Sie bestimmen, ob sie wollen oder nicht, ob sie es bewusst oder unbewusst tun, wie die Mitarbeiter sich fühlen. Denn sie bestimmen mit ihrem Tun das Arbeitsklima. Und sie sind auch dafür verantwortlich, dass jedem klar ist, warum er jeden Tag zur Arbeit kommt.

Dabei soll eines nicht vernachlässigt werden: Auch der Mitarbeiter trägt für das, was passiert oder eben nicht, seinen Teil der Verantwortung. Erwachsene und aufgeklärte Menschen braucht es auf Führungskräfte- und auf Mitarbeiterseite. Aber die Führungskraft prägt wesentlich stärker den Arbeitskontext als der einzelne Mitarbeiter. Insofern kommt ihr auch die Aufgabe zu, für sich selbst das Thema ‚Sinn und Führung' zu klären und dann entsprechend zu handeln.

Sinn, Zufriedenheit und Erfolg

Lange Zeit glaubte man, der Sinn von Arbeit hänge mit der Bezahlung und anderen Vergünstigungen zusammen. Doch dann stellte sich heraus, dass dem nicht so ist. Eine Arbeit, in der man keinen Sinn sehen kann, mag noch so gut bezahlt werden, sie wird über kurz oder lang unattraktiv. Wenn der Mitarbeiter nur noch des Geldes wegen bleibt, wird er seine Arbeit nicht gut und mit Engagement durchführen.

Ein Experiment der Wharton-School in Pennsylvania, USA, hat es vor Kurzem nochmals bewiesen. In einem Call-Center wurden drei Gruppen von Mitarbeitern gebildet, die Spenden einsammeln sollten. Eine Gruppe bekam überhaupt keine weiteren Informationen, die zweite Gruppe bekam Informationen über die Verdienstmöglichkeiten und weitere persönliche Chancen. Die dritte Gruppe erhielt Informationen über den Zweck der Spenden und was damit erreicht werden konnte. Ergebnis: Die dritte Gruppe, die wusste, wofür sie sammelte, sammelte mehr als doppelt so viel Geld ein wie die anderen beiden Gruppen. Das zeigt deutlich: Arbeit braucht einen Sinn.

Wird dieser Sinn nicht erfahren, dann sind wir Menschen also weniger engagiert und weniger produktiv, als wir eigentlich sein könnten.

Als Führungskraft können Sie drei Dinge tun, um das Sinn-Kraftwerk zum Laufen zu bringen: Sorgen Sie erstens dafür, dass Sie für sich selbst Klarheit über den Sinn Ihrer Arbeit erzeugen. Zweitens, sorgen Sie dafür, dass die Arbeit, die Sie Ihren Mitarbeitern geben, tatsächlich einen Sinn für jemanden erfüllt oder einem Zweck dient, den ihre Mitarbeiter selbst wirklich schätzen. Und stellen Sie drittens sicher, dass Ihre Mitarbeiter verstehen, wie sie durch ihre tägliche Arbeit dazu beitragen, dieses übergeordnete Ziel zu erreichen.

Hier ein paar erste Überlegungen und Aufgaben, die wir Ihnen empfehlen
Starten Sie doch mit diesen Statements in das Thema ‚Führung und Sinn' und entwickeln Sie dazu Ihren eigenen Standpunkt, Ihre eigene Bewertung. Gut ist es auch, diese Statements mit einem Partner/Kollegen durchzusprechen. Bitte achten Sie darauf: Es geht hier, wie bei allen unseren Anregungen, nicht darum zu kritisieren oder recht zu haben, sondern darum, zu sehen, was gerade die Situation ist, und diese zu reflektieren.

1. Statement:Ich weiß, welchen Sinn meine Arbeit hat. Für das Unternehmen und unsere Kunden/das Gemeinwesen …
2. Statement:Ich denke und handle aus diesem Sinn heraus.
3. Statement:Ich achte darauf, das Betriebsklima positiv mitzugestalten.
4. Statement:Ich kenne die größte Stärke von jedem meiner direkten Mitarbeiter (bis maximal 30 MA bzw. der Direct Reports).
5. Statement:Ich lobe wesentlich öfter, als ich kritisiere.
6. Statement:Ich habe keine Lieblinge, die ich bevorzugt behandle.
7. Statement:Ich bemühe mich, alle Informationen über Unternehmen und Abteilung rasch weiterzugeben und damit ‚Wissensgefälle' zu vermeiden.
8. Statement:Meine Mitarbeiter wissen genau, ‚was sie tun' und wie ich das finde: Ich gebe mindestens einmal im Monat Feedback.
9. Statement:Die Meinung meiner Mitarbeiter ist mir wichtig.
10. Statement:Ich beobachte meine Mitarbeiter wohlwollend.

Gedankenangebot 1
Sinn entsteht durch den Menschen, der ein Ereignis, einen Sachverhalt zur Kenntnis nimmt und diesem dann eine bestimmte Be-Deutung gibt, die auf den dahinterliegenden Zweck ausgerichtet ist. Jeder von uns hat sich schon einmal die Frage gestellt, welchen Sinn sein Leben, welchen Sinn das alles hier eigentlich hat, und nach Antworten darauf gesucht.

Religionen bieten dann den Verweis auf etwas Göttliches an, eine äußere Instanz, oder auch ein göttliches Gebot, durch das der Sinn auf die Weise vorgegeben sei, dass eine Orientierung an diesem Gebot die Bestimmung des Menschen ausmache und damit den Sinn seiner Existenz begründe. Ein gottgewolltes und auf Gott ausgerichtetes Leben zu führen, das sei der Sinn. Wobei dies natürlich die große Schwierigkeit der Interpretation dieses Willens nicht wirklich auflöst. Warum sonst gäbe es so viele unterschiedliche Religionen und theologische Auslegungen des göttlichen Willens? Offenbar steht dieser nicht von vorneherein fest.

Also bringt auch dieser Verweis auf etwas Äußeres keine Sicherheit über den Sinn, denn der entsteht erst aus der Art und Weise des Bezugs zwischen dem Individuum und der Welt da draußen.

Der moderne Mensch sieht sich nicht zuletzt dadurch gefordert, ein selbstbestimmtes, autonomes Leben zu führen und sich einen Lebensweg zu wählen, den er als sinnvoll erachtet. Sinnvoll erscheint vielen ein Leben dann, wenn es einer idealen Wertvorstellung möglichst weitgehend entspricht. Andere versuchen wiederum, diesen Sinn ganz individuell, aus sich heraus zu gestalten.

Daher ist es sicherlich wichtig, zunächst einmal zu klären, was Sie persönlich denn unter ,Sinn' verstehen wollen. Und zwar im Kontext der Frage: „Welchen Sinn hat die Arbeit, die ich hier als Führungskraft tue?" Am Ende wird man natürlich das Sinnhafte der Arbeit und das Sinnhafte des Lebens nicht trennen können. Beides kommt sicherlich aus derselben Quelle, nämlichen aus den eigenen Werthaltungen.

Gedankenangebot 2

Wichtig scheint im Umfeld der Sinnfrage auch zu sein, dass es hier nicht um eine logische Schlussfolgerung, eine Ableitung gehen kann, mit der man den Sinn der Arbeit gewissermaßen in einem mathematischen Verfahren erschließt.

Wichtig scheint auch, das geht aus vielen Umfragen hervor, dass der Sinn der Arbeit für die meisten Menschen nicht im Geldverdienen liegt. Wie ist Ihre Haltung dazu?

Natürlich erhält jeder für seine Arbeit Geld. Der eine mehr, der andere weniger. Hätte der Sinn der Arbeit aber etwas mit der Entlohnung zu tun, dann hätte die Arbeit des Vielverdieners viel mehr Sinn als die des Wenigverdieners. Glauben Sie, dass das so ist? Ist die Arbeit eines Vorstandsvorsitzenden sinnvoller als die einer Krankenschwester? Eine Quantifizierbarkeit des Sinns aus der Entlohnungshöhe scheint uns hier also kaum weiterzubringen und so erscheint Sinn primär als etwas Qualitatives. Sinn bringt vielleicht mehr eine Lebensqualität?

Stellen Sie sich die Kassiererin an einer Supermarktkasse vor. Die eine macht diese Arbeit gelangweilt und erkennt darin nichts von Wert für sich, außer vielleicht den, dass sie einer geregelten Arbeit nachgeht und ein geregeltes Gehalt am Monatsende dafür bekommt. Die andere sieht es anders. Sie betrachtet ihre Arbeit z. B. als wichtige Bindegliedfunktion zwischen dem Supermarkt und seinen Kunden. Die persönliche Ansprache der Kunden, vielleicht gerade älterer Menschen, erzeugt für sie und für diese Kunden eine Beziehung. Das wirkt sich auf alle Beteiligten positiv aus, sogar auf die Wirtschaftlichkeit des Supermarktes.

Gedankenangebot 3
Wissenschaftler der Universität Innsbruck haben vier Kernaspekte herausgearbeitet, aus denen Sinnerfüllung entstehen kann. Diese sind: Kohärenz, Zielorientierung, Bedeutsamkeit und Zugehörigkeit. Diese vier Prinzipien tragen dazu bei, dass sowohl das eigene Leben als auch die eigene Arbeit als sinnvoll wahrgenommen werden:

1. Durch die Übereinstimmung der eigenen Person mit der Rolle, die einem durch die Arbeitstätigkeit zugeschrieben wird, kommt Kohärenz zustande. Eine Tätigkeit im Unternehmen sollte im Idealfall zu der eigenen Persönlichkeit, Zielen und Lebensaufgaben passen.
2. Für die Zielorientierung sind Werte und Normen des Unternehmens ausschlaggebend. Jedes Unternehmen handelt nach bestimmten Werten, die durch die Unternehmensführung vermittelt werden. Wenn ein leitender Manager nicht vertrauenswürdig und integer handelt, kann das zu einem Mangel an Sinnerleben bei den Mitarbeitern führen.
3. Bedeutsamkeit bezieht sich auf die Konsequenzen, die eigene Arbeitshandlungen haben. Hat meine Tätigkeit einen positiven Einfluss auf andere Menschen? Kann ich etwas zur Organisation, für die Gesellschaft oder zum Weltgeschehen beitragen? Erlebte Bedeutsamkeit geht einher mit Gefühlen von Autonomie und Kompetenz und schlägt sich positiv auf das Sinnerleben im Beruf nieder.
4. Wenn ein Unternehmen dazu beiträgt, dass sich Mitarbeiter als Teil einer kollegialen Gemeinschaft fühlen, erwächst daraus ein Gefühl der Verbundenheit und Zugehörigkeit. Dieses trägt dazu bei, dass die Bindung an die Organisation wächst und die Arbeit als sinnvoll wahrgenommen wird.

Was bedeutet das nun für Arbeitgeber und Arbeitnehmer? Was bedeutet es für den gemeinsamen Erfolg in der Arbeit?
Sinn erscheint eher als eine sehr flüchtige Substanz, denn als etwas Solides, das, einmal geschaffen, von hoher Dauerhaftigkeit wäre. Er ist wohl auch von vielen Faktoren, äußeren wie inneren, abhängig. Sinn im Beruf kann von der Seite der Unternehmensführung her weder eingefordert noch implementiert werden. Allerdings kann das Sinnerleben seitens der Organisation und der Führung für die Mitarbeiter erleichtert und gefördert werden:

- Arbeitende Personen sollten eine Tätigkeit ausführen, die zu ihnen passt, da Sinnerleben immer auch von dieser Passung abhängt. Diese kann durch eine *sorgfältige Personalauswahl und -platzierung* hergestellt werden. Um eine möglichst große Übereinstimmung zwischen persönlichen Anliegen und Arbeitsaufgaben herstellen zu können, sollten Mitarbeiter die Möglichkeit haben, zwischen verschiedenen Aufgaben im Unternehmen *wählen* zu können.
- Zudem sollten Arbeitgeber sich darum bemühen, ihren Beschäftigten eine Position zu bieten, in der diese relativ *selbstbestimmt arbeiten und kreativ mitgestalten* können; damit steigt das Sinnerleben im Beruf und damit das Arbeitsengagement.
- Im Kreise der Kollegen ist es wünschenswert, füreinander einzustehen: Eine Abkehr vom Konkurrenzdenken hin zu *Kollegialität* steigert das Sinngefühl des Einzelnen. Das *Zugehörigkeitsgefühl* der Mitarbeiter wird dadurch deutlich gestärkt. Für die leitenden Manager hat dies zur Folge, dass sie sich um Arbeits- und Unternehmensstrukturen bemühen müssen, die auf innerbetriebliche Solidarität abzielen. Die Idee, dass ‚Konkurrenz das Geschäft belebe‘, stimmt in diesem Zusammenhang nicht; sie ist kontraproduktiv.
- Eine Unternehmenskultur, in der auf *Mitbestimmung* bzw. *Mitsprache* der Mitarbeiter Wert gelegt wird, bringt ein subjektives Sinngefühl mit sich und drückt sich auch in stärkerem Engagement der Mitarbeiter aus. Transparenz, Kommunikation und Einblicke in das Geschehen und seine Gründe wirken sich positiv auf die erlebte Bedeutsamkeit der eigenen Arbeitsaufgabe aus.
- Im Unternehmen sollte eine *offene Diskussion* über Fragen bezüglich *Verantwortlichkeit und Nachhaltigkeit* geführt werden. Eine Orientierung hin zu größeren Zielen, die über Einzelne und über das Unternehmen hinausgehen, ist förderlich. Einzelne Mitarbeiter sollten in solche Verantwortlichkeiten einbezogen werden. Aus dieser Verantwortung heraus sollten den Mitarbeitern dann nicht nur Pflichten entstehen, sie sollten ihnen auch Nutzen bringen, z. B. über Gewinnbeteiligungen. So kann das Engagement der Mitarbeiter langfristig gesteigert werden.

Wahrscheinlich weiß das jeder aus eigener Erfahrung: Sinnerfüllung im beruflichen Alltag ist einer der wichtigsten Bausteine für Engagement am Arbeitsplatz. Der **Bedeutsamkeit der Arbeitsaufgabe** kommt dabei wohl der größte Stellenwert zu: Eine Tätigkeit wird dann als besonders sinnvoll erlebt, wenn sie positive Auswirkungen hat. Etwas zu schaffen, das für die Gesellschaft, die Umwelt oder andere Personen von Wert ist, wird als Sinnerfüllung erlebt. Diese Sinnerfüllung ist dabei kein bloßer Selbstzweck: Die Arbeit als solche wird positiver erlebt und letztlich auch produktiver ausgeführt.[2]

Gedankenangebot 4
Eine bestimmte Arbeit zu tun, wird von vielen als erfüllend betrachtet. Dabei kann man keines der bislang genannten Kriterien auch nur einer einzigen bestimmten Arbeit zuordnen. Der eine findet hier seine Erfüllung und den Sinn, der andere dort.

Vielfach wird auch ‚Selbstverwirklichung', gerade in künstlerischen Berufen, als besonders sinnhaltig eingestuft. Aber warum sollte es sinnvoller sein, mich zu verwirklichen, als anderen beispielsweise in ihrer Not zu helfen?

Es stellt sich also die Frage, ob es neben den genannten Kriterien noch andere Möglichkeiten gibt, Sinnhaftigkeit zu erschließen. Vielleicht geht es bei der Sinnerfahrung um etwas viel Prinzipielleres. Um Sinn zu erfahren, braucht es weder die eine, spezielle Arbeit, noch die eine, spezielle Position. Sinnerfahrung spielt sich offenbar in einem ganz anderen Bereich ab.

13.4 Coachingfrage zum Thema „Sinn"

Welchen Sinn hat eigentlich meine Arbeit? Mit welchen sinnhaften Erfahrungen kann ich meine Werthaltungen und meine Arbeit miteinander verbinden? Coachingtool 1

Hier ein kleiner Fragebogen, der Ihnen hilft, Ihre Situation in Bezug auf den Sinn Ihrer Arbeit besser bewerten zu können.

Für Sie selbst

1. Führen Sie eine Arbeit aus, die zu Ihnen passt? Erkennen Sie darin persönliche Werthaltungen wieder, die Sie durch Ihre Arbeit auch verwirklichen? Wie lauten diese Werte? Wo in Ihrer Arbeit sehen Sie deren Verwirklichung?
2. Können Sie einigermaßen selbstbestimmt arbeiten und die Arbeit als solche kreativ mitgestalten?
3. Arbeiten Sie eher in einem von internem Konkurrenzdruck geprägten Umfeld oder in einem, in dem das kooperative Element stärker ist?

---

[2] Nach: „Sinn im Beruf", Beitrag erstellt am 25. September 2013.
Wann wird ein Beruf als sinnvoll erlebt? Wissenschaftler der Universität Innsbruck (http://www.sinnforschung.org/gesellschaftsrelevant/sinn-im-beruf-2).

4. Ist Ihre Unternehmenskultur eher durch ‚einsame Entscheidungen Einzelner'
   oder durch Mitbestimmung bzw. Mitsprache der Mitarbeiter geprägt?
5. Wird in Ihrem Unternehmen offen über Fragen bezüglich Verantwortlichkeit
   und Nachhaltigkeit gesprochen? An welchen höheren Zielen, die über Einzelne
   und das Unternehmen hinausgehen, orientiert sich die Organisation?

Für Sie als Führungskraft

1. Haben Sie den Eindruck, Ihre Mitarbeiter handeln aus einem Sinnverständnis
   ihrer Arbeit heraus?
2. Gestatten Sie Ihren Mitarbeitern Selbstständigkeit? Wenn nein, was hindert Sie
   daran?
3. Lassen Sie in Ihrem Umfeld Konkurrenz zu oder leiten Sie eher zu kooperati-
   vem Verhalten an? Wenn ja, wie machen Sie das?
4. Sind Ihre Mitarbeiter an bestimmten Unternehmens-/Abteilungsentscheidungen
   beteiligt?
5. Wie viel Raum für verantwortliche und nachhaltige Fragestellungen geben Sie?

Coachingtool 2
2. Methodenangebot: Entdecken Sie die Prinzipien, die für Sie einen Wert haben. Diese Prinzipien sind bei der Sinnhaftigkeit der Arbeit ebenfalls wirksam.

a. Nehmen Sie sich 15 min Zeit. Setzen Sie sich an einen ruhigen Platz. Sorgen
   Sie dafür, dass Sie in diesen 15 min wirklich ungestört und konzentriert sein
   können.
b. Ein Block und ein Stift liegen neben Ihnen.
c. Denken Sie nun an drei Personen, die Sie wirklich bewundern, deren Leben und
   deren Wirken Sie sehr schätzen. Dies können historische Personen oder fiktio-
   nale sein.
d. Schreiben Sie die Namen dieser Personen auf.
e. Und nun schreiben Sie die Qualitäten dieser Personen neben deren Namen.
   Schreiben Sie nur Substantive auf. Pro Person mindestens drei (Beispiele: Klarheit, Hilfsbereitschaft, Verbundenheit etc.).

Bitte lesen Sie den folgenden Abschnitt erst, nachdem Sie diese Methode angewandt haben.
   Nach dem Gesetz der Resonanz[3] erkennen Sie die Qualitäten dieser Personen
deshalb, weil diese Qualitäten selbst in Ihnen vorhanden sind. Sinn und Verwirk-

---

[3] Als ‚Gesetz der Resonanz' wird die Annahme bezeichnet, dass Gleiches Gleiches anzieht.

lichung Ihres Wesens haben stark mit der konkreten Ausprägung dieser Prinzipien in Ihrem Leben bzw. in Ihrem Arbeitsumfeld zu tun. Diese Prinzipien nennen wir in unserer Arbeit auch ‚Bestimmungsprinzipien‘.
Machen Sie sich am besten ein paar Notizen zu den folgenden Fragen:

1. Wo finden Sie diese Prinzipien in Ihrem Arbeitsumfeld? Wo erleben Sie deren Wirksamkeit?
2. Die Wirksamkeit dieser Prinzipien ist immer relational. Das heißt, ihre Wirksamkeit wird in den Beziehungen zu anderen Menschen sichtbar. Wie können Sie für sich und die anderen (Ihre Mitarbeiter) diese Prinzipien noch sichtbarer, noch deutlicher wahrnehmbar machen?

13.5 Nachhaltige Entwicklung dieses Themas „Sinn"

Wie kann ich den Sinn meiner Arbeit kultivieren und mein Umfeld ebenfalls in diesem Sinne stärken?
Die Frage nach dem Sinn der Arbeit zu stellen, kann eine schöne und lohnenswerte Aufgabe für Sie und Ihr Team sein. Es soll dabei aber zunächst nicht um die Erarbeitung einer Vision des Unternehmens oder für Ihre Abteilung gehen. Die Vision hat zwar etwas mit Sinn zu tun, das ist hier jedoch nicht gemeint.
Entwickeln Sie diese Frage in einem einfachen Workshop. Die Leitfrage dafür könnte lauten: ‚Welchen Sinn hat unsere Arbeit?‘
Sie können dann diese Frage in unterschiedliche Dimensionen hinein stellen: Der Sinn für mich? Der Sinn für die Abteilung? Der Sinn für das Unternehmen? Der Sinn für die Gemeinde, in der unser Unternehmen angesiedelt ist? Der Sinn für das ganze Land? Für die Welt?
Wichtig ist zunächst einmal, dass ein Diskurs über die Sinnhaftigkeit der Arbeit und über die vielleicht am Anfang recht unterschiedlichen Auffassungen dazu entsteht. Wichtig ist auch, dass dies ein ‚öffentlicher‘ Diskurs ist, der alle Beteiligten aus der Isolation der Privatheit holt; dadurch entsteht zwangsläufig mehr Sinn für alle.
Die Prinzipien, die Sie im zweiten Methodenangebot gefunden haben, sind ohnehin mit Ihnen verbunden. Kultivieren Sie diese in Ihrem Alltag. Haben Sie z. B. das Prinzip ‚Verbundenheit‘ gefunden, so können Sie sich darüber Gedanken machen, wie Sie verantwortliche Verbindungen zwischen Menschen in Ihrer Abteilung herstellen können, z. B. indem Sie Kooperation unterstützen, während sie konkurrierende Beziehungen nicht unterstützen.

Komplexität, Dynamik und Unsicherheit: Die Konstanten des managerialen Alltags

14

Dagmar Woyde-Koehler, zum Zeitpunkt des Interviews Geschäftsführerin von new&able

Inhaltsverzeichnis

Zusammenfassung

In diesem Kapitel erfahren Sie etwas darüber, wie Sie unter den schwierigen Rahmenbedingungen von zunehmender Komplexität und hoher Dynamik in Ihrem Umfeld noch sicher navigieren können. Denn Führung muss in Zeiten, in denen die Komplexität und die Dynamik innerhalb und außerhalb jeder Organisation stark zugenommen haben, anders sein als noch vor 10, 20 Jahren. Das hat vor allem etwas damit zu tun, dass, bedingt durch die beiden genannten Faktoren, ein dritter entstanden ist bzw. stark zugenommen hat: die Ungewissheit. Während früher die Wirkzusammenhänge einzelner Entscheidungen, die ein Unternehmen, ein Manager traf, und deren Auswirkungen noch relativ klar und überschaubar waren, ist dies heute in multinational und global agierenden Unternehmen kaum noch der Fall. Führungsarbeit bedeutet also zwangsläufig auch: einen Umgang mit Unsicherheit zu finden.

© Springer Fachmedien Wiesbaden 2015
B. Kaschek, I. Schumacher, *Führungspersönlichkeiten und ihre Erfolgsgeheimnisse*,
DOI 10.1007/978-3-658-04434-3_14

14.1 Vita

Dagmar Woyde-Koehler ist heute Gründerin und geschäftsführende Gesellschafterin der „new&able Management- und Organisationsberatung".

Zuvor war sie seit 1997 in verschiedenen Top-Managementpositionen der EnBW AG tätig: Personalleiterin, Leiterin Einkauf und Logistik, Mitbegründerin und langjährige Geschäftsführerin der EnBW-Akademie, Gesellschaft für Personal-, Management- und Organisationsentwicklung GmbH.

2004 gründete sie das internationale Projekt OUBEY MINDKISS, in dem sich Kunst, Wissenschaft und Philosophie grenzüberschreitend miteinander verbinden.

Seit 2013 wirkt Dagmar Woyde-Koehler im „Forum Gute Führung" mit, einer Initiative des Bundesministeriums für Arbeit und Soziales.

Sie ist Mitglied des New Club of Paris, der Wertekommission sowie des European Leonardo Award Council. 2008 erhielt sie den renommierten Chief Learning Officer Award. Sie ist Absolventin der Führungsakademie des Landes Baden-Württemberg. Dagmar Woyde-Koehler studierte Pädagogik, Germanistik, Geschichte und Philosophie.

14.2 Interview

B. Kaschek:

Frau Woyde-Koehler, wir leben in schwierigen Zeiten, was die wirtschaftliche Situation, was die Situation vieler Organisationen angeht. Es herrscht politischer Umbruch, es herrscht gesellschaftlicher Umbruch bei vielen Themen, und im Jargon der Wirtschaftswissenschaftler spricht man ja gerne davon, dass die Dynamik in dieser Zeit und die Komplexität enorm zugenommen hät-

ten, dass das eigentlich kaum mehr managebar sei. **Daher meine erste Frage an Sie: Wenn man aber trotzdem irgendwie das Ganze managen muss in einer Organisation, steht man da nicht eigentlich vor einer kaum zu bewältigenden Herausforderung? Sind das Herausforderungen, die Sie auch so erlebt haben, Dynamik, Komplexität?**

D. Woyde-Koehler:

Auf jeden Fall. Und eigentlich schon seit einigen Jahren. Aber nicht in dem Ausmaß wie in den letzten zwei Jahren. Gerade die Energiebranche, in der ich ja tätig war, ist einem Umbruch ausgesetzt, der als solcher eigentlich schon die übliche Komplexität und Dynamik übersteigt, verbunden mit einem außergewöhnlich hohen Maß an Unsicherheit.

Ich glaube, dass das einen großen Unterschied darstellt im Vergleich zu früheren Zeiten, wo Manager ziemlich genau zu wissen glaubten, aber vielleicht nicht wirklich wussten, was zu tun ist. Decision-Making, Entscheidungsfindung, das konnte man lernen. Und es war eine relativ geradlinige, für manche sogar lineare Geschichte. Aber der Komplexität kommst du mit Linearität nicht bei. Da musst du wirklich selbst erst mal verstehen, was überhaupt Komplexität ist, und dir dann überlegen, wie du in ihr am besten agierst. Denn wirklich beherrschen lässt sie sich nicht. Das ist ja das Wesen der Komplexität, dass du sie nicht wirklich beherrschen kannst. Du kannst nur versuchen, dich gut oder intelligent in ihr zu bewegen, ihre Dynamik für dich zu nutzen. Das ist vielen aber noch nicht so klar, scheint mir.

Und wenn man sich mal anschaut, was da alles ausgelöst wurde, ein riesiges Feld von Entscheidungen, die getroffen werden müssen, obwohl man keine ausreichenden Informationen hat und auch die Übersicht nicht hat über die Wechselwirkungen zwischen bestimmten Faktoren. Das ist schon eine riesige Herausforderung.

Wenn ich beispielsweise an den heutigen Vorstand der EnBW denke, nach Fukushima, nach der Abschaltung von Kernkraftwerken. Im Grunde können heute selbst abgeschriebene Kraftwerke kein Geld mehr verdienen. Die anderen sind abgeschaltet worden, die Einnahmen bleiben aus, womit willst du nun dein Geld verdienen? Und die Gesellschaft braucht aber zugleich Energie und Strom. Da musst du dich selbst neu erfinden.

Und dann auch die regenerativen Energien; ein ganz neuer Markt … Da ist so vieles gleichzeitig gefordert, und es gibt mit Sicherheit momentan keine fertige Lösung. Niemand weiß, wie es geht.

B. Kaschek:

Wenn Sie an Ihre Arbeit heute denken oder auch an Ihre frühere Tätigkeit bei der EnBW oder vorherige berufliche Stationen: Gibt es da eine zentrale Frage in Ihrem Dasein als Managerin, als Leiterin, die Sie immer irgendwie begleitet hat und bewegt hat bei der Führungsarbeit?

D. Woyde-Koehler:

Ja, ich glaube schon. Es sind letztlich viele einzelne Fragen, die einen bewegen, aber eine zieht sich für mich doch sehr stark durch, nämlich: Wie führt man gut? Oder besser: Wie sollte man führen, wenn man das Potenzial der Menschen in der Organisation optimal zur Entfaltung bringen will? Ich nenne es das Potenzial der kollektiven Intelligenz. Wie kommt man da heran? Das ist eigentlich, finde ich, die zentrale Frage. Und auch, wie organisiert man Arbeit? Wie organisiert man Zusammenarbeit zwischen Menschen so, dass jeder einerseits wirklich Top-Leistung bringt und sich andererseits auch gut fühlt? Dass jeder sein ganzes Wissen einbringt und zur Verfügung stellt, es mit anderen teilt. Das ist ein freiwilliger Akt. Wissen teilen und seine Kenntnisse einbringen, ist ein freiwilliger Akt. Das kannst du nicht erzwingen, sondern nur durch das Arrangieren eines guten Arbeitsumfelds bewirken.

B. Kaschek:

Gibt es dabei Elemente, wo Sie sagen würden: „Das gehört für mich unbedingt zu einem guten Arbeitsumfeld dazu! Das muss ein Manager leisten, damit kollektive Intelligenz sich entfalten kann!"

D. Woyde-Koehler:

Ja klar, natürlich! Also, ich glaube, es beginnt ein Stück weit bei der Auswahl der Personen. Dass du für die richtigen Aufgaben auch wirklich die richtigen Menschen aussuchst. Personalentwicklung ist wichtig und Führung ist auch wichtig, aber wenn die falschen Menschen mit den falschen Aufgaben betraut sind oder vielleicht auch im falschen Team sitzen, kannst du mit Personalentwicklung und Führung auch nicht sehr viel ausrichten. Darauf ist einfach große Sorgfalt zu verwenden. Man muss schauen, wer mit wem zusammenarbeiten kann und wem man welche Aufgabe anvertraut.

Und da sind wir schon beim Stichwort ‚Vertrauen'. Ich glaube, es ist wichtig – damit sich kollektive Intelligenz entfalten kann -, dass ein Grundvertrauen da ist in die Fähigkeiten und Kompetenzen und auch in die Bereitschaft, in den Willen, in die Lust der Menschen, ihr Bestes zu geben. Das sind, glaube ich, sehr wichtige Faktoren.

Wenn man sich mit Komplexität befasst, dann gibt es ja dieses Zauberwort von der Selbstorganisation. Wobei ich sagen muss, ich glaube jetzt nicht so sehr daran, dass große Organisationen nach dem Prinzip der Selbstorganisation geführt werden können. Aber man kann durch Freiräume, Erlaubnisräume, durch Vertrauen, durch Abgabe von Entscheidungskompetenz durchaus ein Stück weit Selbstorganisation möglich machen, auch in einer großen Organisation. Das wären jedenfalls einige Anhaltspunkte dafür.

B. Kaschek:
Manche Manager haben bestimmte Vorbilder, Personen, die sie beeinflusst
haben. Das können jetzt bekannte oder unbekannte Menschen sein, ganz egal,
die auf irgendeine Weise beim Führungsthema eine besonders wichtige Rolle
gespielt haben im eigenen Werdegang/Leben. Haben Sie solche Menschen, die
Sie da beeinflusst haben?

D. Woyde-Koehler:
Also, eigentlich nicht so sehr im Arbeitsumfeld, in dem Sinne: Das ist für mich
ein Modell, ein Beispiel dafür, wie ich es auch gerne machen möchte. Wenn, dann
waren es manchmal eher negative Modelle: „So mache ich es auf keinen Fall,
wenn ich mal soweit bin."

Aber beispielsweise meine Eltern haben eine sehr wichtige Rolle gespielt. Ich
habe zwar nicht direkt miterleben können, wie sie in ihrem beruflichen Umfeld
agiert haben, und sie waren ja auch keine Manager in Top-Position, aber sie haben
Positionen gehabt, in denen sie viel Einfluss auf andere Menschen hatten. Mein
Vater war Werkmeister im Flugzeugbau. Er hat bei Heinkel gearbeitet und hatte als
Meister auch ein Team, das er geführt hat. Und ich weiß, dass seine Teamkollegen
ihn wirklich sehr, sehr geschätzt haben. Für seine Fachkompetenz, für seine Art,
das Team zu führen, und für seine Menschlichkeit. Er hat sich gut um sie geküm-
mert, auch persönlich. Das ist mir aus meiner Kindheit und Jugend noch gut in Er-
innerung. Das Leben war immer eins. Es war nie streng getrennt in das persönliche
Leben und das Arbeitsleben.

Meine Mutter war Lehrerin, Grundschullehrerin, und das ist ja auch eine Art
von Führungsarbeit. Nur weil es Kinder sind, ist es nicht unbedingt einfacher als
mit Erwachsenen. Ich glaube, sie war wirklich eine ausgezeichnete Pädagogin und
das hat mich vielleicht auch so „nebenbei" ein bisschen mitentwickelt beim Groß-
werden.

B. Kaschek:
Das ist auch eine interessante Frage. Glauben Sie, dass sich der Einfluss
der Eltern heute verändert hat? Wenn ich so an junge Manager denke, die ja
in einer ganz anderen Zeit und Kultur aufwachsen, gerade in großen Strecken
ihrer Biografie oftmals Einzelkinder sind, jedenfalls wenn sie als Ursprungs-
familie eine deutsche haben. Glauben Sie, da hat sich etwas verändert an der
Sozialisierung? Nehmen Sie so etwas wahr im Vergleich zu früher, zu unserer
Generation zum Beispiel? Und wenn ja, wie würden Sie diesen Unterschied
bewerten oder beschreiben?

D. Woyde-Koehler:
Wenn man mal so den Durchschnittswert annimmt, dann würde ich schon sagen, das soziale Umfeld der Familie hat sich deutlich geändert. Einerseits durch die

gewachsene Berufstätigkeit der Frauen und beispielsweise auch durch die wachsende Zahl geschiedener Ehen. Das war früher eher selten. Dass zwei Eheleute sich scheiden ließen, war, als ich groß wurde, eine absolute Rarität.

Aber vor allem auch die Außeneinflüsse durch Medien und Internet, die Fülle an Informationen, mit denen bereits Achtjährige durchs Leben gehen. Die Orientierung an Modellen von Ruhm und Reichtum, Individualismus. Aber es gibt bei den 20- bis 30-Jährigen inzwischen auch eine erkennbare Gegenbewegung hin zu wesentlichen Fragen des Wozu und Warum.

B. Kaschek:

Würden Sie aus der veränderten Sozialisation zum Beispiel ableiten, dass ein Manager heute mehr an sich arbeiten muss, um bestimmte Führungsaufgaben wahrzunehmen?

D. Woyde-Koehler:

Ja, das kann ich mir schon vorstellen. Also, ich glaube zumindest, dass es nicht einfacher geworden ist, groß zu werden und seinen Platz, seine Position zu finden. In der Familie vielleicht noch eher. Aber in der Gesellschaft ist es zur Zeit nicht so einfach, und da erfordert es dann eigentlich fast zwangsläufig, auch von jüngeren Menschen, eine andere Form der Auseinandersetzung mit der eigenen Entwicklung. Und das könnte sich auch später auswirken auf das Verhalten in der Führungsaufgabe.

B. Kaschek:

Wenn Sie an Ihre Führungsarbeit denken, welche sind dann diejenigen Dinge, die Sie motivieren? Und welche Dinge demotivieren Sie?

D. Woyde-Koehler:

Also, ich habe schon bestimmte Vorstellungen davon, wie ich gerne arbeiten möchte. Und wenn ich merken würde, dass die Art, wie ich gerne arbeiten möchte, nämlich selbstbestimmt und kreativ, manchmal vielleicht auch ein bisschen experimentell, und auf jeden Fall immer wirtschaftlich erfolgreich, dass diese Art auf keine positive Resonanz trifft, dann würde ich mich fragen: „Was mache ich falsch?" Das wäre auf jeden Fall mal die erste Frage, die ich mir stellen würde. Bis hin dann zu der Frage: „Habe ich vielleicht die falschen Leute im Team?" Oder: „Bin ich in der falschen Firma?" Und wenn ich dann merken würde, ich kann das nicht ändern, da wo ich gerade bin, dann würde ich gehen und was anderes suchen. Es passt eben nicht immer alles zusammen. Und wenn man sich kritisch prüft und feststellt, dass es nicht wirklich an einem selbst liegt, dann liegt es vielleicht am Umfeld, dann ist man einfach in der falschen Firma. Und sollte sich dorthin verändern, wo man gut und gerne arbeitet, motiviert sein Bestes gibt.

Ich glaube, dass es doch eine Reihe von Leuten gibt, auch Manager, die vielleicht spüren, dass irgendwas nicht passt, aber eben nicht gehen. Sie ziehen nicht die Konsequenz, sondern bleiben. Dafür kann es gute Gründe geben, aber ob es wirklich gut ist, bezweifle ich. Dadurch entstehen Konstellationen in Unternehmen, auch über lange Zeiten hinweg, die genau das Gegenteil dessen bewirken, was ich am Anfang beschrieben habe. Keine Entfaltung der Potenziale, im Gegenteil. Die Potenziale verstecken sich immer mehr, werden immer mehr verschüttet, statt dass sie geöffnet werden und aufblühen.

Man sollte sich also immer wieder auch mal fragen: „Will ich das wirklich machen, was ich hier tue?" Man sollte nicht aus Gewohnheit oder aus Bequemlichkeit oder welchen Gründen auch immer einfach irgendwo hängen bleiben. Sonst tut man am Ende nichts mehr mit Begeisterung.

B. Kaschek:

Das ist ein gutes Stichwort! Begeisterung. Leidenschaft. Wenn Sie an Ihre Managementaufgaben denken, an Ihre Führungsaufgaben, gibt es da bestimmte Aufgaben, wo sie sagen: „Da ist meine ganze Leidenschaft drin, das macht mir richtig Spaß an dem ganzen Umfeld, dabei, wie Management gemacht werden muss, wie Führungsarbeit gemacht werden muss."? Gibt es ein, zwei, drei Dinge, die Sie für sich nennen würden?

D. Woyde-Koehler:

Ja, vielleicht schon. Aber wenn ich mir das über die Jahre und Jahrzehnte meiner Berufstätigkeit so im Rückblick ansehe, dann ist das ein unglaublich breites Feld. Ich will damit sagen: Ich kann mich eigentlich für sehr viel begeistern. Deswegen fällt es mir schwer, hier ein oder zwei Dinge hervorzuheben.

Aber es gibt spezielle Erfahrungen, die ich durchaus hin und wieder gemacht habe. Auf der einen Seite war es für mich immer so, dass ich sehr gerne in großen Organisation gearbeitet habe. In einem sozialen Verbund, in dem ich mein Wirkungsfeld finden kann.

Auf der anderen Seite habe ich immer wieder mal erlebt, dass die große Organisation auch ein Korsett ist, das dich einschnüren kann, das dich ein Stück weit auch begrenzt. Wenn man mal die Geschichte der EnBW-Akademie nimmt … Irgendwann wurde entschieden: Ja, der Konzern will eine Akademie… Ich war ja dann auch an der Konzeption und am Aufbau beteiligt … Zu dieser Zeit gab es sehr viel Freiraum, sehr viel Aufbauarbeit. Dann kam diese Akademie an einen Punkt des Wachstums, an dem ich sagte: „Jetzt gehen wir den nächsten Schritt." Das war dann aber nicht mehr so möglich, wie ich es mir vorgestellt hatte. Die Kulturmuster des Konzerns ließen diesen Schritt nicht wirklich zu. Diese Blockade spiegelte zurück in „meine eigene" Organisation, und da habe ich zum Beispiel die Grenzen des Machbaren gespürt. Das war nicht dramatisch, nicht tragisch, aber das war schon etwas, wo ich gemerkt habe, dass ich da – unfreiwilligerweise –, durch die Größe der Gesamtorganisation und durch die Macht, die eine gewisse

Kultur oder auch Beharrungskräfte in der Kultur des Unternehmens haben, diese Einschränkung spüre. Dass du nicht das bewirken kannst, im Großen, was du gerne bewirken möchtest, und noch nicht einmal wirklich im Kleinen. Denn das Kleine ist ein Teil des großen Systems. Das war zwar frustrierend, aber vielleicht auch eine notwendige Erfahrung, nicht zuletzt deshalb, weil sie mich nicht entmutigt hat, sondern mir gezeigt hat, wo meine Grenzen sind, was geht und was nicht geht.

B. Kaschek:
Eine andere Frage ist hier auch die Genderthematik. Ist das in Ihrer persönlichen Erfahrung einmal aufgetaucht? Gab es einmal Situationen, wo Sie dachten: „Jetzt habe ich die oder jene Schwierigkeiten, weil ich eine Frau bin, da werden mir Steine mir in den Weg gelegt."? Oder auch umgekehrt, dass Ihnen Dinge erleichtert wurden?

D. Woyde-Koehler:
Das ist schwer zu beantworten. Denn das sind oft Dinge, die nicht explizit erlebbar sind, sondern manchmal eher unterschwellig oder implizit ablaufen. Die Frage, ob irgendetwas, das geschieht, daran liegt, dass ich eine Frau bin, wäre eine Frage, die ich mir immer erst ganz, ganz spät stellen würde und nicht am Anfang.

Ich hatte eigentlich oft eher das Gefühl, dass es durchaus auch von Vorteil sein kann, eine Frau zu sein, vor allem in einem männlich geprägten Umfeld. Also, das ist nicht nur nachteilig. Man begegnet dir schon mit Respekt und… du wirst auch oft unterschätzt. Das ist ein unglaublicher Vorteil, wenn du von anderen unterschätzt wirst. Das führt dann gelegentlich zu dieser erstaunlichen Überraschung der anderen, wenn man als Frau eine richtig gute Top-Leistung bringt. Das war für mich schon manchmal seltsam, denn für mich war das selbstverständlich, für die männlichen Kollegen wohl eher nicht. Als ich dort anfing, wurde ich ziemlich bestaunt, denn eine weibliche Führungskraft hatte es bis dahin überhaupt noch nie gegeben. Ich war die einzige Frau im Top-Management, als ich anfing, und ich war es leider auch zum Schluss. Der Konzern hat es in den 15 Jahren, die ich dann dort war, nicht geschafft, mehr Frauen im Top-Management zu haben als am Anfang. Das ist etwas, was ich sehr bedaure, aber ich habe es leider im Unternehmen nicht ändern können. In meinem eigenen Verantwortungsbereich habe ich das geändert.

B. Kaschek:
Wenn Sie an Ihre Aufgaben, an das ganze Aufgabenspektrum denken, das Sie hatten, gibt es da zentrale Aufgaben in der Führungsarbeit, die Sie sehen? Aufgaben, die für jede gute Führungskraft gelten könnten?

D. Woyde-Koehler:
Das denke ich auf jeden Fall. Zu den zentralen Aufgaben gehört es, die richtigen Ziele zu finden und festzulegen. Für die Organisation als Ganzes – anspruchsvolle, erreichbare Ziele. Dazu gehören ökonomische, aber auch konzeptionelle, qualitati-

ve und quantitative Ziele. Das ist wichtig, weil man damit den Rahmen bildet, der die Sicherheit fürs gemeinsame Handeln schafft.

Auf dieser Basis kannst du dann auch Verantwortung abgeben. Du kannst dein Team eigenverantwortlich arbeiten lassen. Diese Ziele sollten nicht allein, einsam am Schreibtisch, sondern gemeinsam im Team oder mit Teilen des Teams oder auch mit Teilen des Managementteams erarbeitet und festgelegt werden. Das finde ich sehr wichtig.

Und ich denke, dass es sehr wichtig ist, viel und gut zu kommunizieren. Das wird unterschätzt – immer noch. Zum Beispiel die Notwendigkeit, bestimmte Dinge immer wieder anzusprechen. Die Annahme ist weitverbreitet: Ich hab es doch einmal gesagt oder erklärt, das muss doch jetzt funktionieren. So funktioniert aber weder die menschliche Wahrnehmung noch das Arbeiten in Organisationen – und das wird von vielen sehr unterschätzt. Ich habe den Eindruck, es wird von den männlichen Kollegen noch mehr unterschätzt als von den weiblichen. Ich wäre da zwar vorsichtig, zu generalisieren, aber ich würde doch wagen zu sagen, Frauen kommunizieren, warum auch immer, in solchen Positionen aktiver – und vielleicht auch anders. Sie suchen mehr den Dialog, die Verständigung und führen dadurch eher ein Agreement herbei. Männer neigen manchmal dann doch eher dazu, etwas anzuordnen, zu sagen: So wird es jetzt gemacht. Was natürlich auch manchmal sein muss. Das müssen Frauen auch können. Aber Männer sollten halt auch das andere beherrschen, fähig sein, Menschen zu involvieren in das, was das Management will. Einige machen das ja auch sehr gut. Das geschieht über Kommunikation, über Ziele und die Kommunikation darüber.

Dazu gehört für mich auch, Rückmeldung zu geben. Möglichst zeitnah und konkret, zu Themen, Ereignissen oder Fakten. Zu Dingen, die gut liefen, aber auch zu kritischen Dingen. Zeitnah, präzise, konkret und nicht einmal im Jahr nach dem Motto: ‚Was ich Ihnen schon lange mal sagen wollte oder vor einem halben Jahr hätte sagen sollen.‘ Und dazu gehört es auch, Misserfolge und Erfolge entsprechend zu würdigen.

Wichtig sind auch Freiraum und Kontrolle. Es gibt ja immer wieder solche Pole, die in einem Spannungsfeld zueinander stehen. Das ist mit „Entweder-oder"-Konzepten nicht zu lösen. Du kannst nicht einfach sagen: Ich brauche keinen Freiraum oder ich brauche keine Kontrolle. Du brauchst Freiraum und du brauchst Kontrolle, und ich glaube, mal brauchst du mehr davon und mal brauchst du weniger davon. Das ist nicht immer nur so auf der Mittelschiene zu halten. Wichtig ist dabei zu wissen, wann es mehr davon braucht und wann weniger. Das lernt man nicht am Schreibtisch. Aber wenn man sich dessen bewusst ist und vielleicht auch durch kollegiales Coaching bewusst wird – oder über andere Methodiken –, kann man da schon ein Stück weit Sicherheit gewinnen und lernen, wie man diese Spannungsfelder ausbalanciert.

Das wären die Dinge, die mir spontan einfallen.

B. Kaschek:

Gibt es Dinge, die Sie als Führungskraft lernen mussten, bestimmte Managementkompetenzen? Auch, was Sie jetzt sagten über kommunikative Kompetenz, ist ja nicht jedem in die Wiege gelegt. Dazu werden ja viele Trainings angeboten, weil diese Kompetenz offenbar nicht natürlich zugänglich ist. Also gibt es Dinge, die Sie als Managerin, als Führerin von anderen Menschen lernen mussten? Und wenn ja, wie haben Sie das gemacht? Wie haben Sie sich dieses Wissen besorgt?

D. Woyde-Koehler:

Auf jeden Fall habe ich viel gelernt und musste viel lernen. Ich habe vielleicht den großen Vorteil dabei gehabt, dass ich aufgrund meiner Studienfächer sehr früh angefangen habe Dinge zu lernen, die andere erst anfangen zu lernen, wenn sie bereits in einer Managementposition sind. Das gehörte sozusagen zu meiner Grundausbildung. So gesehen brachte ich schon einiges mit, was andere vielleicht erst mit 30 oder 35 Jahren lernen – oder noch später oder gar nicht.

Ich habe Pädagogik mit Schwerpunkt Psychologie, Germanistik, Geschichte und Philosophie studiert. Also eigentlich lauter Fächer, die man als Manager nicht braucht. Es waren aber eben die Fächer, die mich am meisten interessierten nach der Schule. Wenn ich jetzt zum Beispiel alleine an das Pädagogikstudium denke, auch mit den ganzen Psychologie-Anteilen, da sind so viele Basics drin enthalten, die du in der Führungspsychologie auch findest. Ich habe mich sehr intensiv mit Kommunikations- und Wahrnehmungspsychologie beschäftigt, schon während des Studiums und auch darüber hinaus. Und da gab es dann natürlich auch Gelegenheiten, bestimmte Dinge immer wieder zu üben und zu hinterfragen. So habe ich ein halbes Jahr lang in den USA verbracht. Da habe ich dann den Behaviorismus kennengelernt, den ich vorher sehr kritisch gesehen hatte als abendländisch-kulturell geprägter Mensch mit psychologischem Hintergrund. Und dort habe ich erkannt, „wow", so kann man es ja auch machen: Vom Verhalten zur Haltung zu kommen, das geht auch, und nicht nur anders herum. Und das habe ich dann selbst auch geübt. Ich habe nicht nur Vorträge gehalten, sondern habe auch an Skill-Trainings teilgenommen, auch an Management-Trainings und Assessments. Habe mir das alles genau angeschaut und ausprobiert. Ich muss sagen, da habe ich sehr viel gelernt, was über die rein kognitivistische Perspektive hinausgeht. Habe gute Impulse bekommen, die bis heute nachwirken.

Und es gab und gibt noch ein weiteres Feld, das mich immer sehr interessiert hat. Dahin bin ich über die Lernpsychologie gekommen. Das ist die Kybernetik;

ich habe mich schon früh auch mit vernetzten Systemen und mit Komplexität beschäftigt. Das ist etwas, das sich erst mal nicht unbedingt direkt im Verhalten umsetzen lässt, aber zum Verstehen wichtig ist.

B. Kaschek:
Im Verstehen von Organisationen von Systemen...

D. Woyde-Koehler:
Ja. Frederic Vester war, wenn Sie so wollen, einer meiner geistigen Ziehväter.
Ich habe ihn nie persönlich getroffen, aber seine Bücher sind bis heute noch lesens-
wert. „Denken, Lernen, Vergessen" und „Unsere Welt – ein vernetztes System".
Er kam auf Grundlage der damaligen Hirn- und Lernforschung zur Untersuchung
vernetzter Systeme. Wenn du das kapiert hast, dann bist du schon einen großen
Schritt weiter. Es ist nicht nur im engeren Sinn die Kybernetik, sondern tatsächlich
die Frage: Wie funktionieren komplexe Systeme? Denn bis zu einem gewissen
Grad ist eine Unternehmensorganisation auch ein komplexes System, nicht sehr
komplex, aber doch auch nicht so ohne weiteres steuerbar.

B. Kaschek:
Würden Sie sagen, dass Systemik heutzutage eigentlich dazu gehören muss
oder müsste, um Organisation und Management gut machen zu können?

D. Woyde-Koehler:
Ja!

B. Kaschek:
Dass also wenigstens eine Grundlage da sein muss, damit man in diesem
Sinne gut arbeiten kann?

D. Woyde-Koehler:
Auf jeden Fall. Ich kann mir gar nicht vorstellen, dass man ein guter Manager
ist und davon keine Ahnung hat. Manche sind da vielleicht wirklich ein Naturtalent. Aber eigentlich musst du dich damit befassen, um es nutzen zu können. Es
gibt viele kluge Menschen, die darüber geforscht haben. Es ist erstens unglaublich
spannend, immer mehr von dem zu begreifen, was dich umgibt, und es macht dich
zweitens dann auch handlungsfähiger. Das Wissen ist noch nicht die Fähigkeit,
dich entsprechend zu verhalten, aber es macht dich grundsätzlich handlungsfähiger
und macht deine Entscheidungen besser. Das glaube ich schon. Wenn man Dietrich
Dörners großartiges Buch „Die Logik des Mißlingens" gelesen und verstanden hat,
weiß man, was ich meine.

B. Kaschek:
Systemik ist noch mal so ein Stichwort. Für viele Manager, und gerade,
wenn ich Männer treffe, ist die Welt manchmal ganz einfach. Die haben so
einen hemdsärmeligen Führungsstil. Sie sagen, sie verlassen sich viel auf ihr
sogenanntes Bauchgefühl. Das sagen sie jedenfalls; und andererseits sind sie

wahnsinnig begeistert von Excel-Sheets und Zahlenreihen, von Tools und so
was. Da gibt es vielleicht einen Widerspruch, wenn man so will.
Wie viele Naturtalente gibt es denn im Management? Und wie hoch ist der
Anteil derer, die das Handwerk einfach lernen müssen?
D. Woyde-Koehler:
Oh Gott, das ist aber eine schwierige Frage. Da möchte ich mich ehrlich gesagt
nicht auf eine Zahl festlegen. Aber ich glaube, dass die richtige und ausreichend
breit angelegte Ausbildung auch zu einem Managementberuf dazugehört.

Tatsächlich kommen aber viele auf einer relativ schmalen Ausbildungsspur in
diese Positionen. Ich weiß inzwischen, dass es bei manchen dieser Personen ein
viel breiteres Feld von persönlichen Interessen gibt. Das stelle ich immer wieder
fest und bin dann sogar manchmal überrascht, womit sich Managerkollegen außerhalb ihres Berufs befassen. Oft bleiben das aber getrennte Welten, obwohl sie
eigentlich ja zusammengehören. Die Verknüpfung wird nicht hergestellt und so
bleiben Möglichkeiten und Potenziale leider oft ungenutzt.

Es wäre ja schon ein Fortschritt, wenn sich die Erkenntnis durchsetzen würde,
dass man als Manager mehr braucht als das, was an den meisten Business Schools
gelehrt wird – das gilt für den Nachwuchs genauso wie für die Senioren. Was studieren denn diejenigen, die eine Managementkarriere anstreben: BWL oder Wirt-
schaftsingenieur „wissenschaft". Manche sind auch Juristen. Also, ich möchte da
kein falsches Urteil treffen, aber meiner Einschätzung nach ist der breite Horizont
in der Managementausbildung noch nicht verankert. Die ganz Jungen beginnen das
auch zunehmend zu kritisieren.
B. Kaschek:
**Es gibt ja für viele Menschen inspirierende, treibende Kräfte und Dinge,
etwas, das also neben dem Managersein auch eine Bedeutung hat im Leben.
Was sind denn für Sie die treibenden Kräfte, wenn Sie an Ihre Biografie denken? Was ist das, was Ihnen Kraft gibt, persönlich und als Managerin, um
Ihre Arbeit überhaupt machen zu können?**
D. Woyde-Koehler:
Da bin ich vielleicht eher untypisch, weil ich inzwischen in einer persönlichen
Lebenssituation angekommen bin, von der man nicht annehmen würde, dass sie
mir diese Art der treibenden Kraft geben kann. Ich bin nämlich inzwischen im
wahrsten Sinne ‚alleinstehend'. Es lebt keiner mehr von meiner Familie. Auch
meine Geschwister nicht, mein Mann ist bei einem Verkehrsunfall ums Leben gekommen. Er war für mich ein unglaublicher Kraftquell und auch eine Inspiration.
Und das ist er immer noch in gewisser Weise. Diese Lebenssituation hat mir in einer gewissen Art und Weise beigebracht, relativ schnell zu erkennen, was wirklich
wichtig ist, worauf es eigentlich ankommt.

B. Kaschek:
Wenn Sie das benennen sollten, was wäre denn das, worauf es wirklich ankommt?
D. Woyde-Koehler:
Es kommt zum Beispiel nicht darauf an, an der Spitze von irgendwas zu stehen und viel Geld zu verdienen. Das nimmst du nicht mit. Was nimmst du mit am Ende? Das ist eine wichtige Frage. Wenn ein Manager sich das hin und wieder mal fragen würde, würde er vielleicht auch manche Dinge anders tun, und zwar nicht nur im Sinne von Management und Führung in seinem direkten Umfeld, sondern... Ich will nicht pathetisch werden, aber ich würde sagen, es gibt ja auch so etwas wie eine Verantwortung, die weit über den Unternehmenshorizont hinausgeht. Was stellt ein Unternehmen und auf welche Art und Weise her? Wofür bin ich eigentlich verantwortlich? Womit verdiene ich mein Geld? Kann ich dazu stehen? Diese Frage habe ich mir zum Beispiel durchaus gestellt, als ich von der EnBW gefragt wurde, ob ich dort arbeiten will. Ein Energieunternehmen? Was für ein Energieunternehmen? Ich habe mich geprüft und hatte kein Problem mit der Atomenergie. Aber das musst du dann auch verantworten in der Diskussion mit anderen. Manchmal habe ich schon den Eindruck, es gibt so eine Ausrichtung des persönlichen Lebens, die nicht immer unbedingt in eine klare Richtung führt, von der ich aber sagen kann: Das befriedigt dich oder gibt dir dann auch wirklich die Kraft, die du brauchst, wenn es mal echt schwierig wird. Da kollabieren ja auch viele. Weil alles nur davon abhängt, dass sie in ihrem Feld erfolgreich sind, dass sie ihren Status haben, dass sie ihr Auto haben, also all diese Dinge. Ich hab das auch gerne, so ist das ja nicht. Da bin ich ganz ehrlich. Aber ich bin nicht abhängig davon. Wenn es drauf ankommt, kann ich auch ohne. Das weiß ich, und ich habe jetzt in der letzten Zeit mit ein paar Managern und anderen Menschen Gespräche geführt, die das auch so formuliert haben. Und da hatte ich das Gefühl, über so was wurde früher nicht gesprochen.

Ich weiß nicht, ob es mit dieser Bankenkrise angefangen hat, aber sie hat zumindest eine Rolle gespielt. Das war so eine enorme Verunsicherung und alles stand haarkantenscharf auf Messers Schneide. Wer auch nur ansatzweise zugelassen hat, das zu registrieren, wahrzunehmen, der wusste, das hätte auch einen Tag später ins Chaos, ins totale Chaos führen können. Alles wäre kollabiert. Und was machst du dann? Also, das muss ein Manager sich auch fragen können – auch ohne Bankenkrise.

Du bist faktisch objektiv sowieso nicht in der Lage, das noch irgendwie zu beherrschen oder zu kontrollieren. Aber du erlebst dich dann auch subjektiv als wirklich ganz kleines Rädchen in einem gigantischen System, das aber wiederum von bestimmten Menschen beeinflusst wird. Ich glaube immer noch daran, dass es einen großen Unterschied macht, ob der oder jener Mensch in einer bestimmten Entscheidungsposition ist. Auch bei den großen Investmentbanken. Zugleich haben sich die Dinge verselbstständigt, da fragt keiner mehr, was für einen Wert, einen echten Wert, wir durch unsere Arbeit eigentlich schaffen. Unmittelbar nach dem Bankencrash wurde die damit verbundene Wertefrage stärker reflektiert, auch von Managern. Nicht von allen und es lässt auch wieder nach. Ich finde es schade, muss ich ganz ehrlich sagen, dass nicht mehr daraus gelernt wurde, dass keine entsprechenden Konsequenzen gezogen wurden. Dass die Möglichkeit der Fast-Katastrophe nicht besser genutzt wurde, um daraus zu lernen. Das gilt für die Politik, gilt aber auch für das Management und die Unternehmen. Es ist ja gut gegangen. Machen wir wieder weiter wie zuvor.

B. Kaschek:

Wenn Sie Ihren Arbeitsalltag heute anschauen, welche sind da die prägenden Gefühle und Stimmungen?

D. Woyde-Koehler:

Dass ich wirklich mit Überzeugung sagen kann, ich gehe jeden Tag gerne zur Arbeit. Also, das ist ein Grundgefühl in meinem Leben. Dass ich das, was ich tue, auch gerne mache. Ich arbeite gern und habe immer gern gearbeitet.

Und ich empfinde es als ein echtes Geschenk, nach der langen Zeit bei EnBW und anderen großen Organisationen, eine Company gegründet zu haben. Hier können wir jetzt eins zu eins das tun, was wir tun wollen. Wir sind natürlich auch für alles verantwortlich. Wenn wir es wollen, machen wir es, und wenn wir es nicht machen, dann tut es auch sonst keiner. Und dann haben wir auch die Konsequenzen zu tragen. Aber das ist noch mal toll, das ist wirklich ein guter Schritt. Selbstständige Unternehmerin zu sein. Auch wenn es nur eine kleine Company ist.

B. Kaschek:

Da sind wir an einem Thema, wo ich merke, da ist auch viel Leidenschaft von Ihnen drin. Dazu passt vielleicht die Frage, was man denn als erfolgreich und gut für sich betrachtet. Also, wenn Sie daran denken und sagen sollten: Was ist denn Erfolg für mich? Was gehört da alles dazu?

D. Woyde-Koehler:

Das hängt natürlich von deinen Werten und deinen Zielen ab, was du als Erfolg definierst.

Es gibt vielleicht drei Ebenen, auf denen ich Erfolg als solchen erlebe. Die erste ist die Ebene: Gelingt es mir, mit anderen Menschen zusammen etwas zu entwickeln, von dem ich sage, es ist wichtig und es ist gut? Also, es tut gut im Sinne von: Es bringt mich und andere voran. Und wenn das gut klappt, dann ist das auf jeden Fall Erfolg.

Wenn du damit Geld verdienst, dich eben ernähren kannst damit, dann ist es ein Erfolg. Und wenn es eine Wirkung auch auf andere hat, wenn du sozusagen die gewünschte Wirkung erzielst, dann ist das eigentlich die Krönung. Ich bin kein machtorientierter Mensch, aber ich habe es immer sehr geschätzt und auch darauf geschaut, dass ich Einfluss nehmen kann – und Einfluss nehmen, das kannst du immer. Da musst du nicht ganz oben sein, um Einfluss nehmen zu können. Wenn du anfängst so zu denken, tun sich ganz andere Möglichkeiten auf, als wenn du glaubst, du musst eine Machtposition haben, um Einfluss nehmen zu können. Manchmal ist die Machtposition sogar hinderlich, um wirklich den Einfluss haben zu können, den du haben möchtest. Das ist so eine Sache mit dem Einfluss. Was will ich bewirken? Ich will zum Beispiel bewirken, dass Menschen Spaß an ihrer Arbeit haben, dass sie Lust haben, sich weiterzuentwickeln, die Welt zu verstehen. Und wenn ich das Gefühl habe, ich erreiche das, dann ist das ein Erfolg.

Derzeit befasse ich mich mit zwei Kollegen der new&able mit der Entwicklung einer Wirkungsgradanalyse für Manager. Die Frage dabei ist, was sie mit ihrer Arbeit bewirken. Diese Frage stellt sich ja jeder irgendwie. Aber eigentlich weiß man nur sehr vage, ob man was bewirkt, was man bewirkt, wie viel man bewirkt und vor allem auch, ob man das bewirkt, was man zu bewirken glaubt. Dafür gibt es keine einfache Methode, aber ich finde, dass es zumindest wert ist zu versuchen, einen Ansatz zu entwickeln, mit dem das besser feststellbar und darstellbar wird, als es bisher der Fall ist. Wenn uns das gelingen würde, so eine Wirkungsgradanalyse zu entwickeln, das wäre dann auch ein Erfolg.

B. Kaschek:
Damit sind wir schon bei der Frage, die als nächste auf meinem Zettel steht. Welche sind denn die wichtigsten Faktoren aus Ihrer Erfahrung, um überhaupt Veränderungen herbeizuführen? Als Manager führen Sie Menschen, ob das zehn Menschen sind, hundert, tausend oder zehntausend Menschen, und Sie möchten, dass diese Menschen im Sinne der Zielerreichung bestimmte Dinge tun, im Sinne der Strategieumsetzung, dass sie das nach Kriterien von Effektivität und Effizienz tun und so weiter, die ganze Managementliteratur rauf und runter. Was gehört denn für Sie dazu? Wie mache ich das eigentlich, Veränderung?

D. Woyde-Koehler:
Wenn es um das Thema ‚Veränderung‘ und ‚Change Management‘ geht, ist es immer wichtig zu fragen, was will oder muss ich überhaupt verändern? Und die zweite, genauso wichtige Frage lautet: Was ändere ich nicht? Das ist so ein Punkt, der meines Erachtens oft übersehen wird. Veränderung war mal ein richtiger Hype, das ist es heute nicht mehr in dem Maße, das lässt langsam nach, dieses ‚wir müssen permanent alles verändern‘. Es verändert sich sowieso alles um uns herum.

Das ist ein Grund, warum wir uns auch um die stabilisierenden Faktoren kümmern müssen. Was hält eine Organisation zusammen? Was hält sie leistungsfähig, auch in unsicheren Zeiten? Klar, dass wir uns selbst dann auch verändern müssen. Aber ich glaube, es ist ganz wichtig, dass Veränderung wirklich einen Sinn hat. Sie muss einen Sinn, einen Nutzen haben, einen Grund, einen echten Grund. Und sie muss das Ziel haben, dass es hinterher besser ist als vorher.

Das ist wirklich ganz, ganz wichtig. Veränderung ist kein Selbstzweck. Ich will jetzt keine Kollegenschelte betreiben, aber es gibt schon Beratungsansätze, die unabhängig von der Frage, ob es nachher wirklich besser ist als vorher, einfach Veränderungsberatung betreiben. Weil man damit eben auch Geld verdienen kann. Das finde ich sehr problematisch, muss ich ganz ehrlich sagen. Denn auf diese Weise wurden und werden oft genug Dinge, die gut laufen, im Zuge des „Change" trotzdem verändert. Das versteht niemand, der Ahnung von diesen Prozessen hat. Und so geht das Vertrauen in die Kompetenz von Management und Beratung verloren und dieser Kollateralschaden wirkt lange nach. Das wäre mal so der Vorspann zu diesem Thema.

Ich glaube nicht daran, dass diese konzernweit alles umspannen wollenden, kolossalen ‚Veränderungskampagnen' und ‚Roll-Outs' wirklich dem gerecht werden, was sie versprechen. Das sind „Veränderungsarchitekturen" auf dem Papier. Die entscheidende Frage ist immer, wie man die nächsten und übernächsten Führungsebenen unterhalb der Geschäftsleitung und die Menschen an der Basis wirklich erreicht und gewinnt. Das gilt insbesondere bei kulturellen Veränderungsprozessen, aber auch bei allen anderen, da alles, was in einem Unternehmen geschieht, immer mit der Kultur verbunden ist. Das weiß man, wenn man weiß, wie vernetzte soziale Systeme funktionieren. Und außerdem ist die Wahrheit immer konkret. Diese Konzepte bleiben zumeist aber ziemlich abstrakt. Wen erreicht das denn? Veränderung findet nur ganz konkret statt. Wenn es irgendwo knirscht oder nicht funktioniert oder keine guten Ergebnisse erzielt werden, dann musst du eben schauen, dass du einen ganz konkreten Ansatzpunkt hast, wo du sagst, hier stimmt was nicht und hier fangen wir an, was zu verändern. Das ist dann vielleicht nicht das große Ding, aber es bringt die Organisation und die Menschen voran. Und darum geht es doch.

B. Kaschek:
Aber fehlt es nicht oft an dieser Klarheit in den Unternehmen? Vor Kurzem war ich in einem großen Konzern zu einem Vorgespräch eingeladen. Da war der Vorstandsvorsitzende eine Woche vorher auf irgendeiner Veranstaltung gewesen, kommt dann zurück, steckt den Kopf in die Personalentwicklung rein und sagt: „Wir brauchen unbedingt was zum Thema ‚Leadership', wir brauchen ein Programm!" Fehlt es da nicht von ganz oben oft an Klarheit

bei bestimmten Themen und Entscheidungen? Gerade bei wichtigen Veränderungen? Man will sich zwar verändern, spürt den Druck, aber bringt selbst
keine Kraft hinein. Man macht nicht ernst mit solchen Wünschen. Veränderung ja, aber wohin, wozu, und was soll bestehen bleiben?
Was würden Sie denn sagen, was braucht es, um überhaupt bewerten zu
können, was verändert werden muss und was nicht, was wird da von einem
Manager verlangt?

D. Woyde-Koehler:
Da kommen wir eigentlich wieder auf den Punkt zurück, den wir vorhin schon
mal hatten. Ich glaube, dass das von einem Manager verlangt, dass er seine Organisation, je nachdem wo er steht, im Großen oder auch im Kleinen, wirklich kennt.

B. Kaschek:
**Dass er die Organisation, die Abläufe, den Aufbau und so weiter durch-
schaut?**

D. Woyde-Koehler:
Ja, genau, die Strukturen, die Prozesse und so weiter. Das ist eher die Hardware-
Seite des Kennens, aber er muss auch mit der Software-Seite des Kennens vertraut
sein.

B. Kaschek:
Was gehört da rein in die Software?

D. Woyde-Koehler:
Da gehört das ganze Feld rein, wie tickt denn eigentlich meine Organisation
wirklich? Was ist diesen Menschen wichtig? Wie arbeiten sie zusammen, was denken sie eigentlich? Was denken sie vielleicht auch über mich? Also, je höher du
kommst in der Hierarchie, desto weniger erfährst du, was andere wirklich an dir
gut finden oder nicht, und ohne Feedback ist es schwer, auch selbst eingebunden
zu sein.

Ich glaube, dass Hierarchie notwendig ist. Je größer die Organisation, desto
wichtiger ist sie. Aber sie verhindert teilweise auch, dass das Management „seine" Organisation wirklich kennt, ihre Stärken und ihre Schwächen. Das erfordert
angstfreie Kommunikation und Vertrauen. Mit einer Art SWOT-Analyse kann man
versuchen herauszufinden, wo denn wirklicher Veränderungsbedarf ist. Auch im
Sinne eines Aufbruches in was Neues. Wo sind die Chancen? Du musst natürlich
auch die Risiken anschauen.

Veränderungs- und Innovationsmanagement ist und bleibt für die Energiebranche ein Riesenthema. Auf lange Sicht. Das hat man dort in der Vergangenheit in
dieser Konsequenz nie gebraucht! Da wurden Kraftwerke geplant, gekauft, gebaut,
abgeschrieben, Strom verkauft. Langfristig durchgeplant bis in die Erträge über 20

bis 30 Jahre. Wo gibt es so was sonst? Heute sind da völlig andere Anforderungen gestellt. Das ist eine Riesenherausforderung. Da wäre zum Beispiel so etwas wie eine gute SWOT- und Kulturanalyse, basierend auf einer guten Kenntnis der Organisation, sehr sinnvoll. Gewisse Schwächen kann man sich dort heute gar nicht mehr leisten. Man kann und muss aber auch auf die Stärken schauen und daran arbeiten, sie auszubauen. Aber dafür brauche ich nicht unbedingt den ganzen Laden auf den Kopf zu stellen.

B. Kaschek:

Also, das ist ja in jedem organischen System so. Stabilität ist eigentlich der zeitlich am längsten wirksame Zustand. Veränderung ist immer nur etwas, was zeitweise, nur für einen gewissen Moment sozusagen, da ist, ja? Und Sie sagen, manchmal gäbe es eben so einen Hype, der praktisch Veränderungen als solche zu stark, also überbewertet.

D. Woyde-Koehler:

Ja, das war so. Change, Change, Change. Wenn du keinen Change machtest, warst du kein guter Manager. So ein Blödsinn. Aber das geht so langsam zu Ende, scheint mir.

B. Kaschek:

Zum Schluss habe ich noch eine letzte Frage. Wenn Sie 15 min Sendezeit weltweit hätten und man würde Sie in jeder Sprache verstehen, was wäre Ihre Kernbotschaft als Führungskraft an andere Führungskräfte? Welche wäre die Essenz, die Sie aus Ihrem Leben als Führungskraft herausdestillieren würden? Worauf kommt es an? Was ist wichtig, was ist unwichtig?

D. Woyde-Koehler:

Mach das, wofür du verantwortlich bist, gut. Glaub aber nicht, dass du alles alleine gut machen kannst. Wisse, was du kannst und was nicht. Kenne deine Grenzen. Insbesondere der globale Aspekt von Management bringt mich dazu zu sagen: Vernetzt euch! Lernt voneinander! Erfindet das Rad nicht permanent neu... gerade auch global gedacht, interkulturell. Da sind die Möglichkeiten des Internets und der damit verbundenen Kommunikationstechnologien bei Weitem noch nicht ausgeschöpft.

Ich bin seit einigen Jahren der ganzen Führungsphilosophie von Peter Drucker sehr verbunden. Habe ihn relativ spät für mich entdeckt, hab ihn gelesen und dachte: Wow, genau das denke ich auch.

Man muss nicht jeden Monat ein neues Managementbuch lesen, sondern vor allem ein paar grundlegende Dinge kennen und beachten. Vielleicht würde ich mir einfach die Viertelstunde nehmen und sagen, so, ich lese euch jetzt mal was von Peter Drucker vor. Das ist nicht neu, aber das ist wahr und klar und gut. Merkt es Euch.

14.3 Was hat das mit mir zu tun?

Die Gesellschaften der industriell und ökonomisch hoch entwickelten Länder werden oft auch als ‚Wissensgesellschaften' bezeichnet. Dieser Begriff meint also eine Gesellschaftsformation, in der individuelles und kollektives Wissen und seine Organisation sowie die daraus erwachsende Handlungskompetenz verstärkt zur Grundlage des sozialen und ökonomischen Zusammenlebens werden. Es wird immer wichtiger, das richtige Wissen, in der richtigen Qualität, zur richtigen Zeit am richtigen Ort zu haben. Die Suche nach gut ausgebildeten Fach- und Führungskräften, die seit Beginn der 2000-er Jahre in Deutschland im Gange und für die bis heute kein Ende absehbar ist, bezeugt sehr deutlich, welche Auswirkungen für eine Ökonomie wie die unsere ein Wissensmangel haben kann.

Dies ist ein gesamtgesellschaftliches Phänomen, mit dem unsere Ökonomie sich befassen muss. Wenn wir von ‚Wissen' sprechen, dann müssen wir dessen gewahr sein, dass dieses Wissen keinesfalls ein für alle Mal als gegeben unterstellt werden kann. Im Unterschied zu einem normativen, enttäuschungsfesten Umgang mit den eigenen Vorstellungen ist Wissen durch einen enttäuschungs- und lernbereiten Umgang mit den eigenen Erwartungen gekennzeichnet (Luhmann 1994); es ist „einem Prozess der kontinuierlichen Revision unterworfen" (Willke 1998, S. 355). Deshalb ist eine Wissensgesellschaft nicht nur durch die Zunahme von Wissen, Fachkompetenz und Innovationen, sondern auch die Zunahme von Ungewissheiten, Risiken und Ambiguitäten gekennzeichnet.

Gedankenangebot 1

Als Führungskraft befinden Sie sich also in einem Kontext, der auch durch den Faktor Unsicherheit entscheidend mitgeprägt ist. Von einer Führungskraft erwartet man, dass sie weiß, ‚wo es langgeht'. Deswegen sei einer ja Führungskraft. Wer führt, soll die Richtung vorgeben und zuversichtlich voranschreiten. Wie soll das aber jemand tun, der selbst unsicher ist, weil der gesamte Handlungskontext in hohem Maße von Unsicherheit geprägt ist? Wie kann man mit dieser Unsicherheit umgehen, und zwar am besten so, dass keine negativen Ergebnisse für einen selbst und die gesamte Organisation entstehen? Vielleicht gibt es sogar Möglichkeiten, dass diese Unsicherheit positive Ergebnisse erzeugt?

Gedankenangebot 2

Aufgrund der geschilderten Umfeldbedingungen scheint die Frage also berechtigt, ob sich aufgrund dieser massiv veränderten, turbulenten Umfeldbedingungen eine Führungskraft nicht sogar ständig in einem Changeprozess befindet, ob die Veränderung nicht längst die neue Stabilität ist.

Führungsarbeit ist heute auch deshalb so anspruchsvoll geworden, weil sich die Organisationen, die Anforderungen, die Arbeitsprozesse, die Menschen laufend und immer dynamischer verändern.

Eine Studie der TU München fand heraus, dass nur etwa 30 % der Organisationen Change-prozesse wirklich erfolgreich bewältigen.[1] Warum ist das so? Eine Antwort könnte sein, dass immer, wenn aktives Veränderungsmanagement betrieben wird, die meisten Berater und Unternehmen Wert auf das Erreichen bestimmter Hard Facts legen: Deadlines, Headcounts, Verringerung des fehlerhaften Outputs, effizientere Durchlaufzeiten und andere Kennzahlen müssen erreicht werden. Daher konzentriert man sich vor allem auf Zahlen, Daten und Fakten. Die systemischen Bedingungen für die angestrebten Zahlen werden in der Regel nicht beachtet, genauso wenig wie die Auswirkungen auf die Menschen.

Beispiel: Um eine für die Bilanz wichtige Zahl zu erreichen, werden 10 % der Belegschaft eines Unternehmens entlassen. ‚Ziel erreicht‘, könnte man sagen. Was dabei allerdings nicht berücksichtigt wurde, sind die Auswirkungen dieser Entlassung auf diejenigen, die noch da sind. Man spricht auch von der ‚Psychology of Survivors‘. Wer solch eine Entlassungswelle ‚überlebt‘ hat, neigt ja in der Regel nicht dazu, glücklicher zu sein. Tendenziell wird er eher Angst haben, er könnte der nächste sein, den es trifft. Das ist nur ein Faktor. Null Prozent der Belegschaft zu entfernen bedeutet aber natürlich auch etwas für die Arbeits- und Kommunikationsprozesse. Es bedeutet etwas für den ‚psychologischen Vertrag‘ zwischen den Mitarbeitern und ihren Führungskräften, dem Unternehmen. Möglicherweise wirken sich Loyalitätsverluste auch auf Produktivitäten aus.

Sie sehen, es gibt keine Maßnahme in einem komplexen System, die nur eine Wirkung erzeugte. Umstrukturierungen in der Aufbau- oder Ablauforganisation sind oft mit einschneidenden Veränderungen vieler Faktoren verbunden. Mitarbeiter müssen vielleicht abgebaut oder in andere Abteilungen integriert werden oder es werden ganze Teams outgesourct. Zukäufe von Unternehmen, Veränderungen in der Vertriebsstruktur und Dezentralisierung oder Zentralisierung sorgen ebenfalls für schwierige systemische Bedingungen. Diese veränderten Strukturen haben oft massive Auswirkungen auf die Interaktionsmuster der Menschen und führen mitunter zu großen Irritationen. Man kann einfach nicht so tun, als sei dabei Normalbetrieb möglich.

Ungewissheiten müssen von allen – gerade in der Übergangsphase, wo man das Alte verlässt, das Neue aber noch nicht da ist – ausgehalten werden.

Ein weiteres, bedenklich stimmendes Ergebnis der bereits erwähnten Studie ist, dass nur jeder fünfte Mitarbeiter in deutschen Unternehmen bei Veränderungen hoch motiviert ist. Fast die Hälfte ist skeptisch, zieht sich zurück oder lehnt alles

---

[1] Studie der TU München (2012).

ab. Der Hauptgrund für dieses negative Verhalten ist meist, dass die Menschen nicht ausreichend in den Veränderungsprozess involviert und zu wenig informiert werden. Viele Führungskräfte führen in dieser schwierigen Phase einfach zu wenig. Sie strukturieren zwar den Prozess und organisieren den Umbau, aber sie informieren die Belegschaft nur punktuell, wenn überhaupt, mit durchgestylten PowerPoint-Präsentationen und vollmundigen Beruhigungsappellen und falschen Versprechungen. Doch das ist natürlich keine wirksame Kommunikation, keine dezidierte Auseinandersetzung mit Widerstand und schon gar kein Ansatzpunkt für gute Motivation.

Gedankenangebot 3
Wir haben ja eben gesagt, aufgrund der Umfeldbedingungen ist Veränderung und Anpassung an diese Bedingungen permanent gefordert. Daher ist auch das Unsicherheitsmoment immer gegeben; schließlich macht es jede Veränderung erforderlich, sich auf Neues einzulassen, das noch niemand kennt.

Die Arbeitswirklichkeit der meisten Führungskräfte ist dadurch geprägt, dass sie in einem turbulenten Umfeld mit engen Entscheidungsfenstern und -möglichkeiten, fragmentierten Märkten, einem höheren Risiko des Wertverlusts von Ressourcen und Produkten sowie tendenziell einem Verlust von langfristiger Kontrolle konfrontiert sind. Diese Umweltturbulenz ist neben Feindseligkeit und Komplexität auch durch eine hohe Dynamik gekennzeichnet. Das betrifft die Genauigkeit der Vorhersagbarkeit über die Wirkungen bestimmter Entscheidungen und die Unsicherheit über die Veränderungen, z. B. von Märkten, Industrien und/oder Technologien. Will ein Unternehmen sich erfolgreich an solche dynamischen Umwelten anpassen, so sind dafür klare Strategien und kurzfristige Strategie-Reviews notwendig.

Ein wirklich turbulentes Umfeld also, in dem es gilt, einen Umgang mit dem Faktor Unsicherheit zu finden.

Hinzu kommt, dass auch die Lebenszyklen von Veränderungen immer kürzer werden, sodass reines Erfahrungslernen im Rahmen von Veränderungsprozessen gar nicht mehr möglich ist. Als Folge ergibt sich hieraus ein notwendiger Umgang mit Unsicherheit, gepaart auch mit einem gewissen Zwang zur Fehlerakzeptanz. Auch dies ein Faktor, mit dem Führung heute ihren Umgang finden muss.

14.4 Coachingfrage zum Thema ‚Unsicherheit'

Wie kann ich in diesen schwierigen Zeiten auf gute Weise mit dem Faktor Unsicherheit umgehen?
Zunächst einmal: Jeder Mensch geht auf die ihm eigene Weise mit dem Thema ‚Unsicherheit' um. Für den einen ist es eher angstbesetzt, für den anderen hat es

schon beinahe etwas Abenteuerliches. Diese Skala, die die eigene Wahrnehmung von Unsicherheit und den Umgang mit ihr angeht und die höchst subjektiv ist, misst nur die Einstellung und Reaktion zu dem, was in der Außenwelt vorgeht. Insofern kann man auch nicht sagen, die Reaktion mit Angst sei schlecht und die mit Abenteuerlust sei gut. Das hängt immer sehr von den Umständen ab. Und es ist auch nichts darüber gesagt, zu welchen Ergebnissen die eine Haltung führt oder die andere. Einmal kann die eine Einstellung zum Vorteil für das Unternehmen führen, ein andermal die andere.

In jedem Falle aber ist es wichtig, mit der objektiven Unsicherheit, die notwendigerweise aus dem Umgang mit komplexen Systemen entspringt, umzugehen. Dazu gibt es, neben psychologischen Herangehensweisen, auch solche, die von der Seite des Verstehens herkommen, wie denn überhaupt solche komplexen Systeme wie Unternehmen bzw. Unternehmen in ihren wirtschaftlichen, sozialen, politischen und ökologischen Kontexten funktionieren.

1. Zunächst ist es also erforderlich, die Wahrnehmung darüber zu klären, wie Sie ein Unternehmen überhaupt betrachten. Früher war das typische Organisationsmodell eher linear aufgebaut. Es gab jemanden an der Spitze, und der traf Entscheidungen, die dann in einer Befehlskette nach unten weitergegeben wurden. Zum einen hat sich natürlich dieses aus Kirche und Militär stammende Modell in unseren westlichen Gesellschaften weitgehend überholt, weil sich unser Menschenbild sehr verändert hat. Zum anderen sind sowohl die Aufbau- als auch die Ablauforganisation heutiger Unternehmen, die Kommunikationskanäle und Verantwortlichkeiten völlig anders und ähneln einem vielschichtigen und vielfach miteinander verwobenen Wollknäuel viel mehr als einer Hierarchienpyramide.

Dies bedeutet, dass Sie als Führungskraft irgendwo innerhalb dieses Systems stehen und Ihre Arbeit machen müssen. Und zwar so, dass daraus Ergebnisse entstehen, die strategisch und unternehmerisch sinnvoll sind. Dies ist eine große Herausforderung und eine objektive Tatsache, die wenig mit subjektiven Betrachtungsweisen zu tun hat. In Ihrer Führungsarbeit sollten Sie daher auf diese systemische Komplexität achten und darüber auch in Ihren Strategiegremien und mit Ihren Mitarbeitern kommunizieren.

Aus verschiedenen Gründen. Einmal, weil es wichtig ist, dass Ihre Mitarbeiter verstehen, in welchem Setting sie arbeiten, nämlich in einem komplexen System, bestehend aus vielfach aufeinander bezogenen Tätigkeiten und Kommunikationen.

Zum Zweiten, weil Ihre Führungsaufgabe sich aufgrund dieser vielfachen Unsicherheiten und Unvorhersagbarkeiten in einem solchen System völlig anders gestaltet und gestalten muss als in einem nicht komplexen, linearen System. Z. B. werden Sie sich mit dem Phänomen auseinandersetzen müssen, dass die Wirksamkeit von Entscheidungen immer schlechter vorhergesagt werden kann. Es gibt einfach zu viele Einflussfaktoren, die Sie nicht wirklich bewerten können. Daraus erwächst eine hohe Unsicherheit über die Zukunft – eine persönliche und eine für das Unternehmen als Organisation. Diese persönliche Unsicherheit wiederum kann sich auswirken auf Ihr eigenes Rollenverständnis als Führungskraft. Wenn ich nicht mehr der bin, der alles weiß, wie soll ich dann überhaupt führen? Und wofür sollen mich meine Mitarbeiter dann anerkennen?

Kleiner Leitfaden zur besseren Positionierung in unsicheren Zeiten und Kontexten
Menschliche Entwicklung, zwischenmenschliche Verständigung und zielorientiertes Arbeiten verlangen Sicherheit und Orientierung als Rahmen. Vielleicht ist es überhaupt die zentrale Verantwortung von Führung, zunächst einmal einen Raum zu schaffen, in dem Sicherheit und Orientierung herrschen. Um dieser Aufgabe gerecht zu werden, ist eine ,Selbstverortung' der Führungskraft wichtig: Wo stehe ich, was ist meine Verantwortung, was sind meine inneren und welche sind die äußeren Koordinaten, die mir selbst Orientierung geben?

Erfolgreiche Führung von menschlicher wie organisationaler Entwicklung und Produktivität beruht auf drei Basiselementen. Diese sind:

1. Strukturelle, soziale und emotionale Sicherheit
2. Kontakt, wahrnehmbar wertebasiertes und zielfokussiertes Handeln und präsentes Geführtwerden
3. Sinn muss erfahrbar werden

Aufgabenangebot: Reflektieren Sie die folgenden Fragen für sich oder mit anderen

Vorab

- Wie sind Sie zu Ihrer Führungsaufgabe gekommen?
- Was waren dabei Ihre Orientierungspunkte? Was daran bereitet Freude?
- Was schreiben Sie dem Begriff Autorität zu?
- Welche Ideen zum Thema „Führung" sind für Sie inspirierend? Was scheint Ihnen weniger handlungsrelevant?
- Wohin wollen Sie sich und andere führen?
- Was bedeutet für Sie Orientierung, Sicherheit, Unsicherheit?
- Was lösen diese Fragen bei Ihnen aus? Neugier? Anregung? Abwehr?

1. **Verständigung, Entwicklung und Produktivität brauchen strukturelle, soziale und emotionale Sicherheit:**
   - Worauf können Sie sich bei sich selbst verlassen?
   - Wie sichern Sie sich in unsicheren Zeiten?
   - Worauf können sich Ihre Mitarbeitenden bei Ihnen verlassen?
   - Worauf können sich Ihre Mitarbeitenden in Ihrem Unternehmen verlassen?
2. **Verständigung, Entwicklung und Produktivität brauchen Kontakt, wahrnehmbar wertebasiertes und zielfokussiertes Handeln und präsentes Geführt werden**
   - Was sind Ihre wichtigsten Werte und Ziele?
   - Werden diese von Ihrem Unternehmen geteilt?
   - Was wissen Sie darüber, wie Ihre Werte und Ziele von Ihren Mitarbeitenden wahrgenommen werden? Wie machen Sie Ihre Werte und Ziele sichtbar?
   - Wie stehen Sie für Ihre Werte und Ziele ein? Wie konsequent sind Sie darin?
   - Wie leben Sie Ihre persönliche Präsenz in diesem Sinne?
3. **Verständigung, Entwicklung und Produktivität müssen Sinn stiften.**
   - Wie sind Sie sozial tragfähig vernetzt und gestützt?
   - Wie sinnstiftend erleben Sie Ihre Arbeit?
   - Wie können Sie Ihre Stärken und Ihre Kreativität in Ihrer Rolle nutzen?
   - Wie fördern Sie tragfähige Kooperationsbeziehungen?
   - Wie zufrieden und kreativ dürfen Ihre Mitarbeiter sein?

Fazit In diesen Zeiten ist der Umgang mit Unsicherheit zentral für jede Organisation. Unsicherheit, die sich auf die schlecht vorhersehbare geschäftliche Entwicklung bezieht. Unsicherheit, die sich auf den einzelnen Manager oder Mitarbeiter bezieht. Viel hängt davon ab, wie mit diesem Faktor umgegangen wird. Sicher an der Unsicherheit sind zwei Dinge:Es ist unmöglich geworden, sie zu ignorieren. Zweitens:Vom Umgang mit ihr hängt der Erfolg eines Unternehmens direkt oder indirekt ab.

The manufacturer's authorised representative in the EU is Springer
Nature Customer Service Centre GmbH, Europaplatz 3, 69115 Heidelberg,
Germany. If you have any concerns regarding our products, please
contact ProductSafety@springernature.com

Printed and bound by CPI Group (UK) Ltd, Croydon, CR0 4YY

27/04/2026

02097616-0002